人类为何眷恋大山深处

——解码游客山地旅游行为

RENLEI WEIHE JUANLIAN

DASHAN SHENCHU

JIEMA YOUKE SHANDI LÜYOU XINGWEI

陈品玉　著

中国社会出版社

国家一级出版社·全国百佳图书出版单位

图书在版编目（CIP）数据

人类为何眷恋大山深处 ：解码游客山地旅游行为 / 陈品玉著 ． -- 北京 ：中国社会出版社，2024．12.

ISBN 978-7-5087-7122-9

Ⅰ．F592

中国国家版本馆 CIP 数据核字第 2024A8Z490 号

人类为何眷恋大山深处：解码游客山地旅游行为

出 版 人：程　伟

终 审 人：陆　强

责任编辑：卢光花

装帧设计：时　捷

出版发行：中国社会出版社

　　　　　（北京市西城区二龙路甲 33 号　邮编 100032）

印刷装订：北京九州迅驰传媒文化有限公司

版　　次：2024 年 12 月第 1 版

印　　次：2024 年 12 月第 1 次印刷

开　　本：170mm×240mm　1/16

字　　数：228 千字

印　　张：14.5

定　　价：88.00 元

序　言

陈品玉教授的专著《人类为何眷恋大山深处——解码游客山地旅游行为》即将出版，邀我为其写序言，我欣然接受了这个任务。

品玉的这本书以人的旅游行为作为选题，得益于他在贵州省旅游局工作的经验和对贵州旅游业发展的熟悉。贵州旅游经济发展一度引起人们的广泛关注。贵州多山，是我国唯一一个没有平原的省份。面对这样的地理条件和自然禀赋，如何发展经济是贵州人民一直在探索的难题。直到21世纪，贵州才最终确定了以发展旅游产业作为全省经济发展的支柱和核心，于是贵州的旅游经济发展出现了多年井喷式的态势。

贵州在发展旅游经济方面的成功探索和创新，不仅全面改变了贵州经济发展面貌，而且也引发学术界的兴趣，并得到广泛关注。不同学科的研究者都希望从贵州发展旅游经济的成功实践中找到验证或发展自己理论的中国依据。

作为土生土长的贵州人，品玉在贵州省旅游局工作多年，一直参与贵州旅游经济发展的实际工作，也一直在思考旅游经济发展的各种问题，当然不会放过这个近水楼台的机会。他关注的是，为什么贵州的山地旅游如此红火，以及过惯了都市生活的现代人为什么会眷恋深山老林？用学术一点的话来说就是：山地旅游的学理机制是什么？或者说人们对山地旅游行为产生的人性基础是什么？

这个问题看似平常简单，实际上却是一个古老且深奥的哲学问题。人们渴望回归自然，不仅我国的道家认为这是人的本性使然，西方哲学中也提出过类似的学说。为了将哲学的思辨命题转化为可进行实证检验的科学问题，心理学及其他行为科学学者提出了各种理论。心理学的人格特质理论提出，人类的人格深层结构中存在一种生态特质，它通过影响人们的行为偏好，进而导致某种行为的产生。换言之，人们人格中的生态特质与其山地旅游行为之间存在密切关联。但这只是一种理论上的假设，现实社会中的情况如何呢？一切得用事实数据说话，也就是要用调查数据来检验理论假设的正确与否。这就是品玉的这本书所思考和研究的基本逻辑。

品玉充分利用在贵州省旅游局工作的有利条件，设计调查问卷开展实地抽样调查，获得了宝贵的第一手数据。与此同时，他通过访谈和其他方法收集各种定性资料，从而运用学术界广泛认可的混合研究方法，即结合定量分析与定性研究来进行探索，通过对定量资料进行复杂的统计建模和统计推断，得出量化分析的基本结论，同时对收集到的定性资料进行分析，对量化分析的结果进行更进一步的深化和完善，从而使得研究的结论具有更好的解释力和可信度。

本书的特点在于所研究的角度新颖独特且有价值。山地旅游是现代人最为喜好和流行的旅游形式之一，是一种全球性的趋势。这应该不是一种时尚，而是人们旅游行为偏好所产生的必然结果，也就是人们在经历了长期的都市生活之后，必定产生回归自然、进入大山深处寻求心灵慰藉的心理需求。本书运用现代社会科学的方法，研究了人类早就提出的且对现代人仍在产生影响作用的问题，不但给人耳目一新的感觉，而且从理论研究和发展旅游经济来说具有很高的价值。本书的出版是品玉学术研究一个新的起点，相信品玉一定会在学术领域取得更大的进步。

罗教讲

2024 年 11 月 30 日

前　言

　　近 40 年来，我国旅游经济得到高速发展，特别是在城市化进程加速的背景下，人们对自然的向往与追求日益增强。游客的旅游行为与消费习惯产生新变化，亟须不断开发多样化的旅游体验新形式。山地旅游作为一种新的生活方式、一种代表性的旅游度假休闲业态，不仅可以让游客远离城市喧嚣，沉浸感受山地独特的自然气息与文化魅力，还可以通过锻炼健身、户外运动等方式为游客提供健康旅游行为方式，提升生活质量。近年来，山地旅游方式越发受到国内外游客青睐，国内山地旅游发展速度已超过旅游业整体增长水平，成为新时代旅游消费市场热点。基于这一时代背景，有必要侧重研究山地旅游行为的内在动机及其影响因素，用以揭示现代社会游客的山地旅游行为规律，为进一步优化山地旅游消费环境，拓宽山地旅游消费领域，丰富山地旅游优质产品服务供给，实现山地旅游的高质量发展，提供现实遵循。

　　为了深入研究山地旅游行为，笔者立足经济学与行为心理学视角，以旅游行为理论、旅游偏好理论以及人格特质理论作为理论基础，采用定量实证分析和定性案例分析相结合的研究方法对其展开分析。具体地说，定量实证分析通过问卷设计、调查整理形成统计数据并展开相关分析、多元回归分析以及综合结构方程模型分析，揭示山地旅游行为的现状、规律及趋势，并抽象出影响山地旅游行为的关键因素。此外，定性案例分析则通过挖掘国内典型案例实践，探究游客行为背后的心理动机和影响因素。两种研究方法的结合，既能够客观呈现山地旅游行为的现状，又能够深入剖析其影响机制，为研究目标实现提供了有效的方法支持。

　　通过对山地旅游行为的研究，得出如下结论：第一，人格生态特质对山地旅游偏好具有显著正向影响，对山地旅游行为同样具有正向显著作用；第二，人格生态特质主要通过山地旅游偏好作用于山地旅游行为；第三，山地旅游偏好对山地旅游行为的实施具有正向影响。可以看出，个体对自然环境的态度、价值观念和行为方式，直接影响着其选择山地旅游的倾向和行为表现。最后，结合研究结论，分别给旅游主体、山地旅游运营企业、政府旅游管理部门提供了一些具体的启示和建议。

目 录

第一章　导　论

一、选题背景

1. 山地旅游业高速度发展

改革开放以来，尤其是进入新世纪以后，我国旅游业得到了迅猛发展。我国是国际旅游的主要客源国和主要目的地之一，新冠疫情以后，我国出入境旅游的恢复对全球旅游业的复苏发挥着至关重要的作用。世界旅游及旅行理事会（World Travel and Tourism Council，WTTC）发布的《2023年旅游经济影响研究》报告提到，到2033年，中国在全球出境游支出中所占的份额预计将达到22.3%。在中国，旅游已从奢侈品转化为人们的必需品，旅游业已是中国国民经济和现代服务业的重要组成部分。近年来，我国国家层面出台了一系列促进旅游业发展的文件和法规。旅游业已经成为我国许多地区经济的战略性支柱产业。公开数据显示，2023年，我国国内旅游收入（出游总花费）4.91万亿元，比上年增加2.87万亿元，同比增长140.3%，增幅显著，扭转了自2020年以来的低迷局面。同时，与疫情前的2019年相比，2023年国内旅游收入恢复至2019年同期的85.69%，差距明显缩小，彰显了国内旅游消费的活力与潜能。其中，山地旅游作为一个热点项目，逐渐受到开发者和旅游者的重视。《国际山地旅游贵州宣言》指出，山地约占全球陆地面积的1/4，世界75%的国家拥有山地，山地环境中的自然与人文资源是人类共有的宝贵财富。山地旅游是集观光、休闲、度假、康体、娱乐、教育于一体的现代旅游形式，在全球旅游发展格局中占有重要地位。《世界山地旅游发展趋势报告（2023版）》指出，新冠疫情以来，山地户外旅游数据持续上涨，人们的出行方式从观光旅游向体验旅游转变，山地旅游也由小众转向大众普及发展。山地旅游的产品以及活动类型越发丰富，从先前单一的康体疗养逐渐发展为涵

1

盖康体养生、观光、商务会议、生态旅游、山地户外运动、休闲度假、宗教朝拜、文化体验等诸多项目在内的产业体系。在瑞士、奥地利等国家，山地旅游发展已经较为成熟，在保护了生态的同时，也为当地居民创造了不小的物质财富。

2. 我国对山地旅游业的相关支持

2015 年 8 月 4 日，国务院办公厅印发了《关于进一步促进旅游投资和消费的若干意见》，首次提出开发山地休闲度假旅游景区。国家旅游局、国家体育总局、贵州省政府决定自 2015 年开始，每年在贵州召开一届国际山地旅游暨户外运动大会。贵州省发起成立了国际山地旅游联盟（International Mountain Tourism Alliance，IMTA），该组织是非营利性国际组织，旨在推动世界山地旅游业发展，鼓励发展各种形式的山地旅游，研究、介绍和传播关于山地旅游的信息，推动世界山地旅游创新发展，为山地旅游业持续、健康发展作出了积极贡献。该组织成员为世界上以山地旅游为主的城市，以及与山地旅游有关的民间机构、协会和企业负责人。秘书处设在贵州省贵阳市，负责该组织的日常事务。每年召开一次大会和理事会，并举办各种形式的山地旅游论坛活动和宣传推介活动。目前，在我国注册的国际组织为数不多。因此，国际山地旅游联盟的成立，足以体现我国政府对山地旅游的重视程度。

3. 学术界对山地旅游的研究仍缺乏

当前，关于山地旅游的研究主要集中在旅游中的环境破坏问题、旅游地的开发与规划、风险预警与游客安全意识、山地旅游的可持续发展和旅游者行为等方面，其中旅游者行为是对景区开发和服务体验最好的检验，它可以为旅游资源评价和产品设计提供科学佐证，并使其更切合市场客观实际。从既有研究来看，关于旅游行为及其影响因素的研究一直是旅游地理学、旅游经济学和旅游人类学等学科关注的重点问题之一。与其他国家的成熟研究相比，我国的旅游行为研究才刚刚起步，尤其是对山地旅游行为缺乏系统的研究，存在对人的作用关注不够、调查方法单一、对研究对象的解释性分析较少等局限（程进 等，2010）。

二、研究内容

1. 研究的主要问题

在梳理和借鉴已有研究的基础上，笔者运用统计分析方法着重分析以下几个问题：第一，什么是山地旅游以及山地旅游与生态旅游的关系；第二，什么是山地旅游行为；第三，山地旅游行为的影响因素有哪些。期望通过研究，发现山地旅游行为的规律及其影响因素，包括揭示人格生态特质对山地旅游偏好、山地旅游行为的影响，以及这些因素之间的相互关系。

2. 研究的主要内容

在总结既有研究的基础上，本书以贵州省山地旅游为案例，以到贵州旅游的游客为调查对象，以贵州省4个5A级旅游景区为调查区域，包括荔波景区、黄果树景区、百里杜鹃景区和龙宫景区，全部为山地旅游景区。通过对抽样调查数据的统计分析与建模，来分析山地旅游行为现状、影响因素及其作用机制。

一方面，从人口学特征、童年和现在生活区域、人格生态特质和旅游偏好的视角，来分析山地旅游中影响旅行者行为的因素，验证童年和现在生活区域、人格生态特质变量和山地旅游偏好变量对旅游者山地旅游行为的影响，并对比分析这些变量之间的影响差异。在此基础上，综合旅游者山地旅游行为的各方面影响因素，并考察它们之间相互作用关系。

另一方面，将山地旅游行为的影响因素分为三大模块，包括童年和现在生活区域指标、人格生态特质量表和山地旅游偏好量表，对比和分析它们之间的关系及相互作用机理。以此区分出作为基本变量的人口学特征、童年和现在生活区域和作为核心自变量的人格生态特质、中介变量旅游偏好之间的相互作用关系，并进一步探讨作为因变量的旅游者山地旅游行为的作用机制。通过对这些不同因素的考察，力求更加深入全面地把握山地旅游中旅行者行为的影响因素及其作用机制。

三、研究意义

1. 理论意义

基于上述研究内容，本书具有重要的理论意义，具体体现在以下几个方面。

一是通过理论分析与实证研究相结合的方法，运用结构方程模型等辅助手段，发现山地旅游行为的影响因素，特别是验证人格生态特质与山地旅游行为的关系。同时希望其能够为未来更进一步的研究提供理论基础。

二是基于1200个样本的大规模实证研究，为我国的山地旅游行为研究提供数据支撑，弥补此前学界在此方向上研究较为匮乏的遗憾。目前，我国关于山地旅游的研究大多集中在对风景等自然资源的开发和政策建议上，对于山地旅游者行为的研究和关注较少，而既对理论研究有所探讨又使用实证数据加以验证的研究更为缺乏。因而，本书希望能填补这方面的空白。

三是探索对山地旅游行为研究的新思路。将人口学特征、童年和现在生活区域指标、人格生态特质量表和山地旅游偏好量表同时应用到山地旅游行为的研究中，构建三大类型的自变量或中介变量交互作用下，对山地旅游行为表现因变量的综合影响机制。

2. 应用价值

在我国旅游发展总体格局中，山地旅游已占有一定地位，并形成了各种不同模式。每年召开的"国际山地旅游暨户外运动大会"，不但能推动世界山地旅游的创新，也能促进贵州省山地旅游业的发展。与此同时，对山地旅游业发展品质提出了更高的要求。蓬勃发展的贵州山地旅游在我国甚至全球都极具代表性，以其为对象的研究结果不但具有理论上的普适性，在实践中也具有非常重要的意义。贵州拥有十分丰富的自然和人文旅游资源，自然风光神奇秀美，山水景色千姿百态，溶洞奇观绚丽多彩，自然风景与古朴浓郁的民族风情交相辉映。近年来，贵州旅游业进入了迅猛发展、转型升级的重要时期，迫切需要能够指导贵州山地旅游景区发展的政策措施出台。

从人格生态特质着手研究人的山地旅游行为，对入黔游客进行抽样调查，构建数学模型，分析出不同区域、不同人群的旅游者山地旅游行为，对贵州、中国乃至全球，都将直接产生深远的价值：一是对山地旅游业发展前景有充分的认识，为制定山地旅游业发展的政策措施提供足够的依据；二是山地旅游景区可围绕游客的需求打造，防止盲目开发和建设；三是探索如何改善山地旅游环境，以增加游客对本地的偏好程度；四是加大对贵州旅游偏好程度最强的区域和人群的宣传力度，把有限的资金用在无限的市场开发中。

四、创新之处

1. 理论创新

经过多年的发展，人格特质理论已经具有非常成熟的测量和分析技术。但特质论对人格的测量是基于对语言中形容词的聚类分析，其归根结底只是一种方法和手段，仅仅揭示的是人的行为表现，缺乏更深层次的理论解释。同时，基于自然语言的研究方法最终是要受限于语言的表达能力的，无法揭示出更深刻、复杂和精妙的人格内涵。通过观察特质论的研究结果可以发现，描述人格的形容词往往集中于对个人成因因素、社会环境成因因素的描述，而对更广博的自然环境成因导致的个人行为倾向的描述较少。本书从人类的本性出发解释山地旅游行为产生的深层次原因，在人格特质理论与集体无意识理论的基础上，提出"人格生态特质"这一概念，从心理学的角度寻找影响山地旅游行为的关键性因素，并分析出童年和现在生活区域特征、人格生态特质以及山地旅游偏好与山地旅游行为的关系，寻找人类亲近自然特别是喜欢山地旅游、乡村旅游等生态旅游的原因，力求填补这一研究领域的空白。同时，山地旅游行为的研究在过去通常集中于经济学取向和行为心理学取向，将心理学中的人格特质理论引入山地旅游行为的研究中，从人的心理结构出发，构建关于山地旅游行为的中层理论，同样是一种理论创新。

2. 研究视角创新

以往学者对山地旅游行为的研究主要基于经济学和旅游学的视角，认为个体的收入水平、受教育程度等会对个体的旅游行为产生影响。笔者综

合采用管理学、社会学、心理学和旅游学等多个学科视角开展研究，认为
个体山地旅游行为不仅受经济因素、人口学等特征，以及童年和现在生活
区域影响，还受个体的心理因素影响，而这种心理因素不仅是个体后天形
成的，更可能是个体先天便具有的生态无意识。从这个意义上讲，本书是
一种跨学科的尝试，因而在研究视角上也具有一定的创新。

第二章　文献综述

一、山地生态旅游综述

山区因其资源的原生态性和旅游活动类型的低碳性，天然具有生态旅游目的地的特征和优势。最初，山地旅游被统括在生态旅游概念之下进行探讨，随着旅游业的细分发展而作为一种特殊的旅游活动类型逐渐受到重视。因此，山地旅游既具有生态旅游活动的普遍特性，也兼具自身的独特属性。

（一）生态旅游

20 世纪五六十年代，和平稳定的政治局面和快速复苏的世界经济催生了日益活跃的旅游活动，从休闲娱乐、健身强体到亲近自然、开阔视野，旅游逐渐从一种奢侈性消费向日常生活的基本消费服务转变。旅游活动的生活化推动着旅游项目的丰富化，也促使人们对旅游的认识从单纯的消费行为拓展到更为综合的视角——文化交流与多样性保护、自然观赏与环保意识学习等。与此同时，工业化进程对自然资源的长期掠夺以及两次世界大战给生态环境造成的严重破坏，也促使人们越发地关注自然环境与人文资源的保护问题。正是在这一背景下，生态旅游思想逐渐萌生。不过，作为正式概念的生态旅游（Ecotourism）直到 1983 年才被提出，而其作为一种旅游业发展形式受到重视和普遍实践则是 10 年之后的事了。

目前，关于生态旅游的基本定义尚未有定论，基于不同的研究视角、侧重点和层次维度等，学者们对这一概念作出了不尽相同的界定。在国外，如学者博（1991）将生态旅游定义为去往相对未开发的自然区域，以欣赏、研究和享受当地的植物群落与动物群落为具体目标的一种旅游活动。威廉斯（1992）则认为，生态旅游因其资源基础而具有独特性，这些基础包括相对原始和乡土的自然环境、乡村住宿、泥泞的小路以及当地的野生动物、文化和其他资源。怀特（1993）强调，生态旅游就是一种既有助于保护生态系统又尊重当地社区的自然旅游体验活动。在我国，学者李东和与张结魁（1999）提出，生态旅游的内涵可以分解为单义和双义两个层面，单义或者说狭义上是指以生态资源为基础的，致力于放松、体验、休闲、娱乐的旅游活动，而双义或者说广义上还包括保护生态环境、传播环保知识的意义。2012年，《国家生态旅游示范区管理暂行办法》对生态旅游作出界定：生态旅游是指以吸收自然和文化知识为取向，尽量减少对生态环境的不利影响，确保旅游资源的可持续利用，将生态环境保护与公众教育同促进地方经济社会发展有机结合的旅游活动。

据粗略统计，国际上关于生态旅游的定义已超过百种。卢小丽、武春友与霍莉·多诺霍（2006）从众多定义中选择了40个代表性概念进行统计分析，根据出现的频率筛选出8个关键要点，包括自然环境基础、生态环境保护、地方社区获益、环保知识教育、道德与社会责任感学习、可持续发展、文化多样性和旅游体验等。以上8个基本维度被认为构成了生态旅游的核心理念。相较于其他国家，我国学者更看重地方社区获益问题。吴楚材、吴章文、郑群明等（2007）对这些定义进行梳理分析后，归纳出生态保护、社区居民增益、回归自然、环保知识学习与责任感增强和原始荒野等5种主要观点，并指出现阶段对生态旅游的认识仍主要停留于理念层面，缺乏转化为实践活动的具体策略与措施。生态旅游的核心在于强调实现旅游资源开发与生态环境保护之间的可持续协调，以及游客、开发者和当地居民之间的互惠互利与良性互动。

（二）山地旅游

关于"山地旅游"的概念，学界最初没有清晰的认识和界定，我国部分学者将山地旅游放在生态旅游的范畴下进行研究，例如鄢和琳、包维楷（2001）对川西山地进行的生态旅游研究等。此后，随着研究的深入，山地旅游作为生态旅游的一种特殊类型，逐渐获得学界的广泛关注。

山地由于地形复杂崎岖、交通不便，自然生态与人文生态保护相对较好，为旅游业的发展奠定了优良的资源基础。尽管如此，山地生态同样有其脆弱的一面，面对侵扰与破坏，其适应性和自愈能力相对于其他生态环境明显较差。因此，内帕尔（2002）强调山地旅游应兼顾 3 个基本方面：减少对当地自然生态和文化生态的侵扰、促进旅游地社区增益以及为旅游者提供满意的旅游服务与体验。简单来说，所谓山地旅游，是以山地的地形地貌特征及其所孕育出的独特文化形态为资源基础，开展的一系列以旅游观光、运动娱乐、文化体验和环保学习等为主要内容的旅游活动。作为生态旅游的一种特殊类型，山地旅游既有生态旅游的普遍特性，又因其资源基础而有着自身的种种独特属性。山地旅游被认为至少包含以下 6 个方面的内容。

第一，山地旅游是一种产业经济活动。旅游业因其具有资源耗能低、投资收益比率高等特点而被归类为第三产业，常被称为"无烟工业"。作为一种产业类型，旅游业的发展必然以营利为目的，受到各类市场规律的影响与制约。不过与单纯的"制造—消费"经济模式不同，旅游业不但自身能够创造就业岗位和产生经济效益，而且能够通过多种融合机制带动其他产业的发展（杨颖，2008；徐虹 等，2008）。旅游产业与其他产业融合可以通过两种机制得以实现，一是嵌入机制，即将旅游活动嵌入特定产业之中，进而将该产业及其资源转变为旅游资源，在获得生产性收益的同时获得服务性收益，旅游业也会因资源的扩展而增加收益，如此实现融合中的双赢（王慧敏，2007；李太光 等，2009）；二是链式机制，即以旅游业为核心并围绕其打造完整的产业链与产业集群，从而获得规模效益（尹贻梅 等，2006；卞显红 等，2011）。由于山地旅游以观赏自然风光为主要内容，所以导致了嵌入机制的不适用。对于推动产业融合而言，链式机制成了最好的选择，其中一种重要形式是与创意产业相结合，发展出山地自然生态和与之相匹配的文化创意旅游活动（钱静，2009；李雪瑞 等，2011；钱静 等，2013）。如果从区域经济角度来看，山地旅游作为旅游业的一种类型，同样能够起到重新分配经济资源的作用。可以说，开展山地旅游不仅有助于扭转经济资本向工业化地区和城市地区过于集中的发展趋势，改善山区落后地区社会经济状况，还能够为山地区域生态环境和生物多样性保护提供有力的资金支持（BUDOWSKI，1976）。然而林德赫格等（1996）在巴西亚马孙地区展开的研究显示，包括山地旅游在内的生态旅游尽管能激发旅游地社区居民的环保意识，但如果缺乏合理的管理制度与组织协调，为生态保护提供资金支持的预期作用就很难实现。

第二，山地旅游是旅游者的一种消费行为活动。由于山地生态资源的天然性，其旅游产品及其吸引力主要源自"未开发"的自然状态，因而山地旅游更多地聚焦于消费而非生产。社会现代化发展的两项重要表现就是工业规模化生产和福利革命。福利在本质意义上与需求紧密相关，随着普遍福利的提升，人们的消费能力也在逐渐增强，加之生产力水平的提升，使得传统的以生产为中心的社会类型逐渐转变为以消费为中心的社会类型，消费市场的多元化趋势代表社会进入了一个新的发展阶段。在旅游业中重视消费中心观，也就意味着重视旅游者的消费需要以及旅游地的形象宣传与设施服务建设。因此，许多学者认为，可以通过完善旅游地知识地图、季节与景观组合设计（田至美，2005）、打造建筑景观网络（陈亦佳，2007）、运用 GIS 技术自主选定旅游路线等策略，来增强旅游地对游客的吸引力，升华旅游体验。

第三，山地旅游应当有助于推动山地生态环境保护。在戈斯林（1999）看来，山地旅游应该兼具山地生态保护和将旅游活动对地方社会文化的影响降低到最小的公益性目标。这些自然与文化资源构成了山地旅游得以开展的物质与非物质基础，对这些资源的任何破坏都将同样有损旅游的经济效益。基于这一认识，生态保护的支出也就成了旅游业发展必须考量的成本。旅游所带来的大量人类活动势必也会给自然环境带来不利影响（BUCKLEY，2004）。其中，马丹（2000）在印度喜马拉雅山脉地区的研究显示，旅游活动对山地生态环境有着较大的负面作用，如游客主要驾乘私人汽车而不选择公共交通工具，给山区带来了严重的空气和噪声污染；基础设施建设缺乏科学规划和美学设计，破坏了旅游地的生态景观美感；旅游地管理能力不足与理念滞后，未能限制同一时间段内游客的数量，从而降低了旅游体验的质量。而在国内研究方面，刘丽丽（2005）通过对比北京灵山 1980 年、1993 年和 1997 年 3 个时期的遥感数据，也指出旅游开发应对灵山的水土流失、生态环境退化等问题承担一定责任。

第四，山地旅游应当有助于地方社区的增益。旅游尽管在本质上是一种旅游者的消费行为，即旅游者的个人旅游选择与行动，但在旅游地这一空间中还存在着种种社会互动，即旅游者与旅游地社区居民在经济、文化等领域的互动。在山地旅游中，这种互动必须以增进地方社区居民的福利为目标。关于"增益"，大致要从两个方面来理解。首先是经济资源向山地区域的再分配。旅游产业作为基础服务产业，具有低投入、低技术要求的特点，能够创造出大量的就业机会，有助于增加旅游地社区居民的收入。其次是尽量减少对旅游地的社会干扰。大量外部游客进入山地所带来的侵扰不仅指向自然的生态环境，也指向当地社区的社会文化生态。在旅游互动中，作为外来者的游客会给旅游地社区注入新的思维理念和行为方式，而旅游业的发展也会部分改变当地社区的组织方式与秩序结构。这些变化本身并不是问题，真正的问题是当地社区能否适应这种变化。在不同文化相互交流过程中，涵化与碰撞在所难免，然而需要注意的是，过快的转变很容易引发当地社区的秩序危机和认同危机。

第五，山地旅游兼具环境保护意识教育与社会责任感培育的功能。生态旅游的内容之一就是教育功能，游客在接近和欣赏自然生态环境的同时，也能激发自身的环保意识和责任感。肖朝霞、杨桂华（2004）根据生态意识的强弱将旅游者分为两种类型，一种是具有强烈环保意识的生态旅游者，另一种是以自身休闲娱乐为主要诉求的大众旅游者。比较之下，前者选择生态旅游方式的概率和主动性要明显高于后者，且能够在旅游活动中进一步强化自身的生态意识。所谓强化生态意识，不仅包含遵守环保规矩守则约束，更包含受内在修为的指导；不仅包含自身思维观念与行为方式的转变，更包含能够对他人破坏生态的行为予以及时制止（李正欢 等，2004）。除了思维理念转变，更有学者提出了"生态人格"概念（骆方金 等，2009）。如在彭立威（2011，2012）看来，这是生态文明建设在人格塑造上的衍生诉求。彭立威认为，对于生态文明而言，人既是其主体，又是其目的。因此，塑造出人与生态和谐相处的基本人格，使人们养成生态化的思维方式与行为方式，不仅能改善人类生存的外部物质环境，还能进一步美化人类的精神生活环境。陈琼珍（2013）则将生态人格拆解为 3 个部分，强调要实现价值取向、知识能力和道德行为的生态化。不过，行为的生态化和生态意识塑造并不是强制的、速成的，它是旅游地在为游客提供较好的旅游体验和展开以"生态"为核心的宣传推广基础上，激发游客主动思考与学习。

第六，山地旅游开发必须遵循可持续发展原则。自 20 世纪 70 年代以来，"可持续"与"发展"几乎形影不离。发展以经济增长为核心，强调人类福祉和幸福的增进，然而这种增长和增进势必要以自然资源的开发为基础。粗放式、低效率的资源利用模式不仅带来了大量的浪费，更造成了严重的生态破坏。在这一背景下，可持续概念应运而生，这一思想的基本内核是强调发展必须同资源与环境的承载能力相符合（蒲勇健，1997；李强，2011）。山地旅游以自然生态资源为基础，其具有脆弱性强和恢复慢的特点，因此在旅游开发过程中必须遵循可持续发展原则，着重处理好以下几个方面的关系。一是资源开发与环境保护之间的关系。山地自然环境是山地旅游的必要资源基础，在开发过程中必须以资源的承载能力和环境的容纳能力为基础（鄢和琳 等，2001）。关于处理开发与保护的关系，周敦源（2008）提出了若干策略，包括基础设施建设的生态化（预先环境评估、使用绿色材料）、控制游客数量、完善生态旅游认证与评估体系。二是求新求异与安全保障之间的关系。开发新的旅游路线和娱乐项目已成为目前提升旅游地吸引力的主要手段之一，然而由于山地自然环境复杂、地质灾害频发和游客不理智、不合规行为的出现，给山地旅游埋下了许多安全隐患（岑乔 等，2011），因而在旅游开发过程中不能单纯追求"奇""险""鲜"的品牌效应，更应关注风险预警与安全防护，否则任何一起事故的发生都可能损害旅游地的形象。三是经济效益与社会效益之间的平衡问题。杜江、向萍（1999）指出，经济效益是旅游开发的主要目的，收益的可持续有赖于资源的运用和收入的合理分配与妥善使用。不过在经济效益之外，更应重视旅游的社会效益：一方面尽量避免给地方社区带来快速的社会变迁或严重的文化与秩序危机；另一方面当地社区居民也要提高对自身生活的认识水平和控制能力，主动适应与塑造社区的文化个性。

二、旅游行为综述

对旅游行为的理解有广义和狭义之分。广义上的旅游行为大体是对旅游者围绕着旅游这一活动所展开的所有行动与互动的统称，可分解为 3 个部分，即旅游决策行为、旅游体验行为与旅游评价行为。狭义上的旅游行为只包含决策与体验两个部分，涉及旅游者选择去何地旅行（目的地选择）、如何去旅行（交通方式选择）、在旅行中进行哪些活动（消费行为、空间行为、互动行为）等方面（见图 2.1）。保继刚（1987）认为，对旅游行为的研究涉及旅游的动机、动力、决策以及旅游地层级序列对人的影响、旅游者对目的地类型的选择偏好等方面。陈健昌、保继刚（1988）强调，关于旅游行为的认识不能仅停留于旅游者在旅游地所进行的游览活动，更要关注其在旅游体验之前的决策行为。所谓旅游决策行为，是指旅游者基于自身的旅游动机和旅游偏好，根据所获得的信息和旅游期望等选择旅游目的地、出游方式的行为过程。旅游体验行为则是指向实际发生的旅游活动，涉及出行的交通方式、出游的类型以及在旅游地的感知行为、消费行为、空间行为等。当旅游者从旅游地离开时，就意味着旅游体验行为的结束，然而这并不意味着旅游行为的终结，因为还存在对于本次旅游活动的满意度评价以及旅游目标与旅游结果之间的比较——旅游反馈行为。

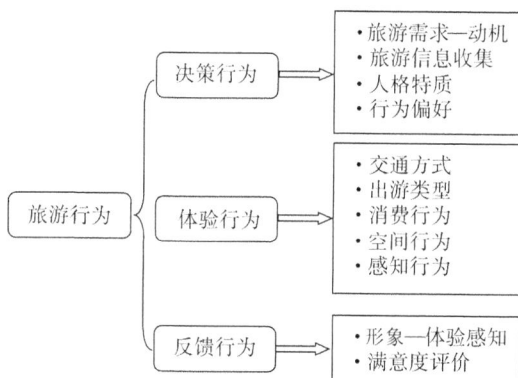

图2.1　旅游行为研究的基本框架

（一）旅游行为

对旅游行为进行的研究在 19 世纪就已经出现。1899 年，意大利统计部门就对本国的外国旅行者行为和消费进行了分析，在此基础上，更有学者对旅游行为的经济学意义进行了深入研究。旅游行为涉及的方面非常广泛。何艳、马耀峰与孙根年（2006）明确指出，旅游行为包括个体对旅游产品进行信息收集、消费、体验和评价，并涵盖了动机、动力、决策及具体行动中的空间行为等多个方面。涉及的知识包含了心理学、社会学、经济学、地理学等多种学科，涉及的变量也非常复杂（BEERLI at al, 2004）。

通过检索文献，可以发现对旅游行为的研究主要集中在动机、类型、决策和在旅游目的地的空间行为 4 个方面，其中旅游动机一直是旅游行为研究中最受关注的研究领域（陆林，1997）。早期对旅游动机的研究基本集中在理论研究和逻辑推演上，主要从动机形成的角度进行研究。鉴于动机本身具有浓厚的心理学特性，对旅游动机的研究大多使用或借鉴了心理学的方法和概念。有学者认为，旅游动机的产生取决于 3 个条件，主体的需要、符合需要的对象和主体对对象的知觉，旅游动机是主体产生旅游行为的内部驱动力（岳祚弗，1987）。这里很明显地使用了心理学的概念。此外，马斯洛需求层次理论是最为著名的动机理论之一，许多学者就试图通过需求层次理论来对旅游动机进行研究，如刘纯（1992）就基于该理论提出将旅游动机分为 6 个维度的需求。此后，随着对旅游动机研究的深入，更多学者运用统计方法，对旅游动机进行实证研究，如邱扶东（1996）就借助问卷调查，通过因子分析将旅游动机分为身心健康、怀旧、文化、交际、求美和从众 6 类。而张卫红（1999）使用抽样调查资料，对旅游的动机和目的地偏好进行了研究，指出我国旅游者的旅游动机的重要性呈阶梯状，较高层次的旅游动机在国民心目中所占的比例较低。

对旅游行为的研究，主要集中在旅游者对旅游目的地选择的动机和决策行为上。旅游决策与许多非当面交易行为一样，存在个体对消费品的预先期望，但又与网购实体产品能够进行退换不一样。个体在购买旅游产品后，即使对旅游产品不满意，其成本大多是沉没的，如时间成本等是无法收回的，因而旅游的决策行为实质上比一般消费行为承担了更大的风险。消费者为了降低这些风险，往往需要花费更多成本用于收集信息。但归根结底，旅游决策完全取决于旅游者的主观判断。

人的理性是古典经济学理论的基本假设，理性的"经济人"赋予了古典经济学解释各种经济现象的工具，古典决策理论等也都是建立在这样的假设之上。"经济人"假设隐含了两个基本前提：一是完全理性与信息充分，二是自利。每个理性的行为人在决策前都会考虑存在的所有可选的方案，并能对后果和发生概率进行计算，通过建立效用函数来实现决策的最优化或者利益的最大化。但随着经济学的发展，单纯依靠古典经济学的"经济人"假设越来越难以解释复杂的社会经济现象。因而，学者们尝试提出新的理论，包括偏好理论、理性行为理论和理性计划理论，并随之发展起来。

理性行为理论（Theory of Reasoned Action，TRA）是由美国学者菲什

拜因和阿耶兹于 1975 年提出的。该理论最早源于心理学领域的行为主义学派。早期的行为研究中，学者注重态度、个性和个体经历对行为的影响。如前置性控制理论（Theory of Prepositional Control）认为，个人行为决策往往受社会行为规范和顺从规范的意愿制约。其中，态度作为关键因素被广泛运用于心理学研究中。如社会心理学研究中，态度频频出现在理论和实验研究中。菲什拜因和阿耶兹对关于态度的研究进行梳后发现，对态度的测量在学界并未得到统一，相关测量方法超过 500 种。这实质上使得对态度的研究无法有本质的突破，从而导致了研究者们对态度概念地位的质疑。在这项文献整理研究的基础上，菲什拜因和阿耶兹对信念、态度、意向和行为作出了明确界定，在期望价值理论的基础上构建了理性行为理论，以解释和预测人类行为的决策过程。理性行为理论的基本假设比"经济人"假设更为复杂也更接近实际情况，它包含 3 个假设，一是人的大部分行为是合乎理性且处于其自我意志的控制之下。二是个体是否采取具体某项行为可以通过个人行为意向来判断。三是行为意向同时受个体对该行为的态度、社会规范或社会信念制约。理性行为理论可以表达为以下的方程：

$$B \sim I = (A_B)\omega_1 + (SN)\omega_2$$

其中 B 是公开行为，I 是行为意向，A_B 是个体对这种行为的态度，SN 是社会对个体行为的规范或预设的主观期望。ω_1 和 ω_2 是标准化系数。

理性行为理论主要用于分析态度如何有意识地影响个体行为，关注基于认知信息的态度形成过程。基本假设是认为人是理性的，在做出某一行为前会综合各种信息来考虑自身行为的意义和后果，它是经济理性的拓展。理性行为理论的核心概念是行为意愿（Behavioral intention），即个体/群体在多大程度上愿意实施某项具体的行为，或个体/群体为实施特定行为愿意付出多大的努力。Ajzen 和 Fishbein 认为，绝大多数行为是在个人意志控制之下的，因此，行为意愿可以直接预测个体实施具体行为的可能性。从方法论的角度来看，在多数情况下，实际的行为是难以测量的。由于行为意愿被证明与实际行为具有很高的相关度，因此，社会心理学者经常用行为意愿来代替对实际行为的测量，以考察行为决策过程的影响因素。

根据理性行为理论，行为意愿是由两个因素驱动的，一是行为态度

（Behavioral attitude），二是主观规范（Subjective norm）。行为态度指的是潜在行为人对实施特定行为所引致的收益与成本的综合权衡，表征的是个体所持有的对实施该行为正面或负面的整体评价。主观规范则指的是潜在行为人对社会规范压力的评估，即实施该项行为在多大程度上符合身边重要他人的意见，也即实施该行为在多大程度上能够迎合既定的社会规范。理性行为理论认为，上述两种理性评估过程直接形成了个体对实施特定行为的意愿（Intention），进而决定了个体的实际行为（见图 2.2）。由于聚焦于个体行为决策的理性评估过程，理性行为理论被广泛应用于个体行为预测和解释的相关研究中，尤其在市场营销和消费者行为研究领域得到了广泛的应用。

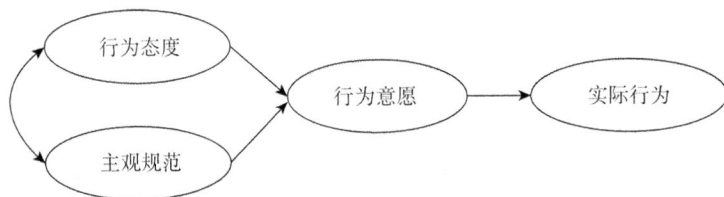

图 2.2 理性行为理论的逻辑框架

尽管如此，理性行为理论仍受到了一些质疑，特别是对于行为人无法完全依靠个人意志控制的行为，该理论难以给出合理的解释。马登等指出，当行动者因环境或资源限制，无法完全依照个人意志进行决策时，理性行为理论的解释力会受到相当的限制。导致理性行为理论的解释力下降的因素众多，其中 6 类因素得到多数学者认同，包括行为与意向间的时间间隔、个人对行为的控制程度、异质性水平、无法预见的环境变化、意向的稳定性、新的信息等。

1989 年，阿耶兹对理性行为理论进行了修正，加入新的变量"行为控制认知"，形成了计划行为理论。但该理论依旧遭到了质疑。有研究者认为，计划行为理论依然存在 3 个缺陷：态度、规范和控制认知为行动提供了前提，但无法为行动提供动机；仅仅将行为作为讨论目标，而忽略了决策过程中目标产生的作用；如果不考虑期望和情感因素，行为主体过去的行为和其行为的频率与近时性会对行为意向或行为产生过大的影响。

（二）山地旅游行为

山地旅游是基于山地的地形地貌特征及其孕育出的独特文化形态所开展的一系列以旅游观光、运动娱乐、文化体验和环保学习等为主要内容的旅游活动。一方面，山地旅游是旅游活动的一种类型，有着一般旅游行为的基本特点与规律；另一方面，山地旅游在本质上被认为是生态旅游的一种类型，因而它并不只局限于"消费-服务"的简单模式，而是涵盖更为广泛的心理、文化与社会意义。展开来讲，我们可以从 3 个维度来认识山地旅游与旅游行为之间的关系。

第一，山地与旅游的决策行为有着直接关联。换句话说，山地是旅游目的地选择的一种候选类型。如果从消费行为角度来理解，对目的地的选择也就成了对商品的选择。这种选择会受到产品的可替代性、差异性和效用性的影响。相对而言，特定产品的可替代性越低、差异性越大、满足需求的效用越高，被选择的概率也就越大。一方面，山地旅游资源有其独特的价值。与海洋、草原、湖泊等其他自然旅游资源和历史文化旅游资源相比，山地旅游资源往往对游客体力条件方面要求较高，游览的便捷程度也相对较差。但山地旅游资源同样有其优势，山地不仅自然环境被保护得相对较好、动植物资源丰富，而且文化风貌带有浓厚的地域特色，甚至是异族风情。因此，与其他旅游类型相比，行走在山地之间更能体验到接近自然、亲近自然的心理与美学的感觉，也能够带来回归传统、获得宁静的生活体验。另一方面，人们在作出旅游决策时会遵循最大效益原则，即追求有限资金与时间投入条件下的最大收益。然而，这种收益最大化也只是相对的，它建立在有限信息收集的基础之上，这就意味着某一特定山地旅游景区知名度越高、形象塑造得越好、产业集群越完整、交通越便利、基建条件与服务越优质，则被旅游者提前获知的可能性和被选择的概率就越大（陈健昌、保继刚，1998）。

第二，山地与旅游感知行为也密切相关。旅游感知行为是指旅游者对旅游地各种因素的感觉和体悟，不仅包括直接的感官刺激，还指向由其所衍生出的体会、领悟和联想等。在旅游的感知活动中，山地大致承载着 3 个层面的意义。一是在自然维度上，山地首先指向一种特殊的地质地貌类型。由于地形不便于资源开发和人员交流，山地通常也意味着保存较好的自然生态环境（郝革宗，1985）。如此一来，山地旅游就隐含着自然与社会相区分的意义。一方面，良好的自然环境能够以诸种新方式满足旅游者猎奇、运动与放松等需要。研究显示，将自然环境作为旅游资源的投资回报率远高于对其的直接利用。另一方面，这种区分与新体验也能够直接或间接地强化旅游者和开发者的环境保护意识（陈琼珍，2013）。二是在文化维度上，山地因其地域空间分布较偏僻和交通交流不便利等因素，通常也暗含着文化差异的意义。与自然环境相比，山地环境孕育出的独特文化更容易受到旅游活动的影响。那些非旅游资源的文化因素，也很可能因旅游活动带来的频繁交流而面临逐渐衰落的威胁（陈兴，2013）。三是在社会维度上，山地通常还包含着落后与发达、本地与外地的意义/关系建构。首先，山地旅游在某种程度上意味着向发展滞后地区的经济资源输送，至于旅游收益的受众群体则会因具体条件与制度的不同而不同（TOOMAN，1997）；其次，山地旅游也带来了本地人内部之间（杨方义，2005；闻扬等，2009）、与游客之间以及与作为潜在游客的远方陌生人之间的互动。

第三，山地还牵涉到旅游空间行为。旅游空间行为考察的是旅游者在地域空间范畴上的活动范围和移动路线，它包含着两个基本维度，即旅游目的地的地域选择与旅游地的空间活动。前者是在广阔的地域范围内选择所要前去的旅游地点，受到交通时间长度、交通便捷程度和景点形象塑造与知名度等因素的影响；后者是旅游者在旅游地的行动路线和活动范围，受到旅游地路线规划与资源安排、空间的功能分化等因素的影响。从地域上看，我国的山地旅游景区主要有两种类型。第一种是历史型山地景区，如泰山、黄山。这类景区主要分布在人口密集且经济发达的地区，以自然景观与历史景观深度融合为特征。第二种是自然型山地景区，如黄果树瀑布、荔波小七孔景区。这类景区大多分布在人口稀疏且经济欠发达地区，以较为原始的自然景观为主要特征。

三、旅游偏好综述

经济学的消费者选择理论认为，决定一个消费者行为最重要的因素就是其偏好，旅游偏好的形成是旅游决策前阶段的主要过程，国内外学者对旅游偏好进行了广泛研究。

（一）偏好理论

如前所述，古典经济学的"经济人"假设在现实运用中存在各种各样的缺陷，因而新古典经济学通过引入效用和理性选择等建立了新的消费者选择行为模型。在行为人追求效用最大化、完全信息和理性选择的前提下，还假定了消费者偏好的稳定与单纯经济预算约束等。新古典经济学的消费者选择行为模型将决策过程分为外部约束和内在偏好两个维度，从而简化了模型。虽然该派的经济学家在该模型的基础上进行了完整的研究，并实现了对现实的一定解释力，但该模型的缺陷依然是显而易见的。如以科斯为代表的新制度经济学就通过导入交易费用和制度因素，对单纯经济约束进行了批判。但无论在新古典经济学还是新制度经济学的框架下，偏好依然是独立且稳定的，是一个简单的外生因素，因而对于多变的消费者偏好影响下的决策行为，无法给出有力的说明。而演化经济学对偏好的内容和形成进行了研究，将个体偏好定义为社会制度和经济环境作用下的产物，但并没有形成完整的经验理论（周小亮 等，2009）。

西方经济学中的效用理论直接起源于 19 世纪中后期的边际革命，包括边沁、密尔、戈森等一批经济学家将效用视为一种使人们感到满足的心理状态，即主观的满足感。但经济学家们从经济学的视角来理解这种心理状态，仅仅将其视为产品或服务的一种客观内涵来应用到经济学的模型中。因而在经济学家看来，效用不过是作为价格理论的一种替代和延伸，赋予了单纯的经济价值更广的内涵。但主观变量的加入使得对其的评价和计量成为新的问题，因而新古典经济学家提出了基数效用论来度量效用的大小。但是，使用给定的"效用单位"来计量主观范畴的效用是建立在效用具有可比性和可测性基础上的。此后，维尔弗雷多·帕累托等在其基础上进行了修正，提出了序数效用论，使用无差异曲线和偏好尺度来测量商品的相对效用。但相对效用带来了新的问题，如果效用没有绝对意义的测量值，那么经济学家如何判断偏好和效用最大化在消费者选择过程中的决定性呢？对此，保罗·A. 萨缪尔森提出了显示偏好理论，即认为效用作为主观心理状态无法被测量，但可以通过观察消费者行为来揭示其偏好。这实际上是心理学视野中理性行为理论的反向。显示偏好理论的提出扩大了效用理论的使用范围，但其只是效用理论的同义反复，并没有解决其根本的问题，即假定偏好的不变性（周小亮 等，2009）。另外，有学者指出，正统理论通过将个人因素设定为外生于系统的因素，从而回避了对偏好稳定性的演绎，将偏好的形成与塑造逐出了经济学的分析范围（HODGSON，2004）。诺贝尔经济学奖得主 Becker 也认为，经济学家一般很少在理解偏好的成因上有所建树，因而假定偏好具有不变性和同质性（贝克尔，1995）。

主流经济理论在偏好理论上的局限性，使得一部分经济学家转向正视心理学的成果，并试图将其引入经济学的研究视野中。部分非主流经济学者尝试重建偏好与效用理论，如鲍尔斯认为，偏好由社会规范、心理倾向、情感关系、口味、习惯、思考方式等一系列概念糅合而成。而卡尼曼和特沃斯基等学者指出，人们对风险的态度不是由效用函数决定的，而是由价值函数和权数函数共同决定的。同时，行为经济学家还提出了显著性假定、损失厌恶、关联效应、禀赋效应等一系列理论，认为个体偏好并非如主流经济学中那般稳定，而是会出现变化，甚至反转现象。此外，还有心理学家指出，"经济人"假设本质上的缺陷，包括社会偏好还存在利他主义、行为分配公平和社会协调性等（赵红军 等，2003）。尽管如此，非主流经济学者们的理论并没有构建出统一的和足够有力的框架理论以替代主流经济学中的效用或偏好理论，这使得其影响力始终受到局限。

（二）旅游偏好

自 20 世纪八九十年代开始，国际上旅游热的兴起使得学者对旅游偏好的研究增多，旅游偏好的研究成果颇丰。经查阅相关文献，按照研究内容进行分类，旅游偏好研究主要集中在 3 个方面。一是旅游偏好状态研究，描述游客旅游偏好的状态，展示不同游客类型的旅游偏好"是什么"。二是旅游偏好影响因素研究，剖析不同旅游偏好形成的原因。三是旅游偏好应用型研究，此类研究试图结合旅游区的特点，分析游客旅游偏好类型，并提出相关对策，促进旅游区旅游产业的发展。当然，旅游偏好研究综合性较强，这 3 个方面也有一定的交叉融合。

1. 旅游偏好状态研究

随着社会的发展，人们生活水平的提高，旅游已经成为人们重要的生活方式之一。学者们将旅游群体细分，研究对象主要有城市居民、乡村居民、大学生群体以及入境国外游客等。

陈思屹、卢松、张明珠等（2007）对南京市城市居民进行调查，结果表明：南京市居民对乡村旅游有较强的意愿，并在出游方式、旅游活动、购物等方面表现出明显的偏好。通过进一步分析，不同年龄、职业的居民对各项旅游项目存在偏好差异。覃琼玉、文军（2011）则把南宁市居民作为调查对象，调查发现：居民旅游偏好方面存在显著性差异，居民较为喜爱自然观光旅游产品和休闲旅游产品。同时发现，偏好休闲旅游产品的市民将自然娱乐项目、接待设施以及风景品质作为近郊休闲旅游的主要考虑点。而王云、史春云（2014）对苏州乡村旅游游客的满意度偏好进行研究，研究发现：游客偏好的乡村旅游景点类型为森林公园、古村落等乡村生态环境，游客对苏州乡村旅游总体评价一般。

大学生作为青年人的重要组成部分，在旅游业中具有不容忽视的地位。对大学生旅游偏好状态的研究具有重要意义。王维佳（2009）把绍兴高校的部分大学生作为调查对象，总结了大学生旅游偏好的特点：大学生出游率较高，影响大学生旅游决策的主要因素是价格。由于经济原因，大学生对饮食和住宿的要求并不高，他们更注重安全、卫生。

李健、罗芬与李伟燕（2009）运用定量研究方法，调查了外国在华居民对各项旅游因素偏好程度，得出不同国籍、性别、年龄、学历、家庭结构的在华侨民的不同旅游偏好规律：大部分在华侨民偏爱选择与旅游团一起出游。从旅游资源偏好来看，大部分在华侨民偏爱历史遗迹、红色旅游和乡村旅游；从娱乐项目偏好来看，选择民俗文化类娱乐项目的在华侨民占大多数，其次是探险类；从饮食偏好来看，被访在华侨民对我国八大菜系及地方风味偏好最强；从住宿选择方式偏好来看，环境是在华侨民考虑的首要因素；从旅游商品偏好来看，我国的工艺品是在华侨民最喜欢的旅游商品。张洪双、亓元（2013）基于文化资本视角，分析逐年增加的俄罗斯游客来海南旅游的偏好特征，阐释了其行为规律。

乔那森·古德里奇对旅游态度和旅游决策、旅游偏好、目的地选择与行为的关系进行了较为深入的研究（刘培松，2014）。保继刚（1987）以北京为例，对旅游者对旅游地类型的偏好进行了实证分析。周旗、卫旭东（2003）分析了太白山游客对旅游环境的偏好和游客行为模式。王娟（2004）以旅皖游客为对象，采用已有数据，指出中国旅游者具有较强的住宿、餐饮消费偏好，而对购物、娱乐的偏好不强。郭静、张树夫（2005）探讨了旅游者出游行为的深层原因，并对旅游者的年龄和职业与旅游偏好进行了相关性分析。

罗杰斯（1967—1969）主持了第一次试验性英国全国游憩调查，获得了一些有意义的旅游者行为规律的相关资料。巴洛格鲁（1997）研究了去美国旅游的西德旅游者的旅游动机，进而描述了旅游者的旅游偏好。恩格尔（1993）研究了香港游客中的初游者以及重游者，对他们进行旅游偏好调查。调查表明，香港游客的旅游偏好大概可以分为丰富智力以及增强文化素养、受环境以及服务吸引、为增进关系或者追寻利益、寻求放松或者是逃避、表达地位与声望等五大方面。综上可知，学者选取的研究群体不同，研究方法也存在差异。但此类研究着重描述游客的旅游偏好，总结旅游偏好的特征，以发现规律，有助于我们了解旅游偏好基本情况，总结旅游偏好的内涵，借鉴研究旅游偏好的方法。

2. 旅游偏好影响因素研究

国际上对影响旅游偏好的因素的研究众多且成果颇丰。英国学者约翰·斯沃布鲁克（John Swarbrooke）（1999）构建了将影响旅游偏好的因素以内外部维度相结合的旅游消费者行为模型。他指出，旅游者的内部决定因素包括经济收入、自由支配时间、对旅游目的地和旅游产品的认知、旅游态度等，而外部决定因素包括亲戚朋友的观点，旅游产业的营销活动，媒体的影响，中国和国际的政治、经济、社会和技术因素等（见图2.3）。他指出的这些因素，一部分与旅游者的人口统计特征有关，如收入、支配时间（较大程度上取决于职业）、所处团体等，一部分与旅游者所掌握的信息和其他个人特征有关，如旅游目的地、旅游产品、媒体信息等。而在斯沃布鲁克研究的基础上，科扎克（2001）对美国"Y"一代的旅游评价行为偏好进行了研究，并得出这代人偏好享乐，且消费水平低的特点。科扎克指出，五大动机对旅游者的旅游消费结构偏好有着显著的影响，并直接将人口统计特征作为调节变量加入他的旅游评价行为偏好影响因素模型中。塞迪吉等（2002）学者对塞浦路斯旅游偏好调查数据进行了回归分析，认为旅游地服务质量的好坏、政治稳定程度等因素会影响游客旅游的偏好。

目前，国际上的相关学者对旅游偏好影响因素的研究虽然很多，但相

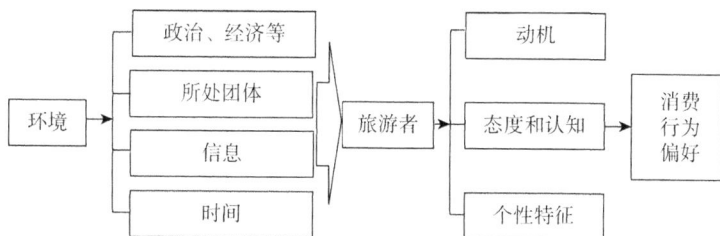

图2.3 约翰·斯沃布鲁克旅游消费者行为偏好模型

对零散，且未形成一致的观点或结论。而我国的学者更多的是从个人微观层面对旅游偏好的影响因素进行分析。付粉娟、刘新平与何艳（2006）使用因子分析法，对欧洲游客在华的住宿偏好进行分析，发现不同国家来华游客住宿的消费偏好存在明显差异。旅游者偏好是受各种因素影响的，在一定程度上是处于变化中的，也是一个复杂的心理过程。马耀峰、张佑印（2007）研究发现：旅游偏好主要受到旅游者对旅游产品和旅游目的地的认知的影响，而旅游者认知形成的主要影响因素是各类相关信息的来源及强度。

认知偏差会对旅游偏好产生影响。白凯、马耀峰（2007）认为：在旅游者个体影响因素和外在信息刺激的双重作用之下，形成旅游偏好。偏好存在于旅游前和旅游后。邓辉（2005）则把旅游偏好的形成因素归结为外因，他认为旅游偏好的形成关键取决于旅游目标对旅游者具有很强的吸引力。仲红梅（2005）认为，影响旅游者个人偏好的因素较多，主要有个性、生活方式、预期的社会角色、经济地位等。应该综合分析各种因素对旅游者行为偏好的影响。成凤明、雷晶莹、李穗菌等（2008）采用问卷调查的方式收集资料，对长沙城市居民展开调查，分析城市居民人口学特征因素与城郊游憩偏好之间的关系。研究发现：长沙居民城郊游憩偏好与人口学特征、收入等社会经济特征存在显著差异。而周慧玲（2008）对长沙居民的不同人口特征与旅游目的地类型偏好之间的关系进行差异分析，却发现了不一样的结论：文化程度对城市居民的旅游目的地选择有重要影响，而性别、收入和家庭结构对旅游目的地偏好影响很小。吴清津（2006）认为，影响旅游偏好的因素是很多的。旅游者生活的环境、舆论宣传的力度、个人需要满足的程度等都是影响旅游偏好的重要因素，旅游者对旅游产品和服务的认知、情感和评价对旅游偏好产生的影响也很大。

总的来说，国际上对影响旅游偏好因素的研究成果丰硕，分析影响旅游偏好的因素全面。影响因素包括外因和内因两个方面。内因主要有人口学特征、游客认知以及感情等；外因主要有旅游地景观特点、服务质量、政治、经济以及社会因素等。由于研究对象的复杂性，研究方法的差异，目前国际上仍未形成统一的观点。

3. 旅游偏好应用型研究

梳理文献发现，关于旅游偏好的应用型研究，主要分为两类：一类是关于旅游产品设计的，根据游客偏好，设计更受游客喜欢的旅游产品。另一类是关于营销策略的，通过分析旅游偏好，从更为宏观的角度设计旅游路线和营销策略。查米努卡等（2012）认为，不同旅游者群体对不同的旅游目的地、景区的核心旅游产品类型或者具体的核心旅游产品景点具有不同偏好。基于此，他们研究了生态旅游者对克鲁格国家公园附近乡村的旅游产品偏好。克隆等（2008）对不丹国际游客偏好的研究指出：能使当地农村从旅游发展中受益的生态旅游活动更受旅游经营商和游客喜爱。梁江川（2006）认为，旅游偏好是影响人们旅游决策的重要因素，了解居民偏好有利于预测人们的旅游行为，因此，可以规划和开发营销游客喜爱的旅游产品。他以沪、杭、甬三地城市居民为调查对象，定量测量了居民对各项旅游因素的偏好程度，包括出游方式、信息渠道、消费意向以及选择旅游目的地考虑因素，提出了相关的旅游产品开发措施。唐德彪和马莹莹（2009）发现对不同类型居民在旅游偏好方面的差异，他们利用因子分析法来讨论不同居民在目的地选择影响因素上的差异，为不同旅游目的地产品的改进及营销提供指导。苏丽娟、陈兴鹏等（2015）通过对兰州市游客的旅游偏好进行研究，发现口碑宣传对旅游者选择旅游目的地影响最大，文化旅游产品最受游客喜爱，旅游者购买意愿很强。他们提出市场开发的对策是注重文化旅游产品开发，优化旅游产品结构，注重游客体验营销等。李胜芬（2008）以燕山大学学生为样本，分析了大学生一日游旅游消费偏好特征，并在此基础上设计了旅游线路，进行了模拟实证分析并找出了一些规律，为一日游线路设计提供了科学的决策依据。周玮（2010）认为，我国背包客市场异军突起并快速发展，对旅游目的地的开发与建设产生了重要的影响。基于对我国背包客旅游偏好的调研分析，提出了一些适宜的营销策略和建议，以期促进背包客旅游先锋效应的有效发挥和背包旅游市场的良性发展。刘培松（2014）尝试性地构建了基于旅游者偏好理论的低碳旅游者偏好影响因素模型，从旅游者对低碳旅游的态度和旅游者的个性特征两个因素，来了解旅游者的低碳旅游决策偏好，从而为旅游企业制定低碳旅游产品营销策略提供参考。梁雪松、马耀峰（2008）以丝绸之路沿线旅游热点城市入境游客市场调查为基础，以入境游客的个人特征、出游选择与偏好等作为调查的主要内容，对丝绸之路地区国际游客旅游选择偏好与行为决策模式进行了分析和研究，有助于促进丝绸之路旅游目的地作出更加合理的市场细分和制定具有针对性的市场策略。

应用型研究更强调实用价值。建议相关部门针对旅游景区存在的不足，展开调查研究，从而使景区能提供更好的服务，以满足不同旅游偏好的游客需求，同时创造更好的收益，促进当地经济的发展。

四、人格特质理论综述

人格，在心理学中占据着十分核心的地位，心理学的发展离不开对人格研究的不断深入，人格特质的研究在国际上已经形成系统、深入而科学的理论。

（一）人格心理学

早在人类文明发展的初期，人们就开始了对于心灵的探求，寻找是什么构成了人的内心。古希腊哲学家试图以人体内几种物质量的不同来解释不同的人的心理特征或气质、个性差异。"土、水、气、火"四根说（EMPEDOCKLES，约公元前490—前430）和"黏液汁、黄胆汁、黑胆汁、血液"四液说（HIPPOCRATES，约公元前460—前377）成为西方对人的心理和个性不同进行解释和分类的最初尝试。几百年后，罗马的克劳迪亚斯·盖伦医生把人的气质划分为13种类型，并对其中4种进行了相当详尽的描述，也就是后来为人所熟知的多血质、胆汁质、黏液质和抑郁质（贺金波 等，2005）。而在东方的中国，也曾有先哲对人性的类型和结构做了探求。儒家思想中对人格类型有所分类，先秦儒家从孔子发端而成于荀子，将人格分为了五类，包括圣人、君子（贤人）、士者、庶人（庸人）和小人（刘同辉，2009）。而《黄帝内经·灵枢·通天》则从阴阳两仪的角度对人进行了五种分类，即少阴之人、太阴之人、阴阳和平之人、少阳之人和太阳之人，并提出"凡五人者，其态不同，其筋骨气血各不等"，并对其进行了明确的描述。其后，汉末魏初的思想家刘劭在《人物志》九征篇和体别篇中从阴阳五行思想出发，对人格特性进行了分类，其中涵盖了五种德行、九种性情和十二种偏才，并对这些特性进行了描述。

现代意义上的人格心理学作为一门独立的学科，诞生于20世纪30年代末，以亨利·默里和高尔顿·威拉德·奥尔波特分别撰写的两本书的出版为标志（郭永玉，2005），但人格心理学的研究可以追溯到更早的时期。黄希庭（2002）指出，人格心理学领域存在着四种主流范式。一是精神分析论范式。以弗洛伊德、荣格为代表，采用以临床经验为基础的个案研究方法，强调无意识（潜意识）、本能等人格动力。经典研究方法包括了对梦的分析和自由联想等。二是特质论范式。以高尔顿·威拉德·奥尔波特、雷蒙特·卡特尔、汉斯·艾森克为代表，包括各类"五大"模型的研究者。这一范式强调个体差异，将人格划分为一些基本的维度，用特质和因素来描述这些维度，并认为不同的人在这些维度上存在稳定的差异，这种差异及其稳定性导致具有不同特质的人的行为在不同的情境中、不同的时间段中具有一致性和相对的稳定性。特质论者通常采取因素分析、自陈量表等方法来对基本的人格特质进行识别和分类。三是学习论范式。以行为主义者和新行为主义者为代表，包括约翰·B. 毕生、伯尔赫斯·弗雷德里克·斯金纳、阿尔伯特·班杜拉等。该范式以社会认知理论为代表，强调个体行为差异主要是在成长过程中由外部因素形塑的结果，相比于个人内心中原初的差异，其更强调外部力量（如学习经验）的影响。该范式通常采用实验、观察的方法来研究行为是如何"习得"的。四是人本主义范式。该范式以卡尔·罗杰斯、亚伯拉罕·马斯洛为代表，是在反对精神分析论的基础上建立起来的。人本主义者指责精神分析论者过于关注心理疾病患者，认为应该更注重研究普通人的人格，而非心理不正常者。同时，该范式融入了现象学的取向，认为作为主体的人的经历、经验才是最重要的研究对象，反对行为主义者通过观察动物和儿童来理解人的内心。该范式关注个人经验、自我成长和自我实现，通常采用访谈等方式来研究一般人物或优秀人物，并试图进行描述和解释性的研究（陈建文 等，2003）。

（二）人格的精神分析与特质理论

人格的精神分析与特质理论主要讨论人格的生态特质，因而主要对精神分析范式和特质论范式进行进一步的梳理。

1. 精神分析论

弗洛伊德开创的精神分析学派将现代心理学带入了一个新的天地，他对人格中三重体系的诠释，使无意识一跃进入了心理学中的核心概念圈。荣格在与弗洛伊德思想的碰撞中，提出了一套自己的人格理论。荣格将人格的总体称为心灵（Psyche），并将其辨别为 3 个层次：意识层、个人无意识层和集体无意识层（卡尔文·霍尔 等，1987）。其中，对集体无意识的发现是荣格最为重要的贡献之一。无意识概念的重要之处在于它不但给心理学，更给诸如社会学、历史学等其他学科提供了一种极具吸引力的解释方法（许燕，2003）。

除对人格的层次进行区分外，荣格还对人的性格进行了类型的区分。荣格认为，人的心理可以分为两种态势和四种机能。态势包括外倾态势和内倾态势，外倾态势代表的是心灵倾向于客观，内倾态势代表的是心灵倾向于主观。两种态势不能同时存在于个人意识中，它们只能采用交替出现的形式。然而，一个人无论两种态势如何交替出现，特定个人的一生中总有一种态势占据优势。客观倾向更大的被称为外倾型，主观倾向更大的被称为内倾型。机能则分为思维、情感、感觉和直觉四种，同样是指由心灵决定的个体行为的倾向。荣格指出，个体会更趋向于使用一种机能，而较少使用其他三种。通过态势和机能，荣格把人的心理类型分为了 8 种（卡尔文·霍尔 等，1987）。

2. 早期特质理论

奥尔波特最早提出特质是人格的基本单元，从而开创了对人格特质的研究。但用特质来对人格的成分进行划分是来自更早先的弗朗西斯·高尔顿提出的基本词汇假设：可以通过某些自然语言词语来编码，以描述人类交往中最重要的个体差异。奥尔波特认为，特质是个体对某特定的刺激作出特别反应的一种倾向，特质是稳定的，因而个体的反应应该是稳定和具有一致性的。个人的实际行为取决于其人格特质与环境的交互作用，因此，个人在特定情境下会表现出不同的特质。奥尔波特认为，不同的特质具有生物学和生理学上的差异。尽管特质无法直接被观察和测量，但是可以通过具有某些特质的个体的行为集合来间接观测。最初，奥尔波特将特质分为共同特质和个人特质两类，认为前者是人所共有的特质，不同的个体可以在共有特质的层面进行比较。而个人特质则是个体独有的，代表了他特有的行为倾向（陈少华，2004）。随后，奥尔波特又划分了三类特质：首要特质、中心特质和次要特质。这三类特质在某个个体身上具有不同的重要性。个体在行动中始终受首要特质影响。而中心特质则影响个体在一定情境中的行为倾向。首要特质和中心特质在个体身上体现出高度的稳定性和广泛的一致性。而次要特质则并没有那么明显，同时更具有变化性。奥尔波特等（1936）在弗朗西斯·高尔顿提出的词义假设基础上身体力行，将约1.8万个表示个人特质的英文词语分为四类，其中反映稳定人格特质的特质词约4500个。

雷蒙特·卡特尔（1943）在奥尔波特词表的基础上，进一步通过编制问卷的方法来收集关于人格特质的特质词（因素）。师从统计学家查尔斯·爱德华·斯皮的夫物尔采用因素分析法来研究人格特质，并最终确定了16种人格特质因素（PERVIN，2002）。与奥尔波特类似，卡特尔认为特质是人格的基本元素，并具有一致性。他继承了奥尔波特关于共同特质和个人特质的区分，但在共同特质中区别出了某个团体或集体成员所共同具有的团体特质。而更重要的是，他对表面特质与根源特质作出了区分，表面特质是一组可以被观察到的行为或特质表现的集合，如各种词表中表现特质的各种词汇。但这种被观察到的行为是非常表面化的。而根源特质则是隐藏在表面特质之下的、更为重要的特质类型。根源表示其是个体行为倾向的源泉，表面特质都源于一种或几种根源特质，但表面特质只是根源特质的表现型，相同的根源特质可以产生多种不同的表面特质。此前提到的16种人格特质因素实际上就是卡特尔特质论中的根源特质（见表2.1）。此外，卡特尔在其特质理论中还区分了体质性特质和环境养成特质。其区别在于特质获取属于先天的还是后天的。卡特尔甚至还尝试进行了遗传和环境对人格特质形成影响程度的研究（PERVIN，2002）。

另外，汉斯·艾森克作为特质论发展的另一位代表人物，认为人格是性格、气质、智力、体格4个系统的稳定持久的组合，它决定了个人对环境的适应方式（黄希庭，2002）。与卡特尔一样，艾森克也试图运用因素分析法来辨别人格特质，但他试图在更高的层次对特质进行区分。他强调特质具有的稳定性、持久性，特质聚集起来可以组成一些类型，他认为人格结构应该由相当少的类型支配，而"类型"就是这种更高的层次。因而，艾森克的特质论具有鲜明的层次性。在类型之下，从高到低依次涵盖了特质、具有规律性的习惯反应，以及更为具体的、可能表现为孤立行为的特殊反应。这样的层次划分体现了特质的稳定性和持久性。

表 2.1　卡特尔的 16 种人格特质因素

	人格特质因素	低分者特征	高分者特征
A	乐群性（Warmth）	沉默孤独、冷淡、刻板	乐群外向、热心、乐于助人
B	聪慧性（Reasoning）	愚钝、具象思维	聪慧、抽象思维
C	稳定性（Emotional Stability）	情绪不稳定、没有耐心	情绪稳定、适应性强、稳重
E	好强性（Dominance）	温顺、随和、避免冲突	支配欲强、好斗、好胜
F	兴奋性（Liveliness）	严肃、谨慎、安静	活泼、热情、冲动、乐天
G	有恒性（Rule-Consciousness）	权宜、敷衍、轻视规则	负责、遵守规则、道德的
H	敢为性（Social Boldness）	害羞、迟疑、胆小	冒险、厚脸皮、无拘无束
I	敏感性（Sensitivity）	功利、客观、粗鲁、意志坚定	敏感、直觉、感情用事
L	怀疑性（Vigilance）	轻信、接纳	警觉、怀疑
M	幻想性（Abstractedness）	实际、乏味、传统	富于想象、不切实际
N	世故性（Privateness）	直率、天真、诚实、开放、谦逊	注重隐私、精明、圆滑、世故
O	忧虑性（Apprehension）	自信、自满	忧虑、自我怀疑
Q1	求新性（Openness to Change）	保守、传统、拒绝改变	乐于改变、自由、灵活、批判

续表

	人格特质因素	低分者特征	高分者特征
Q2	独立性 （Self-Reliance）	依赖群体	自立、个人主义
Q3	自律性 （Perfectionism）	无自制力、 不关心社会规范	完美主义、自律、 有组织性
Q4	紧张性 （Tension）	放松、沉着、 迟钝、耐心	紧张、焦躁、迫切、 欲求高

艾森克将卡特尔的 16 种人格特质因素进行聚类，将明显存在相关的特质聚合在一起，得出了外倾性和神经质性两个基本维度。外倾性得分高的人更外向，得分低的人更内向；神经质性得分高的人情绪更不稳定，得分低的人情绪更稳定。与荣格提出的分类法不同，艾森克的基本维度并不是非此即彼的二分变量，而是一个连续统一的维度，特定个体在这两个维度中可以有不同程度的取值。艾森克的两个维度构成了 4 个理想型，分别对应古希腊的体液假说四类型：外向-稳定（多血质）、外向-不稳定（胆汁质）、内向-稳定（黏液质）、内向-不稳定（抑郁质）。虽然两个维度模型得到了广泛的认可，但艾森克还是发现了存在外倾性和神经质性无法解释的特质类型，因而提出了第三种层次——精神质性。而构成高精神质性的特质包括好攻击、冷漠、自我中心、不关心人、好冲动、反社会、无理心、顽固和有创造性。其反义词可以用来描述低精神质性的人（郭永玉，2005）。精神质性与外倾性和神经质性类似，也是一个连续的维度，同时，这三种类型在人群中多呈正态分布，处于极端的个体相当少见。尽管精神质性并没有像外倾性和神经质性得到普遍的认可，但艾森克还是强调人格结构包含了三个维度，因而后人通常把艾森克的人格特质结构称为"大三"模型（SAGGINO，2000）。

3. 五因素人格模型

1961 年，图普斯和克里斯塔尔对卡特尔的成对词进行了再研究，从中析出了 5 个稳定且相对显著的因素：精力充沛（Surgency）、宜人性（Agreeableness）、依赖性（Dependability）、情绪稳定（Emotional stability）和文化（Culture），这也是"大五"人格因素模型的开端。而后，诺曼借助 1961 年再版的《韦氏词典》重复了卡特尔的研究，提出了自己的大五人格结构（Big Five），这被视为"大五"研究中的里程碑。诺曼模型与图普斯等提出的因素类似，但把依赖性重新标记为责任心（Conscientiousness），并赋予文化因素以智慧（Intellect）内涵。不过，诺曼在方法上遭到了卡特尔的批评，使得"大五"的研究一度鲜有人问津（WIGGINS，1997）。20世纪80年代，戈尔德贝格根据诺曼的词表，尝试运用各种不同的因素分析方法和因子旋转方法进行研究，最终都得到了同样的5个因素，此后，他重新选取了最为常用的400余个词语和100多个词组编制成问卷，来收集数据和进行因素分析，最终得到了类似的5个因素，验证了"大五"结构的存在，并使其再次成为研究的热门。与此同时，众多研究者从不同的角度进行研究，发现存在可以被5种因素归纳的人格特质结构。其中，麦克雷和科斯塔对五因素模型（Five Factor Model，FFM）的定义影响最大，通常被称为"大五人格理论"或"OCEAN模型"。这个模型包括5个基本的人格维度：开放性（Openness）、责任心（Conscientiousness）、外向性（Extraversion）、宜人性（Agreeableness）和神经质性（Neuroticism）。麦克雷和科斯塔还编制了测量五因素人格问卷，被称为"NEOPI-R"。NEOPI-R的不同语言版本，在除英、美外的法、德、意、中、日、韩等十余国得到了相似的五因素结构，因而麦克雷和科斯塔认为，FFM对全人类是普适的（崔红 等，2004）。

五因素模型在4个因素上与"大五"是一致的，但在第五个因素上，两者所强调的特征存在不同，戈尔德贝格的"大五"更强调文化或智慧的特征，如洞察力、创造力等，而麦克雷和科斯塔则更强调开放性的特质，如好奇心、幻想等。麦克雷指出，自然语言中描述开放性的词语很少，所谓描述"智慧"的词语往往只是反映了开放性的认知层面。然而，仍有许多学者认为，两种因素的不同定义实际上也存在大量重合的地方。

此外，还有研究者认为，五大模型和五因素模型都存在缺陷，人格因素不止5个。如索西耶和沃勒通过在英语自然语言中分层抽样分析，提出了七因素模型，包含正价（Positive valence）、负价（Negative valence）、负情绪性（Negative emotionality）、正情绪性（Positive emotionality）、因袭性（Conventionality）、适意性（Agreeableness）和可靠性（Dependability）。此外，阿什顿等学者选取了8项独立研究，对法、德、意、韩、荷、匈牙利和波兰语7种语言形容词的自评结果进行综合分析，发现了人格六因素：

外向性、宜人性、责任心、情绪性（Emotionality）、坦诚-谦虚（Honesty-Humility）和智慧（Intellect/Imagination/Unconventionality）（张萌 等，2006）。张妙清等（2001）使用"中国人个性测量表"（CPAI）对中国内地和香港的被试者进行了测量，通过因素分析选取了 4 个因素，其中"传统性"因素与"OCEAN 模型"中的 5 种因素无关，而"O"（开放性）因素在这次测试中也没有找到对应的解释。杨国枢、彭迈克使用中文本土词汇和外来词汇对同一组被试者进行测量，均获得了 5 种因素，但基于本土词汇测量产生的人格结构因素与五因素模型没有准确的对应关系。王登峰等通过收集词典和日常用语中的中文人格特质形容词，分层随机抽取出 410 个形容词，对中国大陆和台湾地区被试者进行评定，得出了中国人人格结构的七因素模型。此后根据该模型编制了中国人人格量表（QZPS），对 1099 人进行了测量，验证了该人格模型。模型包括精明干练—愚钝懦弱、严谨自制—放纵任性、淡泊诚信—功利虚荣、温顺随和—暴躁倔强、外向活跃—内向沉静、善良友好—薄情冷淡和热情豪爽—退缩自私 7 个维度（王登峰 等，2003）。国内的研究表明，以英、美文化为基础的五因素人格结构模型在我国表现出了文化局限性，我国人格中存在与其不同的特质。

国际上有研究已经表明，人格特质与个体职业选择、消费活动、阅读偏好等有很大关系。而休闲行为作为人类可以自由选择的行为类型，能够更好地反映人格特质。人格特质不仅在人们对参与的休闲活动类型进行选择时有影响，而且影响其体验休闲乐趣的能力。特质在一定的环境下特别重要，尤其是在不受强迫的情境下，人们更能自由地、真实地表现自我。我国学者的研究也表明，人格特质对居民出游偏好、大学生出游选择行为（康积勤 等，2008）、旅游者漂流体验偏好等有不同程度的影响。白凯等（2011）利用大五人格特质测量工具对"80 后"群体的人格特质和旅游偏好之间的关系进行了测量，结果表明，不同的人格特质对该群体的潜在旅游消费认知偏好和情感偏好都有影响（见图 2.4）。可见，人格特质与旅游者的偏好有较强相关性，可以用于研究山地旅游行为及其影响因素。

五、文献评述

从山地生态旅游与旅游行为、旅游偏好、人格特质理论 4 个方面对既

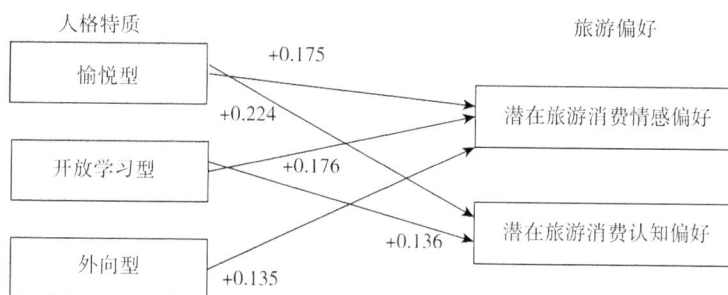

图2.4 "80后"人格特质与潜在旅游消费偏好关系

有的文献进行了梳理。一方面，既有的对旅游行为的研究往往从经济学、管理学和行为心理学的视野出发，通过偏好理论和理性行为理论对旅游者的消费决策或旅游过程中的实际行为进行研究。我国的相关研究通常也是从这几个理论视角出发，结合具体的实证材料进行研究。另一方面，对于人的心理本质和行为动机的研究，通常从心理学中的特质理论出发，来挖掘人类心理深层次隐藏的内容。尽管众多学者已进行了深入研究且成果颇丰，但仍存在有待完善之处。

从山地生态旅游的研究来看，国际上学者对生态旅游的研究较多，对山地旅游的研究较少，且在对山地旅游的研究中，大多数学者是对旅游目的地的相关建设情况、保护情况、管理情况等以及如何规范旅游者行为方面进行研究。而对作为山地旅游主体的旅游者的研究极为罕见，尚缺乏对山地旅游相关主体——人的关注。

从旅游行为的研究来看，既有的研究从经济学和行为主义的取向出发，通常忽略了人最基本的心理因素。如经济学的偏好理论，讨论人在进行消费决策时具有不同的偏好，但又将这些不同的偏好视为纯粹外部的因素，而对其的产生、变化和发展避而不谈，导致了偏好理论解释力的缺陷。而行为主义的各种理论（如理性行为理论和计划行为理论），仅仅从行为的过程出发，而忽略了行为的动机，导致了相关理论仅仅能解释"如何"的问题，却无法回答"为何"。

从旅游偏好的研究来看，国际上学者对旅游偏好的研究较为零散，尚未形成一致的观点和结论，更多的是从个人微观层面，主要是外部条件对旅游偏好的影响因素进行分析，而从人格特质出发研究旅游偏好的内容较少，缺乏从心理学的角度分析人的旅游偏好。

在人格特质研究方面，经过多年的发展，人格特质理论已经具有非常成熟的测量和分析技术。但特质论对人格的测量是基于对语言中形容词的聚类分析，其归根结底只是一种方法和手段，揭露的仅仅是人行为的表现，缺乏更深层次的理论阐释。同时，基于自然语言的研究方法最终要受限于语言的表达能力，无法揭示出更深刻、复杂和精妙的人格内涵。观察特质论的研究结果可以发现，对于描述人格的形容词往往集中于对个人成因因素、社会环境成因因素的描述，而对更广博的自然环境成因导致的个人行为倾向描述较少。在各种模型中也鲜见与自然相关的特质。相比之下，生态心理学家则更重视环境对心灵的影响。传统潜意识理论忽略了自然的维度，在弗洛伊德和荣格无意识理论的基础上，提出人的深层心理中还存在一种"生态潜意识"，也就是人亲近自然的本能和欲望。随着现代工业文明的发展，人从自然中被剥离，压抑了生态的本能（ROSZAK，2001）。生态潜意识概念的提出，对我们理解人格与生态环境之间的关系，无疑具有重要的启发作用。

几方面理论的不足实际也激发了本书的研究旨趣，即通过挖掘人格中的潜在因素来阐释人为什么会产生山地旅游行为。

第三章　研究设计

一、研究思路

探究山地旅游行为和影响山地旅游行为的因素，找寻人类亲近自然、选择山地旅游的原因。在对旅游者的相关情况以及山地旅游行为进行描述分析，探索不同变量之间的相关性之后，本书试图从心理学、经济学、管理学等角度探寻山地旅游行为及其影响因素。

（一）生态原型、人格生态特质与山地旅游偏好及行为

精神分析学派将人格视为一个整体，即"精神"，它涵盖了所有的思想、情感和行为，无论个体是否意识到（霍尔 等，2002）。精神分析学派创始人弗洛伊德认为，个体的人格包括意识与潜意识两个部分，它们来源于个体的生活经验，尤其是童年时期的生活经验。不同于弗洛伊德对人格结构的分析，其学生荣格提出"在个体的意识与无意识的更深处，存在集体无意识"，集体无意识来源于人类的进化与遗传。个体无意识可能被意识到过，只是后来又忘了，但集体无意识在人的一生中可能从未被意识到。荣格认为，集体无意识是个体人格结构中的最底层部分，它是客观存在的，整个人类身上都存在这种集体无意识，在个体出生之时便携带着这种集体无意识且终生无法泯灭。它是人类在生物进化过程中以及文化历史发展的洪流中，所遗传下来的位于心灵最深处的沉淀物，是人类世世代代、祖祖辈辈的活动经验在人格结构中的遗传痕迹。所以，在集体无意识的最深层，隐藏着人类积累的经验智慧以及人类文明创新的源泉。

集体无意识既然是人类心灵最深处之所在，那集体无意识是由什么构成的呢？在集体无意识的基础上，荣格提出了"原型"的概念。他认为，集体无意识中储藏着原始意象的潜在意象，这些意象便是个体从远古祖先

处所遗传继承的意象，具有永恒有效性，不断地被某种心理经验唤醒（荣格，1989）。但这些意象的存在并不意味着个体可以通过有意识地回忆而拥有祖先所拥有的意象，而是说个体有可能采取同自己祖先一样的方式去对待世界，如对黑暗的恐惧、对蛇的惧怕等，因为这些惧怕有着千百万年的经验。荣格指出"人生中有多少经典情境就有多少种原型，如出生原型、死亡原型、英雄原型、大地母亲原型、森林原型、水原型等各种原型，这些原型由于不断地重复而被深深地刻在我们的心理结构之中"。荣格指出"每一种原型意象中都包含着人类的心理和命运，一种无数次出现在先人传说中的痛苦和欢乐的遗迹，而且一般来说，过程也是相同的"。原型存在于人类发展的古老记忆中，流淌在人类的原始血液里，植根于人类的灵魂深处，是人类在与自然的不断争斗与统一生存中所拥有的一切欢乐与悲哀、希望与憧憬、想象与感情的根底。这意味着，在现代人类的集体无意识中，也存在着人类祖先对自然的最初认识、对待自然的情感和对待宇宙万物的基本态度，以及对人类自身的定位，而这种对自然环境的态度和情感则在人的人格结构深处形成了生态原型，并通过不断地重复与发展沉淀遗传在现代人的心理结构之中。因此，生态原型是指从远古祖先处所继承的、植根于人类人格结构最深处的对自然环境的原始潜在意象（见图3.1）。

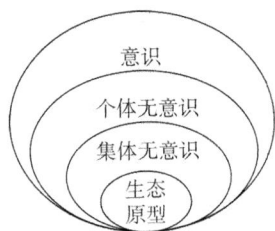

图3.1　生态原型在人格结构中的位置

　　人类对湛蓝天空、高峻山峰、茂密森林、辽阔草原、蔚蓝大海等自然界中壮美生动景致的喜爱便是生态原型作用的体现，因为这种对自然环境的喜爱并不仅是对个人审美的一种征服，更多的是人类灵魂对原始意象的回归，人类对自然的这种喜爱无性别、年龄、种族之分，是整个人类所共同拥有的原始自然情结。生态原型是人类集体无意识中的重要原型之一，无意识中的人类记忆为我们提供了一种与生俱来的"环境互惠感"，人类对自然的着迷与欣喜是一种深深植入人类心灵的意识。

存在一类与自然相关的人格特质，它反映了个体在面对自然环境时表现出来的、稳定的行为倾向，将其命名为人格生态特质。人格生态特质的特性意味着个体在出生之时便已经形成了一套行为模式，它在不知不觉中影响着人的行为、支配着人的活动。山地旅游作为生态旅游的一种，其行为和偏好同样受到人格生态特质的影响。

人格生态特质是一个整体的概念，生态原型是人格生态特质的核心内容，其内涵十分丰富。生态是指人类赖以生存、生活的自然环境，包括山地、大海、森林、河流等一系列原型，而在不同生活环境下，人们的生态原型会存在差异，生活在山区的居民受到山地环境的影响，形成了更多关于山地原型的特质，生活在沿海地区的居民则更多地形成了关于大海原型的特质。受居住地域类型的影响，个体形成的人格生态特质具有不同的倾向，因此，被访者的人格生态特质对个体的山地旅游偏好以及山地旅游行为存在影响。

（二）童年和现在生活区域与山地旅游偏好及行为

人格生态特质的形成既是先天的，也是习得的。荣格的生态原型理论指出，人作为自然界演化的结果，心灵深处存在着关于自然界的原始意象。从这个意义而言，与自然相关的人格特质必然是有其先天性的。这种先天性，是在千百万年的进化过程中，人与自然互动的结果，是刻印在人类遗传特性中自然的印记。这种先天性，是人类文明进程中，尝试征服自然时所产生和传承的集体无意识的结果。同时，个体的人格生态特质也受到社会环境的影响，诸多心理学家认为个体人格特质的形成与以往的生活经历息息相关，尤其是幼年心理发育阶段的生活经验，个体在幼年时期便会形成相对稳定的人格特征。因此，童年时期的生活区域对个体人格生态特质的形成产生影响，从而对个体的生态旅游行为产生影响。

个体所处社会环境将会影响生态无意识，如工业文明的发展，使有些个体长期处在人造物的"钢铁丛林"中。个体的生态无意识受到压抑较轻时，个体的精神生态系统仍处于平衡状态；而个体的生态无意识受到压抑较严重时，精神生态系统失衡，个体的生态需求会表现出较强的人格生态特质倾向。例如，当个体长期生活在田园风光的自然环境中时，精神生态系统处于较为平衡的状态，生态需求较低，从而表现出较弱的人格生态特质倾向。综上，可以看出个体的成长经验及其居住地类型均会影响人格生态特质的形成，从而影响个体的生态旅游行为。

（三）人口学特征与山地旅游偏好及行为

英国学者约翰·斯沃布鲁克围绕影响旅游偏好的因素，以内部维度和外部维度相结合的方式，构建了自己的旅游消费者行为模型。他指出，旅游者的内部决定因素包括了经济收入、自由支配时间、对旅游目的地和旅游产品的认知、旅游态度等，外部决定因素包括亲戚朋友的观点、旅游产业的营销活动、媒体的影响、中国和国际的政治、经济、社会和技术因素等（见图2.3）。斯沃布鲁克指出的这些因素一部分与旅游者的人口统计特征有关，如收入、支配时间（较大程度上取决于职业）、所处团体等。李健等（2009）通过定量研究方法，调查了外国在华居民对不同旅游因素偏好程度，并揭示了不同国籍、性别、年龄、学历、家庭结构等因素对外国在华居民旅游偏好规律的影响。陈思屹等（2007）对南京市城市居民进行了调查，结果表明南京市城市居民对乡村旅游有较强的偏好，并在出游方式、旅游活动、购物等方面表现出明显的偏好。通过进一步分析，不同年龄、职业的居民对各项旅游项目均存在偏好差异。可见，个体的人口学特征对其旅游偏好存在显著影响。

在经济学理性人假设的学说下，个体行为的决策过程被认定为是一个综合评估与实施行为相关的收益和成本的理性过程。个体行为的监测过程不仅受到心理特质等因素的影响，而且会受到个体的现实特征因素影响。个体的收入、主观阶层感知均会对其决策行为产生影响。根据以往学者对个体消费行为的研究，不同性别、年龄、文化程度、收入、阶层的群体的消费行为存在差异。不少研究者从性别、年龄、收入水平、教育背景等人口统计变量层次出发，探索不同社会人口学背景的个体在环保意识和环境责任行为意愿上的差异。但多为探索性的定量研究，由于研究的行为情境不同、研究对象的社会文化背景各异，研究结论之间存在不一致甚至相反的情况。综上，山地旅游作为一种生态消费行为，同样会受到性别、年龄、文化程度、收入、阶层等因素的影响。此外，山地旅游行为是生态旅游行为的一种，受宗教教义的影响，宗教信仰者与非宗教信仰者的生态旅游行为可能存在差异。所以，可将这些变量作为控制变量进行分析。思路如图 3.2 和图 3.3 所示。

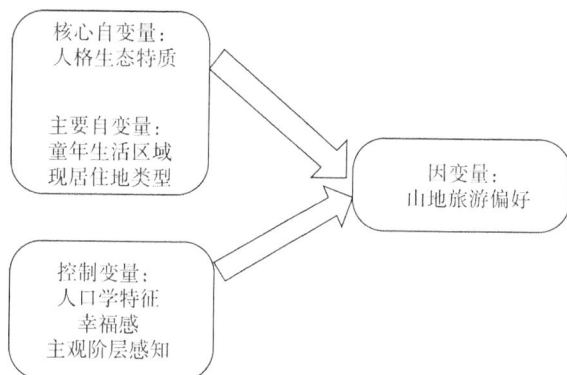

核心自变量：
人格生态特质

主要自变量：
童年生活区域
现居住地类型

控制变量：
人口学特征
幸福感
主观阶层感知

因变量：
山地旅游偏好

图 3.2　人格生态特质与山地旅游偏好

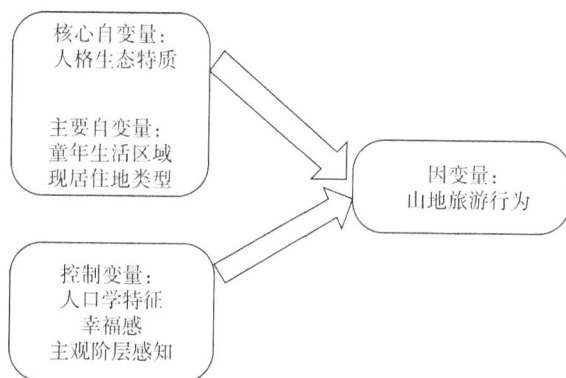

核心自变量：
人格生态特质

主要自变量：
童年生活区域
现居住地类型

控制变量：
人口学特征
幸福感
主观阶层感知

因变量：
山地旅游行为

图 3.3　人格生态特质与山地旅游行为

（四）山地旅游偏好与山地旅游行为

受现实情境的影响与制约，古典经济学的理性经济人假设在现实运用中存在诸多缺陷，因而新古典经济学通过引入效用和理性选择等建立了新的消费者选择行为模型。在行为人追求效用最大化、完全信息和理性选择的前提下，还假定了消费者偏好的稳定与单纯经济预算约束等。新古典经济学的消费者选择行为模型将决策过程分为外部约束和内在偏好两个维度。

我国游客的山地旅游行为还受到山地旅游偏好的影响。经济学中的消费者行为理论认为，消费者的消费行为与其心理偏好有重要关系，这种偏好既取决于消费者所处环境的外在影响，也取决于消费者个人内在心理因素的影响。因此，山地旅游行为作为一种消费或类消费的行为，其表现特征同样受到旅行者的偏好影响。研究思路如图3.4所示。

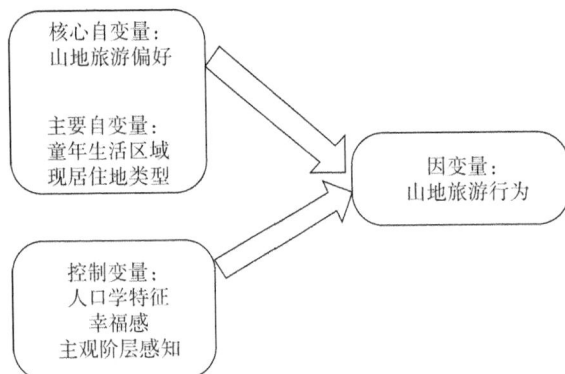

图3.4　山地旅游偏好与山地旅游行为

二、概念界定

（一）生态

在我国传统文学中，对生态的理解往往是将"生"和"态"分开理解，意指显露美好的姿态或者生动的意态。而现今所提及的"生态"为外来词语，来源于古希腊，原意指住所或者居住地，生态学是研究生物栖息地的科学。随着生态学的进一步发展以及与其他学科的融汇结合，学界对生态的理解更为丰富。最早对生态进行概念界定的是德国生物学家恩斯特·海克尔，其在著作《有机体普通形态学》一书中指出，生态是生物与其赖以生存的环境在一定空间范围内的有机统一，生态学是研究生物有机体与无机环境之间相互关系的科学（罗振英 等，1978）。在《现代汉语词典》中，"生态"一词被解释为"生物在一定的自然环境下生存和发展的状态，也指生物的生理特性和生活习性"。在大多数情境下，生态主要是指"某一生物（系统）与其环境或其他生物之间的相对状态或相互关系"（张军驰，2012）。

我国学者极少对生态一词进行定义，由于生态的定义中包括生物与其周围生存的环境，故学者往往将生态与生态环境等同，认为生态是"以整个生物界为中心，可以直接或间接影响人类生活和发展的自然因素和人工因素的环境系统。它由包括各种自然物质、能量和外部空间等生物生存条件组合成的自然环境和经过人类活动改造过的人工环境共同组成"（周珂，2006）。生态一词的概念得到延伸，往往指生物以及周围的环境系统。故"生态"一词也常在生态学的视角下进行探讨，包括森林生态系统、海洋生态系统、城市生态系统、农田生态系统等。本书所称"生态"主要是指人类赖以生存、生活的自然环境系统，不包括以城市和农田为主的人工生态系统。

（二）人格生态特质

自特质理论诞生以来，人格特质的定义一直是相对明晰的。奥尔波特指出，特质是个体对特定刺激作出特定反应的一种稳定的倾向。此后，无论是卡特尔，还是艾森克，都没有对此定义作出大的修正，因而同样也采取这样的定义。然而，既往对人格特质的研究并没有关注人格中与自然和生态环境相关的部分，如热爱山水还是喜欢城市、亲近自然还是关注科技等。不容忽视的是，现实社会中存在一类与自然相关的人格特质，它反映了个体在面对自然环境时表现出来的、稳定的行为倾向，这种倾向就被命名为人格生态特质。人格生态特质反映了人对自然的亲近程度，在这种特质上得分高者，更喜欢与自然打交道，喜欢自然风光和自然界中的生物；得分低者，更不愿意亲近自然，会在自然环境中感到不适。

1. 人格生态特质的内涵

卡特尔认为，人格特质有体质性和环境养成两种，也就是先天和后天获得的两种不同特质。艾森克也指出，人格特质有其生物学基础。而精神分析学派则主要将人的性格归因为先天因素，如性本能、无意识等。人格生态特质的形成，既是先天的，也是习得的。荣格的生态原型理论指出，人作为自然界演化的结果，心灵深处都存在着关于自然界的原始意象。从这个意义来讲，与自然相关的人格特质必然是有其先天性的。这种先天性是在千百万年的进化过程中，人与自然互动的结果，是镌刻在人类遗传特性中自然的印记。这种先天性是人类文明进程中，尝试征服自然时所产生和传承的集体无意识的结果。同时，个体的人格生态特质也受到社会环境的影响，荣格对原型概念的解读指出，原型先天存在于人格之中，但它并不是心中已充分形成的明晰画面，只有当原型成为意识并被意识经验充满时，它才被确定（荣格，2011）。因而，尽管生态原型在所有人的心灵中均有存在，但人格生态特质在不同个体身上有着不同程度的表现。

2. 人格生态特质的影响

在人类发展的最初阶段，远古祖先形成了对自然生存环境喜爱、依赖、崇拜、敬畏等一系列情感及态度，这些情感及态度被不断地重复且深深刻在人类的心理结构中，形成生态无意识，并进而形成人类人格中一种特有的特质——人格生态特质。荣格的集体无意识理论认为："集体无意识是人类有意识的心理活动的母体，导致人类的活动受到集体无意识的极大制约。"（荣格，2011）所以，在人类的发展演变过程中所形成的人格生态特质，无疑继承了人类对自然环境的情感与态度。当下，人类的行为仍受到人格生态特质的制约，但受成长经验的影响，不同个体的人格生态特质存在差异。人类发展的最初阶段是栖息于森林的，森林为人类提供了生活栖居地，人类在森林中寻求到了家的安全感。

随着历史的发展，人类从远古文明进入农业文明，进而进入工业文明。在农业文明时期，为保障人类的生存与种族的延续和发展，人们开始与自然对抗，试图征服自然，但由于生产力、生产工具有限，人类对自然的征服并未对人类心理结构深处的生态无意识造成严重的压抑。在进入现代社会后，工业文明的发展对自然生态造成了巨大的破坏，空气被污染、臭氧层遭到破坏、森林土地资源锐减，人类的生产方式变得越来越具有攻击性（乔治·弗兰克尔，2003）。在工业化进程中，人类获取了财富和利益，高科技也给人类生活带来了便利，但人类与自然和谐相处的平衡被破坏。城市化进程的不断加速，让个体产生了危机感与剥夺感，因为自己所在的乡村可能会变为城市，自己所在的村庄可能面临拆迁，在不断的拆除和建设中，人们的情感和记忆也将无处安放。都市化生活阻断了人类与自然的亲密联系，人类感受到了与自然的疏离。对城市化发展的不断追求压抑了个体的生态无意识，随着生态无意识的持续被压抑，个体的精神生态系统失去了平衡，生态需求无法得到满足，个体的人格生态特质表现出亲近自然环境的倾向，人类开始对自然生态环境产生向往与亲近之感，从而使人类的行为发生嬗变。

人格生态特质的影响内容包括生产方式、生活方式以及消费方式，主要表现为生产、生活以及消费的内容、形式、途径等遵循人与自然和谐发展的规律，有利于生态系统的平衡发展，有利于自然环境保护，有助于生产者、消费者健康，能实现经济的可持续发展（王广新，2011）。人格生态特质对人类生产方式的影响主要体现在政治、经济、文化的发展过程中，人类将生态意识和理念付诸实施，不再以损害自然环境为代价、以追求经济利益为唯一目的。人格生态特质对生活消费方式的影响则表现为对生态食品、生态用品、生态环境以及生态享受的追求，寻求个人与自然环境的友好相处，认为人类的生活消费应该在自然的承载能力和个体生理承受能力范围内，不追求多余消费以及超前消费。近年来，绿色有机食品的畅销、山地生态旅游的兴起、环保组织的影响日益扩大，无不说明了人格生态特质对人类行为的影响（见图3.5）。

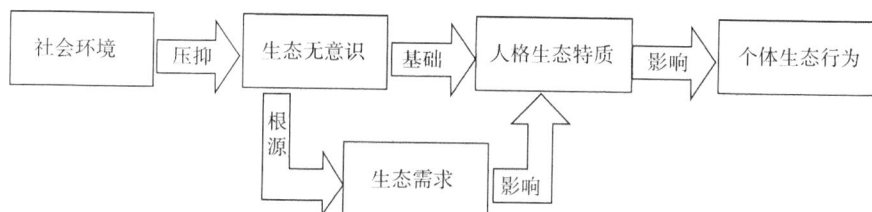

图 3.5　人格生态特质的形成及影响

位于人格结构最深处的生态无意识是人格生态特质的基础。生态无意识存在于人类每个个体心理结构中，影响着个体对自然环境的态度和行为。人格生态特质是指个体具有一种较为稳定的亲近自然的行为倾向，但并非所有个体均表现出亲近自然的倾向。由于受个体成长环境的影响，不同社会环境对个体生态无意识的压抑程度不同。当受压抑较弱时，个体的精神生态系统处于相对平衡状态，生态需求较弱，人格生态特质倾向较弱；当个体受压抑较强时，个体的精神生态系统处于相对失衡状态，生态需求较强，人格生态特质得以发展，生态行为倾向表现更为明显。因此，不同个体的人格生态特质倾向具有差异性，个体生态行为受个体人格生态特质的影响，也存在差异。随着工业化进程的加深，人格生态特质倾向随着人们对自然的渴求不断增强，进而产生了生态旅游等生态行为，从而开始重视乡村生态生活。

（三）山地旅游偏好

山地旅游偏好是指山地旅游行为主体即旅游者对山地旅游的喜好或山地旅游动机的强烈程度。山地旅游偏好是产生山地旅游行为的心理基础和动力来源。用旅游意愿和旅游目的来测量不同旅游者的旅游偏好，而将旅游目的纳入偏好的测量是因为旅游作为一种需要行为人付出大量时间、精力和金钱的消费行为，其本身是需要有行为目的驱动的，这种目的可能是显性的，也可能是隐性的。显性的目的非常容易测量，而隐性目的通过答题人在填写问卷时的回溯性思考也可以进行测量，对于实在无法回溯出明确目的的旅游者，在问卷中设计了选项"随便走走"对其进行归类。

（四）山地旅游行为

山地旅游行为属于生态旅游行为的一种。依据《国家生态旅游示范区建设与运营规范（GB/T 26362—2010）》评分实施细则，本书将山地旅游行为定义为：以山地环境为主，以可持续发展为理念，以保护山地生态环境为前提，以统筹人与自然和谐为准则，并依托良好的山地生态环境和独特的人文生态系统，采取生态友好方式，开展生态体验、生态教育、生态认知并获得身心愉悦的旅游方式。在本书中，山地旅游行为将具化为旅游次数和旅游评价行为。

三、变量测量

（一）因变量——山地旅游行为

理性行为理论认为，绝大多数行为是在个人意志控制之下的。因此，行为意愿可以直接预测个体实施具体行为的可能性。从方法论的角度来看，在很多情况下，实际的行为是难以被测量的，而行为意愿被证明与实际行为之间具有很高的相关度，因此，社会心理学者经常用行为意愿来代替对实际行为的测量，以考察行为决策过程的影响因素。虽然旅游意愿与旅游行为之间存在相关性，但旅游意愿并不等同于旅游行为，从实际行为的角度测量山地旅游行为将更为客观、准确。

因此，山地旅游行为的测量将具化为旅游次数和旅游评价行为。以旅游次数询问被访者："这是您第几次来贵州旅游？"对回答选项进行赋值分析，不同选项分别赋值为：第一次=1，第二次=2，第三次=3，第四次=4，第五次及以上=5。以旅游评价行为询问被访者："您觉得这次贵州旅游，所花的钱值得吗？"对回答选项进行赋值分析，不同选项分别赋值为：很不值得=1，不太值得=2，一般=3，比较值得=4，很值得=5。

（二） 中介变量——山地旅游偏好

山地旅游偏好的测量将具化为旅游意愿和旅游目的。旅游意愿是通过询问被访者："您以后还打算来贵州旅游吗？"对回答选项进行赋值分析，不同选项分别赋值为：肯定还会来=5，可能会再来=4，说不清楚=3，不一定再来=2，肯定不再来=1。对于旅游目的则询问被访者："您来贵州旅游的主要目的?"被访者依据旅游目的的重要性进行评分：1分表示最不重要，10分表示最重要。

（三） 核心自变量——人格生态特质

人格生态特质作为一个新的概念，此前没有关于人格生态特质的成熟量表，且以往的人格特质量表中也没有现成的生态特质测量题项，所以在测量人格生态特质时将在借鉴人格特质量表的基础之上进行一定创新，尝试将生态特质概念操作化。常见的人格测验分为两大类，自陈式人格测验与投射性人格测验。

1. 自陈式人格测验

自陈式人格测验又称结构化人格测验，通常让被试者按要求在一系列被编制的问题量表上选择符合自身实际情况的选项，然后通过常模作出解释。按照编制方法可以分为4种。

（1）逻辑分析法。先将需要测量的特质进行确定，随后拟定一些试图测量的这一类特质题项，最后编制成问卷。这类人格测验主要包括爱德华个人偏好量表（EPPS）、詹金斯活动调查表（JAS）和显性焦虑量表（MAS）等。

（2）因素分析法。这是采用统计技术中以因素分析为基础构建的方法，将大量的检测题目给大量的受试者，随后试图寻找出一种可以代表人格的因素。这类人格测验主要包括卡特尔16种人格因素测验（16PF）和艾森克人格问卷（EPO）等。

（3）实证法。编辑量表时选取效标组与普通对照组，效标组是由具有所测的特质或特征的人组成，分组之后对不同组别进行测试，将明显能把不同被试者区分开来的题目选择出来构成问卷。明尼苏达多项人格测试（MMPI）是实证法中最为著名的测验方法。

（4）综合法。将上述3种人格测量方法结合起来，首先用逻辑分析法推理出题目，其次用因素分析法得出同质量表若干，最后删掉效标效度较低的题目。杰克逊人格问卷（JPI）就是综合测量方法的典型问卷。

2. 投射性人格测验

"投射"一词在心理学上的含义是指个人把自己的思想、态度、愿望、情绪或特性等，不自觉地反映于外界事物或他人的一种心理作用。同时，知觉理论将投射看作一种意识过程，人们在知觉反应中，常常将个人的情绪以及个人经验投射到外部事物中去（彭凯平，1990）。所以，对自然环境的测量，我们需要将通俗"大自然"的概念具象化为山川、草原、河流、田园风光等较为现实的生态意象。

投射技术（Projective technique）用的是一种无结构化和固定意义的刺激，这种刺激可以促使被试者暴露出其隐藏在潜意识中的思想，并以此为根据对被试者的人格结构进行推断。按编制方法可以分为4种：①联想法。用单词、墨迹、图画等刺激来让被试者表达自己联想到的内容。典型的有荣格的文字联想测验、罗夏的墨迹测验。②构造法。让被试者就他所看到的被展示的图画，用自己的言语勾勒出一个完整的有时间顺序的故事。主题统觉测验（TAT）就是其中的典型。③表露法。被试者被要求通过绘画、游戏或者自由表演来展露他的心理状况。如画人测验、视觉运动完型测验（BGT）。④完成法。被试者自由补充提问人所展示出的不完整句子、故事或者相关的文字材料，主要有语句完成测验。人格生态特质测量的侧重点在于对生态特质的测量。而生态特质是先天存在于人格之中的生态原型，经过激活之后产生的个体对特定刺激作出特定反应的稳定的行为倾向。在此定义前提之下，对生态特质测量的重点在于个体的生态行为倾向。自然环境的测量在以往的人格特质量表中很少涉及，自然环境的测量可以运用投射技术中的人格测量方法。

个体行为倾向的测量主要是通过个体对相关生态行为描述的同意程度

进行评价，评定受访者是否作出了有意识地亲近大自然的举动，是否对与大自然相关的事物有正面的评价。个体的生态行为倾向越强，得分越高，个体与自然的亲近程度越强，越喜欢与自然互动、喜欢自然风光和自然界中的生物；得分越低者，越不愿意亲近自然。

由于研究的主题是山地旅游行为及其影响因素。因此，人格生态特质主要测量被访者对"山"这一生态意象的相关描述的同意程度。所以，人格生态特质量表包括对 11 个选项的同意程度，完全同意＝5，比较同意＝4，说不清楚＝3，不太同意＝2，完全不同意＝1。这 11 个选项分别是："我一见到山就兴奋；我经常在梦里见到山；我从小就喜欢山；我喜欢爬山；我喜欢山的品格；我喜欢读描写山的诗词；我喜欢山水画；'大山深处'让我浮想联翩；我喜欢与山区的人交朋友；如果有可能我愿意生活在山区；山地旅游是我的最爱。"

（四）自变量——童年生活区域和现有居住地类型

1. 童年生活区域

诸多心理学家认为，个体人格特质的形成与以往的生活经历息息相关，尤其是幼年心理发育阶段的生活经验，个体在幼年时期便会形成相对稳定的人格特征。因此，个体童年时期的生活区域对个体人格生态特质的形成具有显著影响，从而对个体的生态旅游行为产生影响。对童年生活区域变量的测量操作化为山区、平原地区、丘陵地区、高原地区、沿江河地区、沿湖地区、沿海地区 7 个选项，童年生活区域变量为定类变量。

2. 现有居住地类型

个体所处社会环境将会影响生态无意识，如工业文明的发展，使有些个体长期处在人造物的"钢铁丛林"中；又如当个体长期生活在田园风光的自然环境中时，精神生态系统处于较为平衡的状态，生态需求较低，从而表现出较弱的人格生态特质倾向。因此，个体现有的居住地类型会对个体生态旅游行为产生影响。对现有居住地类型的测量操作化为乡村、小城镇、小城市、中型城市、大城市 5 个选项，现有居住地类型为定序变量。

（五）控制变量——人口学特征

控制变量涵盖了性别（男、女）、年龄、受教育程度（小学及以下、初中毕业、普通高中毕业、职高毕业、中专/技校毕业、大专毕业、本科及以上）、宗教信仰（佛教、道教、伊斯兰教、基督教、无宗教信仰）、户口类型（城市户口、农村户口）、收入状况、住房状况（住房面积、住房类型）、主观阶层感知、幸福感。

四、研究假设

根据荣格的集体无意识理论以及人格特质理论，在现代人类的集体无意识中也存在着人类祖先对自然的最初认识、对待自然的情感和对待宇宙万物的基本态度，以及对人类自身的定位。而这种对自然环境的态度和情感则在人的人格结构深处形成了生态原型，并通过不断的重复与发展沉淀遗传在现代人的心理结构之中。位于人格结构最深处的生态无意识是人格生态特质的基础，生态无意识在人类每个个体心理结构中均存在，制约着个体的行为，影响着个体对自然环境的态度和行为。

1. 人格生态特质对山地旅游偏好及山地旅游行为的假设

假设1a：人格生态特质对个体的山地旅游偏好具有显著正向影响。

假设1b：人格生态特质对个体的山地旅游行为具有显著正向影响。

人格生态特质是潜藏在个体人格结构深处的一种特质，具有稳定性，但受个体生活经验的影响，不同个体的人格生态特质倾向具有差异。如同荣格在其著作中提到的，生活在不同区域类型的人群形成的原型会存在差异，如生活在亚洲大陆的中国居民与生活在欧洲大陆的希腊居民因地理、自然环境等的差异，在其人格结构中形成的原型也会有所不同。这在中国与希腊的神话故事中便有所体现，由于生活在沿海地区，古希腊文明中大海的地位非常崇高，而中国文明主要源于内陆黄河流域，更多的是关于山水的传说，对大海的描述则较少涉及，在不同文明下，居民形成了不同的大海原型、山地原型、河流原型。根据荣格的理论，生活在不同地区的居民形成的生态原型具有差异。因此，童年生活在不同区域类型的居民，其生态原型对山地旅游偏好以及山地旅游行为的影响也存在差异。

2. 童年生活区域对山地旅游偏好及山地旅游行为的假设

假设 2a：童年生活区域对个体的山地旅游偏好具有显著影响。

假设 2b：童年生活区域对个体的山地旅游行为具有显著影响。

人格生态特质是指个体具有一种较为稳定的亲近自然的特质，但并非所有个体均表现出亲近自然环境的倾向。由于受个体成长环境的影响，不同社会环境对个体生态无意识的压抑程度并不一致。当个体受压抑较弱时，其精神生态系统处于相对平衡状态，生态需求较弱，导致人格生态特质表现较弱；相反，当受压抑较强时，精神生态系统处于失衡状态，生态需求较强，人格生态特质得到发展，生态行为倾向也更为明显。因此，由于不同个体的人格生态特质具有差异，个体偏好、生态行为也会受人格生态特质的影响而存在差异。

3. 现有居住地类型对山地旅游偏好及山地旅游行为的假设

假设 3a：现有居住地类型对个体的山地旅游偏好具有显著影响。

假设 3b：现有居住地类型对个体的山地旅游行为具有显著影响。

根据以往学者对偏好与行为关系的研究，均认为个体的偏好与行为之间具有显著相关性。个体的偏好会影响其行为的选择，而个体行为的经济学中消费者行为理论认为，消费者的消费行为与其心理偏好有重要关系。行为经济学家秉持有限理性观点，认为行动者不仅仅是为追求利益最大化而行动的完全理性人，其经济行为也会受到非理性因素的影响。在消费领域，人们出于满足自身的某些需要而做出消费行为，但这种消费行为会展现出某种特定的偏好，即特定方式或特定商品会被置于优先选择的地位。这种偏好既取决于消费者所处环境的外在影响，也取决于消费者个人内在心理因素的影响。因此，山地旅游行为作为一种消费或类似消费的行为，其表现特征同样受到旅行者的偏好影响。

4. 山地旅游偏好对山地旅游行为的假设

假设 4：山地旅游偏好对山地旅游行为具有显著正向影响。

根据以往学者对个体消费行为的研究，不同性别、年龄、文化程度、收入、阶层等群体的消费行为存在差异，山地旅游作为一种生态消费行为，同样受到性别、年龄、文化程度、收入、阶层等因素的影响。此外，山地旅游行为作为生态旅游行为的一种，受宗教教义等因素的影响，是否有宗教信仰的生态旅游行为也可能存在差异。研究思路见图 3.6。

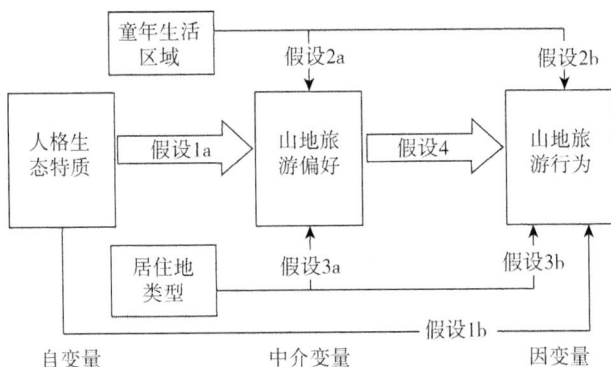

图3.6　山地旅游行为及其影响因素研究思路

五、研究方法

（一）　资料收集方法

资料收集方法主要采取定量研究方法，使用理论与实践相结合、传统与现代相结合的研究方法。笔者所用到的数据主要是通过问卷调查的方式收集得到的，参考国际上有关文献设计了贵州景区游客山地旅游行为调查问卷，内容主要包括游客的人口学特征、生活区域、人格生态特质、山地旅游偏好及山地旅游行为的特征。本书调查出于代表性要求，选择贵州省4个5A级旅游景区作为调查点。

（二）　资料分析方法

资料分析方法主要是对所收集调查问卷的数据分析，采用统计软件SPSS和STATA对所收集的数据进行处理。首先是对所有的变量进行描述分析，其次是对认为存在相关性的变量进行相关分析，再次是采用主成分分析法对人格生态特质量表进行因子分析，采用OLS回归对影响山地旅游行为的影响因素进行回归分析，最后为验证各变量之间的相关性，使用AMOS软件在各变量间建立结构方程模型，分析不同变量之间的相互影响。

第四章　山地旅游行为的现状调查

一、数据来源与基本情况描述

（一）问卷设计

通过问卷调查的方式收集资料，参考国际上有关文献，设计了贵州景区山地旅游行为调查问卷。问卷内容主要包括游客的人口学特征、生活区域、人格生态特质、山地旅游偏好及山地旅游行为。

1. 人口学特征

人口学特征包括性别、年龄、受教育程度、宗教信仰（佛教、道教、伊斯兰教、基督教、无宗教信仰）、户口类型（城市户口、农村户口）、收入状况、住房状况（住房面积、住房类型）。

2. 生活区域

生活区域包括童年生活区域（山区、平原地区、丘陵地区、高原地区、沿江河地区、沿湖地区、沿海地区）、现在居住地类型（乡村、小城镇、小城市、中型城市、大城市）。

3. 人格生态特质

人格生态特质是一个新的概念，此前没有测量人格生态特质的成熟量表。在借鉴人格特质量表的基础之上，进行了一定的创新，提出人格生态特质的测量方法。自然环境的测量可以通过运用投射技术中的人格测量方法，将"大自然"这一概念具象化为山川、草原、河流、田园风光等较为现实的生态意象。个体行为倾向的测量主要是通过个体对具体生态意象描述的同意程度进行评价。

研究的主题是山地旅游行为及其影响因素，因此，人格生态特质主要测量被访者对"山"这一生态意象的相关描述的同意程度。人格生态特质量表包括对 11 个选项的同意程度：完全同意、比较同意、说不清楚、不太同意、完全不同意，得分分别为 5、4、3、2、1。这 11 个选项分别是：我一见到山就兴奋；我经常在梦里见到山；我从小就喜欢山；我喜欢爬山；我喜欢山的品格；我喜欢读描写山的诗词；我喜欢山水画；"大山深处"让我浮想联翩；我喜欢与山区的人交朋友；如果有可能我愿意生活在山区；山地旅游是我的最爱。通过这样的量表，本书收集到了信度与效度较高的信息，对人格生态特质有了较为准确的把握。

4. 山地旅游偏好

山地旅游偏好是指旅游行为主体对山地旅游的喜好或山地旅游动机的强烈程度。山地旅游偏好主要是指旅游意愿以及旅游目的。旅游意愿即为"您以后还打算来贵州旅游吗？"针对这样的问题给出了 5 个选项，即肯定还会来、可能会再来、说不清楚、不一定再来、肯定不再来了。而旅游目的则可以采取多样的提问，如考察贵州的风土人情、开阔眼界、欣赏贵州的山水风景、休闲娱乐、游山玩水、修心养性。根据游客对这些目的的重要性认同，将重要性评分设定为 1~10 分，表示这些目的在游客心中的重要性程度。通过旅游目的量表，可以收集到游客的旅游偏好。

5. 山地旅游行为

山地旅游行为是指以山地旅游资源为目的地和活动空间、贯穿旅游过程的一系列活动的统称。这些活动主要包括旅游次数、旅游地信息的获取、旅游陪伴、交通方式的选择、旅游过程中的感知活动、游览过程中的消费活动和对旅游活动的整体评价等具体行为。但本书所定义的旅游行为主要是指旅游次数和旅游评价行为，旅游次数是指通过问题"您第几次来贵州旅游？"来收集游客的想法：如第一次、第二次、第三次、第四次、第五次及以上。而旅游评价行为则主要通过"您觉得这次的贵州旅游，所花的钱值得吗？"来获取游客的评价：很不值得、不太值得、一般、比较值得、很值得。这样的问卷能涵盖有关山地旅游行为的多重问题，收集到更多、更丰富的信息。

（二）样本选择

数据的收集工作主要由笔者带领武汉大学、贵州财经大学、贵阳师范学院三个学术团队共同完成。本次调查选择了贵州 4 个 5A 级旅游景区作为调查点，分别为荔波景区、黄果树景区、百里杜鹃景区和龙宫景区。

1. 样本选取依据

（1）样本具有代表性。5A 级旅游景区具有一定的知名度，能吸引全国各地的游客。由于他们来自不同的生活环境，如山地、沿海、平原等，所以所调查的对象更能满足样本多样性的需求。

（2）样本符合研究目的。贵州位于云贵高原，是典型的山地旅游地区。研究山地旅游行为，选择贵州山地旅游景区，能深入了解游客的山地旅游行为倾向。

（3）调查方便，可操作性强。笔者曾在贵州工作且了解当地的旅游景区，进入景区收集资料较为便捷。

2. 样本景区特征

（1）荔波景区

荔波景区位于贵州南部，地处云贵高原向广西丘陵过渡地带，属中亚热带季风湿润气候区，是典型的喀斯特地貌区。森林覆盖率达 63.85%，境内拥有 48595 公顷集中连片的原生性喀斯特森林，占全县总面积的 20%。全县人口 18.6 万，其中少数民族占总人口的 92% 以上，主要有布依族、水族、苗族、瑶族等少数民族。荔波旅游资源丰富，拥有八大自然景区：荔波小七孔风景区、荔波大七孔风景区、荔波水春河风景区、樟江风光带、荔波茂兰喀斯特原始森林保护区、观音峰休闲度假区、联山湾休闲度假区、万亩梅园。此处还有由中共一大代表邓恩铭故居及其纪念馆，红七、红八军板寨会师纪念馆，坤地红军休整地，黎明关抗日战争遗址，穿洞抗战遗址组成的五大红色景点。该景区先后获得贵州省首批优先发展重点旅游区、国家级生态示范区、中国最美的地方（中国最美的十大森林）等美誉。荔波拥有两个世界品牌称号，1996 年经联合国教科文组织批准纳入"国际人与生物圈保护网络"，并于 2002 年载入世界吉尼斯大全，成为世界最大的喀斯特原始森林。2007 年，荔波成功申报为贵州第一个、中国第六个世界自然遗产地。2015 年，被评为国家 5A 级旅游景区。

（2）黄果树景区

黄果树景区属中亚热带，是典型的熔岩地区，风景秀丽，气候温和，雨量充沛。地处贵州西部低洼地带。冬无严寒，夏无酷暑，是避寒避暑胜地，四季皆适宜旅游，但黄果树瀑布以夏秋雨季时分景色最为壮观。这时黄果树瀑布高67米，顶宽84米，达全年最高纪录。河水咆哮倾泻，气势磅礴。另外黄果树瀑布四周林木苍郁，名胜古迹丰富。黄果树附近的石头寨是著名的蜡染之乡，滑石哨是全国第一个布依族保护村。"千古之谜"的红岩碑最为著名。此外，还有相传是三国遗迹的关索岭、孔明堂、跑马泉、御书楼等。黄果树景区节庆活动丰富，主要有黄果树瀑布节和"六月六"布依文化节。黄果树瀑布被大世界基尼斯总部评为世界上最大的瀑布群，列入吉尼斯世界纪录。1999年11月，被中国科协定为全国科普教育基地。2007年，被评定为首批国家5A级旅游景区。

（3）百里杜鹃景区

贵州省百里杜鹃景区位于大方与黔西两县交界处的杜鹃林带，是迄今为止我国已查明的面积最大的原生杜鹃林。在长约50千米，宽1.2千米至5.3千米的狭长丘陵上，分布着马缨、鹅黄、百合、青莲、紫玉等4属23个品种，总面积100余平方千米，被誉为"百里杜鹃"。景区为天然大花园，由30多个景点组成。其中以黄坪十里杜鹃、金坡一花区、金坡二花区、对嘴岩、花底岩最为著名。百里杜鹃景区以大面积千姿百态、绚丽动人的杜鹃花景观和浓郁的民族风情闻名，具有分布广、面积大、品种多、景色迷人的特点。3—4月为盛花期，是观花山、游花海的好时机。每年一次的"中国贵州杜鹃花节"，被原国家旅游局定为全国生态旅游的37个主要节庆之一。百里杜鹃景区居住着汉族、苗族、彝族、布依族、仡佬族等多个民族。这里的民族风情丰富多彩，民族文化和习俗独特。2001年，被列为地区级自然保护区；2013年，正式升格为国家5A级旅游景区。

（4）龙宫景区

龙宫景区总体面积60平方千米，有着很多禀赋极高的风景资源。步入龙宫，就是步入了"喀斯特景观博物馆"。其地上景与地下景、洞内景与洞外景交替展现，令游客目不暇接。除"水旱溶洞最多、最为集中和天然辐射剂量率最低"获两项世界纪录外，还有着许多神奇秀丽的喀斯特景观，其中备受游客推崇的：一是被游客誉称为"中国第一水溶洞"的地下暗河溶洞；二是"全国最大的洞中寺院——龙宫观音洞"；三是"全国最大的洞中瀑布——龙宫龙门飞瀑"；四是"山不转水转的旋水奇观——龙宫漩塘"。1984年，该景区正式对外开放；1988年，被评为国家重点风景名胜区；2000年，被国家旅游局、国家技术监督局评为全国首批4A级旅游景区；2007 年，被评为国家 5A 级旅游景区。

（三）资料收集方法

课题组在每个景区随机发放 300 份问卷，共计发放 1200 份问卷。收回 1156 份问卷，其中有效问卷 1129 份，废卷 27 份，回收率为 96.33%，有效率为 94.08%，问卷有效回收率较高。

考虑到景区游客具有总体不确定性和流动性两大特征。课题组选取景区的出口作为问卷发放地点，主要采用分层配比抽样方法。

具体方法为：首先，依据出口游客的人流量大小分配问卷发放数量，课题组把游客的人流量分为高、中、低 3 个级别，每个景区高人流量出口发放 150 份问卷，中人流量出口发放 100 份问卷，低人流量出口发放 50 份问卷。其次，依据每个出口不同时段人流量情况发放问卷，课题组同样把人流量分为高、中、低 3 个级别，问卷发放比例为高：中：低＝2：1：0.5。

二、信度与效度检验

（一）信度检验

信度主要测量问卷的可靠性，指采用相同的方法对同一对象进行重复测量所得结果的一致性程度。信度分析主要有以下 4 种方法：重测信度法、复本信度法、折半信度法、系数法。其中，系数法是通过计算量表中题目的系数来判断其信度。系数介于 0 到 1。若问卷的分量表信度系数在 0.7 以上，总量表信度系数在 0.8 以上，则认为问卷信度较好；若前者低于 0.6 或后者低于 0.8，应考虑修正测量量表（DEVELLIS，1991）。一般来说，信度系数越大，表明问卷测量结果的一致性越高。根据表 4.1 可看出，克朗巴哈（Cronbachs）系数中的 α 值均大于 0.7，表明两个量表的信度均较高。

表 4.1　人格生态特质和旅游目的信度检验

变量	项数	Cronbach's α 值
人格生态特质	11	0.894
旅游目的	9	0.777

（二）效度检验

效度是指测量工具能够有效地测量出所要测量属性的程度，如果测量结果具有较高的效度，则认为该测量工具能够较好地达到测量目的。为了避免因问卷的结构质量低而造成问卷测量过程中的系统误差过大，影响测量结果的有效性，则必须检验问卷的效度。目前，检验问卷效度的指标主要包括内容效度和结构效度。

内容效度是指问卷内容总体上能否客观地反映受测对象的属性和特征。而内容效度的评价方法主要是通过经验判断进行，问卷在大规模发放之前已经邀请相关学者进行了讨论，认为其能够较好地测量所要研究的内容，故认为问卷的内容效度较高。

结构效度是指通过测量结果所反映出来的量表结构。问卷结构效度检验主要采用因子分析法，即通过因子分析提取出若干公因子，这些公因子总体上代表了量表结构，通过因子分析所得出的结果可以检验问卷的结构效度。一般来说，在做结构效度检验之前，需要先对变量做 KMO 样本测度与 Bartlett's 球形检验。

Bartlett's 球形检验用于确定量表中涉及的选项是不是彼此独立的问题，如果 Bartlett's 球形检验的统计量较大，且对应的概率值小于所要求的显著性水平，则可拒绝零假设，即可以继续进行主成分分析，反之则不适合进行主成分分析。KMO 检验也是对是否适合进行主成分分析的一种衡量方法，其主要比较量表中变量之间的简单相关系数和偏相关系数的相对大小。KMO 检验的取值范围为 [0, 1]，若变量之间的简单相关系数的平方和远大于偏相关系数的平方和，则 KMO 值会接近 1，反之则接近 0。KMO 取值接近 1 表明变量之间具有强相关性，适合进行主成分分析。

在 KMO 取值上，我们一般参考 Kaiser 的度量标准，即取值小于 0.5 为不可接受、0.5~0.59 为较差、0.6~0.69 为中等、0.7~0.79 为合适、0.8~0.89 为较好、0.9~1 为非常好。依据 Kaiser 的度量标准，0.5 为是否适合进行主成分分析的临界点，比较理想的取值应该达到 0.8 或以上。表 4.2 是人格生态特质量表的 KMO 检验和 Bartlett's 球形检验结果。

表4.2　人格生态特质量表的 KMO 检验和 Bartlett's 球形检验结果

符合取样足够度的 Kaiser-Meyer-Olkin 度量		0.907
Bartlett's 球形检验	近似卡方 （Appox. Chi-Square）	4941.05
	自由度（df）	55
	显著性（sig）	0.000

从表4.2 中可以看出，问卷中测量人格生态特质量表的 KMO 值为 0.907，属于极佳水平。Bartlett's 球形检验的统计量为 4941.05，非常显著，表明用来测量人格生态特质变量的数据都是来自正态分布的总体。

表4.3　旅游目的量表 KMO 检验和 Bartlett's 球形检验

符合取样足够度的 Kaiser-Meyer-Olkin 度量		0.847
Bartlett's 球形检验	近似卡方 （Appox. Chi-Square）	2820.73
	自由度（df）	36
	显著性（sig）	0.000

根据表4.3，问卷中测量旅游目的量表的 KMO 值为 0.847，属于较高水平。Bartlett's 球形检验的统计量为 2820.73，非常显著，表明用来测量旅游目的变量的数据都是来自正态分布的总体。综合 KMO 检验和Bartlett's 球形检验，人格生态特质量表和旅游目的量表的结构效度均非常好。

三、控制变量和自变量描述性统计

根据研究设计，控制变量主要包括人口学特征、游客童年生活区域类型特征和游客现居住地类型特征。通过分析以上变量，可以描述贵州山地旅游景区被调查游客的特征，初步了解被调查者的基本信息。

（一）人口学特征分析

人口学特征主要包括游客的性别、婚姻状况、年龄结构、受教育程度、政治面貌、宗教信仰、职业状况、收入状况、户籍类型、家庭人口、住房面积、住房类型等变量。

1. 游客性别分析

在本次调查样本中，男性为552人，占被调查游客人数的50.8%，女性为535人，占被调查游客人数的49.2%。样本数据表明来贵州山地景区旅游的男性游客与女性游客人数基本相当，样本性别均衡（见表4.4）。

表4.4　游客性别分布

游客性别	频数	百分比/%
男	552	50.8
女	535	49.2
总计	1087	100.0

2. 游客婚姻状况分析

在本次调查样本中，未婚者为294人，占被调查游客人数的26.4%；已婚者为804人，占被调查游客人数的72.1%；其他婚姻状况类型者为17人，占被调查游客人数的1.5%。样本数据表明来贵州山地景区旅游的已婚游客要多于其他婚姻状况类型的游客（见表4.5）。

表4.5　游客婚姻状况分布

游客婚姻状况	频数	百分比/%
未婚	294	26.4
已婚	804	72.1
其他	17	1.5
总计	1115	100.0

3. 游客年龄结构分析

在本次调查样本中，年龄18岁以下者为19人，占被调查游客人数的1.8%，所占比例很低；18～28岁者为260人，占被调查游客人数的24.2%，所占比例较高；29～40岁者为342人，占被调查游客人数的31.9%，所占比例是最高的；41～50岁者为199人，占被调查游客人数的18.5%，所占比例较高；51～60岁者为146人，占被调查游客人数的13.6%，所占比例较低。60岁以上者为107人，占被调查游客人数的10.0%，所占比例较低。样本数据表明：青年人、中年人所占的比例较高，儿童、少年、老年人所占的比例较低（见表4.6）。

表4.6 游客年龄分布

年龄	频数	百分比/%
18岁以下	19	1.8
18～28岁	260	24.2
29～40岁	342	31.9
41～50岁	199	18.5
51～60岁	146	13.6
60岁以上	107	10.0
总计	1073	100.0

4. 游客受教育程度分析

在本次调查样本中，贵州山地景区游客的教育程度以本科及以上学历为主，大专学历次之，其中本科及以上学历者占被调查游客人数的50.1%，大专学历者占被调查游客人数的24.0%。与此同时，高中学历者也占较大比例，普通高中、职高和中专/技校学历者占被调查游客人数的比例分别为9.9%、1.9%和5.9%。样本数据表明，贵州山地景区游客的受教育程度普遍较高，具有一定的思考能力和学习能力（见表4.7）。

表 4.7　游客受教育程度分布

学历	频数	百分比/%
小学及以下	25	2.2
初中	68	6.0
普通高中	111	9.9
职高	21	1.9
中专/技校	66	5.9
大专	270	24.0
本科及以上	563	50.1
总计	1124	100.0

5. 游客政治面貌分析

在本次调查样本中，政治面貌为普通群众的游客有 501 人，所占比例最高，占被调查游客人数的 44.7%；中共党员者次之，共有 372 人，占被调查游客人数的 33.2%；共青团员者有 197 人，名列第三，占被调查游客人数的 17.6%。此外，还有近 4.5% 的被调查游客为民主党派或其他人士。样本数据表明，贵州山地景区旅客以普通群众和中共党员为主（见表 4.8）。

表 4.8　游客政治面貌分布

政治面貌	频数	百分比/%
中共党员	372	33.2
共青团员	197	17.6
民主党派	24	2.2
普通群众	501	44.7
其他	26	2.3
总计	1120	100.0

6. 游客宗教信仰分析

在本次调查样本中，无宗教信仰者人数最多，共有 810 人，占被调查游客人数的 73.9%；有宗教信仰者有 286 人，占被调查游客人数的

26.1%。样本数据表明，贵州山地景区游客中无宗教信仰者的人数要远远多于有宗教信仰者（见表4.9）。

表4.9 游客宗教信仰分布

宗教信仰	频数	百分比/%
有宗教信仰	286	26.1
无宗教信仰	810	73.9
总计	1096	100.0

7. 游客职业状况分析

在本次调查样本中，受访游客的职业分布比较分散，并未局限于某一特定的身份或行业，各职业类型之间数量差异不大。所占比例超过10%的职业类型总共有4种，其中以商业、服务业从业人员最多，共有189人，占被调查游客人数的17.0%；个体经营者次之，共有176人，占被调查游客人数的15.8%；有131人将职业类别选为其他，占被调查游客人数的11.8%；排名第四的职业类型为党政群团机关干部，共有116人，占被调查游客人数的10.4%。所占比例超过5%但又不足10%的职业类型共有6种，其中有103人和98人分别是工商企业管理人员和工人，分别占被调查游客人数的9.2%和8.8%；科学技术人员、教师、医务人员和学生人数差异不大，占被调查游客人数的比例在5.5%~7%。样本数据表明，贵州山地景区的游客来源比较广泛（见表4.10）。

表4.10 游客职业状况分布

职业状况	频数	百分比/%
党政群团机关干部	116	10.4
工商企业管理人员	103	9.2
科学技术人员	74	6.6
教师	76	6.8
商业、服务业从业人员	189	17.0
医务人员	63	5.7

续表

职业状况	频数	百分比/%
个体经营者	176	15.8
工人	98	8.8
学生	68	6.1
退休人员	20	1.8
其他	131	11.8
总计	1114	100.0

8. 游客收入状况分析

在本次调查样本中，受访游客的年收入分布同样比较分散，各收入层次之间的比例分布也较为均衡。其中，收入为3万~5万元的游客共有195人，数量相对最多，占被调查游客人数的17.8%；5万~7万元的游客数量次之，共有184人，占被调查游客人数的16.8%。与此同时，收入为1万元及以下、1万~3万元、7万~9万元和15万元以上的游客数量大体相当，占被调查游客人数的比例分别为11.4%、11.8%、12.1%和11.2%。此外，还有18.9%的受访游客的年收入分布在9万~15万元的区间。样本数据表明，贵州山地景区游客中有近七成年收入不足9万元，在社会分层体系中处于中下阶层位置（见表4.11）。

表4.11　游客收入状况分布

每年的总收入	频数	百分比/%
1万元及以下	125	11.4
1万~3万元	130	11.8
3万~5万元	195	17.8
5万~7万元	184	16.8
7万~9万元	133	12.1
9万~11万元	94	8.5
11万元以上~13万元	56	5.1
13万元以上~15万元	58	5.3
15万元以上	123	11.2
总计	1098	100.0

9. 游客户籍类型分析

在本次调查样本中，城市户籍者人数最多，共有915人，占被调查游客人数的83.0%；农村户籍者为187人，占被调查游客人数的17.0%。样本数据表明，来贵州山地景区旅游的城市户籍游客要远多于农村户籍游客（见表4.12）。

表4.12 游客户籍类型分布

户籍类型	频数	百分比/%
城市户籍	915	83.0
农村户籍	187	17.0
总计	1102	100.0

10. 游客家庭人口分析

在本次调查样本中，家庭人口数为3口人的游客共有446人，数量相对最多，占被调查游客人数的39.5%；人数为4口人的游客数量次之，共有245人，占被调查游客人数的21.7%；家庭人数为5口人及以上者分别有186人和182人，人数差异不大，共占被调查游客人数的32.6%。样本数据表明，贵州山地景区游客中，由3~4口人组成的核心家庭构成了山地旅游的主力军，比例超过50%（见表4.13）。

表4.13 游客家庭人口数分布

家庭人口数	频数	百分比/%
小于3口人	70	6.2
3口人	446	39.5
4口人	245	21.7
5口人	186	16.5
大于5口人	182	16.1
总计	1129	100.0

11. 游客住房面积分析

住房面积在一定程度上能反映游客的阶层结构。为考察这一项目，调查问卷中将住房面积分为五等。在本次调查样本中，住房面积为 90~120 平方米的游客共有 422 人，数量最多，占被调查游客人数的 37.4%；拥有住房面积为 60~90 平方米、120~150 平方米和 150 平方米以上的游客数量相对均衡，占被调查游客人数的比例分别为 18.1%、18.9% 和 20.5%。样本数据表明，贵州山地景区游客住房面积比较宽裕（见表 4.14）。

表 4.14　游客住房面积分布

住房面积	频数	百分比/%
小于 60 平方米	58	5.1
60~90 平方米	205	18.1
90~120 平方米	422	37.4
120~150 平方米	213	18.9
150 平方米以上	231	20.5
总计	1129	100.0

12. 游客住房类型分析

住房类型同样能反映游客的结构。为考察这一内容，根据来源性质将住房类型分为六种。在本次调查样本中，家庭住房类型为自购商品房的游客数量最多，共有 746 人，占被调查游客人数的 67.0%；居住于自家所建私房的游客数量次之，共有 208 人，占被调查游客人数的 18.7%；其他类型所占的比例普遍不高。样本数据表明，贵州山地景区游客中有 85.7% 的人拥有所住房屋的所有权（见表 4.15）。

表 4.15　游客住房类型分布

住房类型	频数	百分比/%
自家所建的私房	208	18.7
自购商品房	746	67.0
单位集资建房	89	8.0
租住单位的房子	17	1.5
自己在外面租房住	33	3.0
其他	20	1.8
总计	1113	100.0

（二）游客童年生活区域类型特征分析

地域类型对人的影响非常大，特别是一个人的童年居住地对其会产生极其重要的影响。为探究童年居住地对山地旅游行为的影响，问卷中专门设计了童年居住地问题，把居住地分为山区、平原地区、丘陵地区、高原地区、沿江河地区、沿湖地区、沿海地区七大类，被访者的具体情况如下。

在本次调查样本中，有364名游客的童年生活区域类型为平原，数量最多，占被调查游客人数的32.8%；童年生活在山区和丘陵地区的游客数量差距不大，分别有220人和217人，占被调查游客人数的比例均不到20%。除上述几种类型外，只有童年生活在沿海地区的游客数量相对较多，有129人，占被调查游客人数的11.6%。如果按地形地貌粗略归类，将山区、丘陵地区、高原地区归为较崎岖地域，将沿江河地区、沿湖地区和沿海地区归为水系地域，那么崎岖地域所占比例最高，为44.3%；平原地域次之，所占比例为32.8%；另外，还有17.9%的游客童年生活在水系地域。样本数据表明，贵州山地景区游客中，来自崎岖地域的人要多于来自平原地域和水系地域的人，但这种差异并不十分突出（见表4.16）。

表 4.16　游客童年生活区域类型分布

童年生活区域类型	频数	百分比/%
山区	220	19.8
平原地区	364	32.8
丘陵地区	217	19.6
高原地区	54	4.9
沿江河地区	56	5.1
沿湖地区	13	1.2
沿海地区	129	11.6
其他	55	5.0
总计	1108	100.0

（三）游客现居住地类型特征分析

除童年居住地对游客的山地旅游行为产生重要影响外，游客现居住地对其旅游行为也有一定的影响。为探究现居住地对山地旅游行为的影响，问卷中专门设计了现居住地问题，把居住地分为乡村、小城镇、小城市、中型城市、大城市、其他六大类，被访者的具体情况如下。

在本次调查样本中，有383名游客居住在大城市中，数量最多，占被调查游客人数的34.3%；紧随其后的是来自中型城市的游客，共327人，占被调查游客人数的29.3%；来自小城市的游客数量名列第三，有216人，占被调查游客人数的19.4%。如果只进行城市与乡村的区分，那么来自城市的游客数量达1069名，占到被调查游客人数的95.8%。样本数据表明，来贵州山地景区旅游的游客以城市居民为主，其中来自大城市和中型城市的游客尤其多，占比超过60%（见表4.17）。

表4.17 游客现居住地类型分布

现在居住地类型	频数	百分比/%
乡村	45	4.0
小城镇	143	12.8
小城市	216	19.4
中型城市	327	29.3
大城市	383	34.3
其他	2	0.2
总计	1116	100.0

（四）游客主观阶层认知分析

主观阶层认知是指旅游者关于自己在社会分层体系中所处位置的认知与评价。一般而言，社会比较中相对弱势的一方会形成一种受剥夺感和不平等感，从而降低自身的生活满意度。因此，游客对自身所处阶层的主观认定越高，可以认为其生活满意度也相对较高。为考察这一项目，调查问卷中将阶层认知分为 5 个等级。

主观阶层认知为中等的人数最多，有 637 人，占被调查游客数量的 57.1%；主观认知为中下等阶层的游客数量次之，占被调查游客数量的 21.7%；另有 171 名游客将自身阶层认知定为中上等，占被调查游客数量的 15.4%。样本数据表明，绝大多数游客均认为自己是中等阶层，只有少数游客认为自己是上等阶层或下等阶层（见表 4.18）。

表 4.18 游客主观阶层认知分布

主观阶层认知	频数	百分比/%
上等	19	1.7
中上等	171	15.4
中等	637	57.1
中下等	242	21.7
下等	46	4.1
总计	1115	100.0

（五）游客幸福感认知分析

生活满意度是人们对自身生活状况所作的整体评估和认知。一般而言，生活满意度越高的人群，其社会心态越好，对行为和事物的评价也就越可能趋于正面，对负面因素的包容性也越强。为考察这一项目，调查问卷中将幸福感认知分为 5 个等级。

主观幸福感认知为比较幸福的人数最多，有 600 人，占被调查游客数量的 54.6%；主观幸福感认知为非常幸福的游客数量次之，占被调查游客数量的 27.9%；另有 185 名游客将幸福感认知定为一般，占被调查游客数量的 16.9%。样本数据表明，贵州山地景区游客的生活幸福感普遍较强（见表 4.19）。

表 4.19　游客幸福感认知分布

生活满意度认知	频数	百分比/%
非常幸福	306	27.9
比较幸福	600	54.6
一般	185	16.9
不幸福	7	0.6
非常不幸福	0	0.0
总计	1098	100.0

（六）控制变量和自变量描述分析总结

男性游客与女性游客基本相当，已婚游客多于其他婚姻类型的游客。来贵州进行山地旅游的游客以中青年为主，青少年和老年人较少。游客的受教育程度普遍较高，具有一定的思考能力和学习能力。无宗教信仰游客的人数远多于有宗教信仰游客的人数。游客中有近七成的年收入不足9万元，在社会分层体系中处于中下阶层位置。城市户籍游客远多于农村户籍游客。由3~4口人组成的核心家庭构成了山地旅游的主力军，占比超过50%。游客住房面积比较宽裕，85.7%的游客拥有所住房屋的所有权。来自山区的游客略多于来自平原和沿江河、沿海地区的游客。来贵州山地景区旅游的游客以城市居民为主，其中来自大城市和中型城市的游客尤其多，占比超过60%。绝大多数游客认为自己是中等阶层，只有极少数游客认为自己是上等阶层或下等阶层。游客的生活幸福感普遍较强。

四、核心自变量的描述性统计

山地旅游者的人格生态特质是本次调查的重点内容，即为核心自变量，使用李克特式量表测量人格生态特质。量表中包含11个项目，从直观感觉的角度来测量人格生态特质，并用5种态度方式计量，测量结果见表4.20。

表4.20 受调查游客对与"山"有关的表述评价测量比例分布 $n=1129$

与"山"有关的表述	评价/%					有效样本数（n）
	完全同意	比较同意	说不清楚	不太同意	完全不同意	
1. 我一见到山就兴奋	25.7	35.9	20.9	14.4	3.1	1094
2. 我经常在梦里见到山	15.0	18.4	27.7	25.1	13.8	1074
3. 我从小就喜欢山	27.5	36.9	19.4	13.0	3.1	1080
4. 我喜欢爬山	34.7	41.2	12.3	9.0	2.8	1087
5. 我喜欢山的品格	38.8	41.9	13.8	3.9	1.6	1089
6. 我喜欢读描写山的诗词	32.6	39.9	17.5	7.0	3.0	1079
7. 我喜欢山水画	44.3	40.6	10.5	3.2	1.4	1083
8. "大山深处"让我浮想联翩	33.6	37.8	19.4	7.1	2.1	1080
9. 我喜欢与山区的人交朋友	33.8	39.4	21.3	4.3	1.2	1081
10. 如果有可能我愿意生活在山区	23.4	26.3	26.1	16.3	7.9	1083
11. 山地旅游是我的最爱	31.5	37.9	19.2	9.1	2.3	1098

根据表4.20，我们可从与"山"相关的表述中看出被调查游客人格生态特质的大致状况。从第1、3、11的表述中可以看出：有超过六成的被调查游客，看到山会产生兴奋感，对山有特殊的感情；超过六成的游客表示从小喜爱山，对山的喜爱由来已久；超过六成的游客最爱山地旅游，说明了山地旅游在其游览兴趣中的地位。从第4~9的表述中可以看出：有超过七成的被调查游客表示喜欢爬山这项活动，并且喜欢山象征的品格；超过七成的游客表示喜欢读描写山的诗词，喜欢山水画，说明游客喜欢"山"被赋予的文化意义；超过七成的游客对山有一定的联想，表示"'大山深处'让我浮想联翩"；超过七成的游客表示愿意和山民交朋友，表明愿意和在山里生活的人接触交流。总的来说，大部分人的人格生态特质较为明显。

为了更清晰、更准确地认识被调查游客的人格生态特质状况，我们对表4.20的数据进行了进一步的处理：按5、4、3、2、1的分值分别给"完全同意"（赋值5分）、"比较同意"（赋值4分）、"说不清楚"（赋值3分）、"不太同意"（赋值2分）和"完全不同意"（赋值1分）赋值，然后计算每项内容的平均得分、标准差和百分制得分等统计量，由此得到表4.21。

表4.21 受调查游客对关于与"山"有关的表述平均得分统计分析

与"山"有关的表述	评价数	平均得分	标准差	百分制得分
1. 我一见到山就兴奋	1094	3.67	1.10	73.4
2. 我经常在梦里见到山	1074	2.96	1.25	59.2
3. 我从小就喜欢山	1080	3.73	1.09	74.6
4. 我喜欢爬山	1087	3.96	1.04	79.2
5. 我喜欢山的品格	1089	4.12	0.90	82.4
6. 我喜欢读描写山的诗词	1079	3.92	1.02	78.4
7. 我喜欢山水画	1083	4.23	0.87	84.6
8. "大山深处"让我浮想联翩	1080	3.93	1.00	78.6
9. 我喜欢与山区的人交朋友	1081	4.00	0.91	80.0
10. 如果有可能我愿意生活在山区	1083	3.40	1.23	68.0
11. 山地旅游是我的最爱	1098	3.87	1.03	77.4

根据表4.21，我们可以发现，除第2、10的表述（"我经常在梦里见到山""如果有可能我愿意生活在山区"）外，每项表述的平均得分都在3.5分（百分制为70分以上），这意味着被调查者对于这些表述的内容持有一种较为认可的态度。其中，"我喜欢山水画"和"我喜欢山的品格"是得分最高的两项内容，这说明了山地旅游对于被调查游客而言，不仅意味着身体运动和环境享受，更有着丰富的文化意涵。按照这一理解，山地旅游景区的发展不仅要体现在基础设施和景观布局上，更应做好山地旅游的文化赋值工作，使游客在游览过程中能够获得美学享受与精神体验。至于第1、3、4、11个表述所代表的"兴奋""喜欢"等硬性驱动力因素，其平均得分均未超过4分。

五、中介变量的描述性统计

中介变量为游客的山地旅游偏好，山地旅游偏好的测量具化为旅游意愿和旅游目的。

（一）旅游意愿

旅游意愿是通过询问被访者"您以后还打算来贵州旅游吗？"来衡量游客的旅游意愿。调查选项分别为"肯定还会来""可能会再来""说不清楚""不一定再来""肯定不再来了"。

游客中对于是否还打算来贵州旅游的问题，回答肯定还会来、可能会再来、说不清楚、不一定再来、肯定不再来了的比例分别为 28.2%、52.7%、12.3%、5.6%、1.2%，其中肯定还会来和可能会再来的比例共达到 80.9%，仅 6.8%的游客持否定态度。表明大部分游客还是愿意再来贵州旅游的，贵州山地景区对游客来说具有较大的吸引力（见表 4.22）。

表 4.22　游客来贵州旅游的意愿分布

旅游意愿	频数	百分比/%
肯定还会来	318	28.2
可能会再来	594	52.7
说不清楚	139	12.3
不一定再来	63	5.6
肯定不再来了	13	1.2
总计	1127	100.0

（二）旅游目的

根据经济学将需求等同于偏好的基本假设，通过旅游目的（也就是旅游需要）的重要程度认识来收集旅游偏好资料。在本次问卷调查中，我们根据相关研究和预先设计，拟定了七种主要的旅游目的（锻炼身体、考察贵州的风土人情、开阔眼界、欣赏贵州的山水风景、休闲娱乐、游山玩水、修心养性），要求被访者按照由低到高的顺序在 1~10 之间进行重要程度打分，由此得到表4.23。

表中反映的是受调查游客对各种旅游目的重要程度认识，从这一表中我们可以大致了解人们的旅游目的。认为锻炼身体、考察贵州的风土人情、开阔眼界、欣赏贵州的山水风景、休闲娱乐、游山玩水、修心养性的重要性在 5 分及以下的游客比例分别为：35.7%、30.3%、19.5%、9.6%、30.2%、13.6%、20.9%，由此可见，仅少部分人认为这些旅游目的不重要。而在 7 分及以上的游客比例分别为：58.5%、62.0%、72.3%、86.5%、63.5%、80.5%、71.1%。由此可见，大部分游客认为这些旅游目的很重要。

表4.23　游客对旅游目的重要程度的评分比例分布　　　n=1129

重要程度评分	旅游目的/%						
	锻炼身体	考察贵州的风土人情	开阔眼界	欣赏贵州的山水风景	休闲娱乐	游山玩水	修心养性
1	11.2	9.8	5.1	3.3	10.4	3.5	6.1
2	4.0	3.0	1.1	0.5	2.9	1.0	2.6
3	4.6	3.9	2.1	1.3	3.9	1.5	2.4
4	2.5	2.5	2.0	0.6	2.7	1.7	2.2
5	13.4	11.1	9.2	3.9	10.3	5.9	7.6
6	5.6	7.7	8.1	4.0	6.4	5.8	8.0
7	7.1	9.1	8.0	6.4	9.8	8.4	9.6
8	16.1	19.9	20.0	19.4	19.4	21.3	21.5
9	9.3	13.1	14.1	14.3	9.5	13.9	12.4
10	26.0	19.9	30.2	46.4	24.8	36.9	27.6
有效样本	1098	1093	1098	1102	1086	1098	1094

为了更好地认识各选项之间的这种差异，我们将上表中的数据进行统计运算后转化为表4.24。从表4.24中可以发现，各项旅游目的的重要程度平均得分在 6.5~8.5 分。对各个选项的平均分值计算显示，"欣赏贵州

的山水风景"选项的平均得分为8.47，在各选项中名列首位，说明这是贵州山地景区游客最重要的旅游目的；"游山玩水"选项的平均得分为8.05，得分仅次于"欣赏贵州的山水风景"。"欣赏贵州的山水风景"与"游山玩水"相比，虽然在目标上更为具体，但二者在实际活动内容上大致相同，即都以观赏自然风光为主。平均得分在7~8分的选项同样也有两个，分别是"修心养性"（7.4分）和"开阔眼界"（7.62分）。前者是一种以情操陶冶为目的的行为动机，后者则主要是一种以知识学习为目的的行为动机，二者均源于自我实现的需要层次。平均得分在6~7分的选项有3个，依次为"锻炼身体"（6.86分）、"休闲娱乐"（6.85分）、"考察贵州的风土人情"（6.79分）。总的来说，样本统计数据表明，"欣赏贵州的山水风景""游山玩水"被认为是人们选择山地旅游的最重要偏好；"修心养性""开阔眼界"被认为是第二重要的旅游偏好。

表4.24　游客对各种旅游目的重要程度的评分统计分析

旅游目的	评价数	平均得分	标准差	百分制得分
1. 锻炼身体	1098	6.86	2.85	68.6
2. 考察贵州的风土人情	1093	6.79	2.85	67.9
3. 开阔眼界	1098	7.62	2.49	76.2
4. 欣赏贵州的山水风景	1102	8.47	2.13	84.7
5. 休闲娱乐	1086	6.85	2.93	68.5
6. 游山玩水	1098	8.05	2.28	80.5
7. 修心养性	1094	7.40	2.62	74

　　通过对游客山地旅游偏好的总结，我们发现贵州山地景区对游客具有较大吸引力，大部分游客表示愿意再来贵州旅游参观。游客来贵州山地旅游的最重要目的是"欣赏贵州的山水风景"和"游山玩水"，其次是"修心养性"和"开阔眼界"。

六、因变量的描述性统计

山地旅游行为的测量将具化为旅游次数和旅游评价行为。旅游次数的测量，即询问被访者"这是您第几次来贵州旅游?"对回答选项进行分类，如第一次、第二次、第三次、第四次、第五次及以上。测量旅游评价行为，即询问被访者"您觉得这次贵州旅游，所花的钱值得吗?"对回答选项进行分类，如很不值得、不太值得、一般、比较值得、很值得。

(一) 旅游次数

受调查游客问卷中，来贵州旅游的次数为第一次、第二次、第三次、第四次、第五次及以上的百分比分别为 66.34%、16.43%、6.04%、2.93%、8.26%。其中，大部分游客是第一次来贵州旅游。第三次、第四次、第五次及以上到贵州旅游的游客人数较少，约为 17%。经计算，所有游客平均来贵州旅游的次数为 1.7 次（见表 4.25）。

表 4.25　游客来贵州旅游次数分布

来贵州旅游次数	频数	百分比/%
第一次	747	66.34
第二次	185	16.43
第三次	68	6.04
第四次	33	2.93
第五次及以上	93	8.26
总计	1126	100.0

(二) 旅游评价行为

按照马克思价值理论的理解，商品具有使用价值和价值的双重属性。前者是商品的交换价值，在货币经济条件下主要表现为商品与货币之间的换算比率；后者则主要是商品对人的需要的满足程度。一般来说，商品具有价值，首先是因为其具备使用价值，因此，本书将从使用价值角度来考察旅游者的消费行为。本次问卷调查中，我们设计了"您觉得这次贵州旅游，所花的钱值得吗？"这个问题，答案依次分为"很值得""比较值得""一般""不太值得""很不值得"5项，从消费者主观认知维度来考察旅游评价行为。

游客认为这次来贵州旅游所花的钱很值得、比较值得、一般、不太值得、很不值得的比例分别为19.7%、49.6%、26.7%、2.8%、1.2%，其中很值得和比较值得的比例共达到69.4%，表明大部分游客认为这次来贵州旅游所花的钱值得（见表4.26）。

表4.26 游客消费满意度分布

消费满意度	频数	百分比/%
很值得	222	19.7
比较值得	557	49.6
一般	300	26.7
不太值得	31	2.8
很不值得	14	1.2
总计	1124	100.0

通过对游客山地旅游行为进行总结，发现大部分游客为首次来贵州旅游，来贵州旅游次数超过3次的游客较少。大部分游客认为在贵州的旅游消费物有所值。

七、人格生态特质与山地旅游偏好的相关性分析

根据研究需要，将游客人格生态特质量表得分加总，划分为5个区间，代表不同的人格生态特质强度。5个区间为11~31，32~37，38~43，44~49，50~55，分别表示人格生态特质强度弱、较弱、一般、较强、强。

（一）人格生态特质与旅游意愿的相关性分析

表 4.27　人格生态特质与旅游意愿 X^2 检验表

人格生态特质强度	旅游意愿/%					合计
	肯定不会再来	不一定再来	说不清楚	可能会再来	肯定还会来	
弱	2.0	16.8	22.8	49.5	8.9	100.0
较弱	0.5	6.0	15.8	58.7	19.0	100.0
一般	1.6	5.7	13.4	57.1	22.2	100.0
较强	0.5	1.4	8.6	54.3	35.2	100.0
强	1.5	3.5	6.0	39.0	50.0	100.0
样本量	12	56	124	529	287	1008

Pearson 卡方 = 122.6602　Df = 16　P<0.001　Gamma = 0.3660

通过对人格生态特质与旅游意愿（您以后还打算来贵州旅游吗?）两个项目进行交互分析，可以得出如下结论。

人格生态特质强度弱的游客，回答肯定不会再来和不一定再来的比例分别为 2.0%、16.8%，二者之和不足两成；可能会再来和肯定还会来的比例分别为 49.5%、8.9%，二者之和超过五成。人格生态特质强度较弱的游客，回答肯定不会再来和不一定再来的比例分别为 0.5%、6.0%，二者之和不足一成；回答可能会再来和肯定还会来的比例分别为 58.7%、19.0%，二者之和超过七成。人格生态特质强度一般的游客，回答肯定不会再来和不一定再来的比例分别为 1.6%、5.7%，二者之和不足一成；回答可能会再来和肯定还会来的比例分别为 57.1%、22.2%，二者之和接近八成。人格生态特质强度较强的游客，回答肯定不会再来和不一定再来的比例分别为 0.5%、1.4%，二者之和不足一成；回答可能会再来和肯定还会来的比例分别为 54.3%、35.2%，二者之和超过八成。人格生态特质强度强的游客，回答肯定不会再来和不一定再来的比例分别为 1.5%、3.5%，二者之和不足一成；回答可能会再来和肯定还会来的比例分别为 39.0%、50.0%，二者之和接近九成。

综合上述数据分析，发现人格生态特质越强的游客越偏向于再次来贵州山地旅游，人格生态特质强的游客中有50%明确表示愿意再来贵州旅游。同时，依据卡方检验结果，发现Pearson卡方为122.6602，P值小于0.001，Gamma值为0.366，表明人格生态特质与旅游意愿在统计学意义上呈显著相关关系。

（二）人格生态特质与旅游目的相关性分析

将游客旅游目的得分加总，取期望值。取值范围为1~10，分别表示不同的重要程度，值越大，表示越重要。1表示很不重要，10表示很重要。从而得出表4.28。

表4.28　旅游项目的重要程度分布

旅游目的	重要程度
考察贵州的风土人情	6.79
休闲娱乐	6.85
锻炼身体	6.86
修心养性	7.40
开阔眼界	7.62
游山玩水	8.05
欣赏贵州的山水风景	8.47

通过数据分析可知，按照重要程度从低到高排列，旅游目的分别为：考察贵州的风土人情、休闲娱乐、锻炼身体、修心养性、开阔眼界、游山玩水、欣赏贵州的山水风景。其中，将欣赏贵州的山水风景的重要性划分为5个等级。重要程度得分为1~2、3~4、5~6、7~8、9~10，分别表示很不重要、不太重要、一般、比较重要、很重要。与人格生态特质进行交互分析，可得表4.29所示。

表 4.29　人格生态特质与欣赏山水风景的重要性 X^2 检验表

人格生态特质强度	欣赏山水风景的重要性/%					总计
	很不重要	不太重要	一般	比较重要	很重要	
弱	1.0	6.1	18.2	30.3	44.4	100.0
较弱	2.2	2.7	10.4	26.2	58.5	100.0
一般	2.6	0.6	9.3	29.4	58.1	100.0
较强	4.8	1.9	3.9	23.7	65.7	100.0
强	5.6	0.5	1.5	19.4	73.0	100.0
样本量	34	18	77	256	610	995

Pearson 卡方 = 68.614　Df = 16　P < 0.001　Gamma = 0.204

分析以上数据，可得如下结论：在人格生态特质强度弱的游客中，认为欣赏山水风景很不重要、不太重要、一般、比较重要、很重要的比例分别为 1.0%、6.1%、18.2%、30.3%、44.4%，大部分人格生态特质强度弱的游客认为到贵州欣赏山水风景是重要的。在人格生态特质强度较弱的游客中，认为欣赏山水风景很不重要、不太重要、一般、比较重要、很重要的比例分别为 2.2%、2.7%、10.4%、26.2%、58.5%，大部分人格生态特质强度较弱的游客认为到贵州欣赏山水风景是重要的，认为到贵州欣赏山水风景很重要的游客比例上升，接近六成。在人格生态特质强度一般的游客中，认为欣赏山水风景很不重要、不太重要、一般、比较重要、很重要的比例分别为 2.6%、0.6%、9.3%、29.4%、58.1%，大部分人格生态特质强度一般的游客认为到贵州欣赏山水风景是重要的，认为欣赏山水风景不重要的游客比例仅为 3.2%。在人格生态特质强度较强的游客中，认为欣赏山水风景很不重要、不太重要、一般、比较重要、很重要的比例分别为 4.8%、1.9%、3.9%、23.7%、65.7%，大部分人格生态特质强度较强的游客认为到贵州欣赏山水风景是重要的，接近九成，而认为到贵州欣赏山水风景很重要的游客比例进一步上升，达到六成。在人格生态特质强度强的游客中，认为欣赏山水风景很不重要、不太重要、一般、比较重要、很重要的比例分别为 5.6%、0.5%、1.5%、19.4%、73.0%，大部分人格生态特质强度强的游客认为到贵州欣赏山水风景是重要的，达到九成，认为到贵州欣赏山水风景重要的游客比例进一步上升。

综合上述数据分析结果，发现人格生态特质越强的游客越偏向于来贵州欣赏山地风景。同时，依据卡方检验结果，发现 Pearson 卡方为 68.614，P 值小于 0.001，Gamma 值为 0.204，表明人格生态特质与旅游目的在统计学意义上呈显著相关关系。

通过对核心自变量与中介变量的相关性分析进行总结，发现人格生态特质与旅游意愿存在显著相关关系，人格生态特质越强，来贵州旅游的意愿越强。人格生态特质与欣赏山水的旅游目的存在显著相关关系，人格生态特质越强的游客，越偏向于来贵州欣赏山地风景。

八、人格生态特质与山地旅游行为的相关性分析

将人格生态特质作为核心自变量，将山地旅游行为作为因变量。对人格生态特质与山地旅游行为作相关性分析。

（一）人格生态特质与旅游次数的相关性分析

通过对人格生态特质与旅游次数（这是您第几次来贵州旅游?）两个项目进行交互分析，可以得到如下结论：人格生态特质强度弱的游客，第一次来、第二次来、第三次来、第四次来、四次以上的比例分别为 79.2%、11.9%、2.0%、1.0%、5.9%，第一次来的比例远远高于其他选项，接近八成。第四次及四次以上的比例之和约为 7%。人格生态特质强度较弱的游客，第一次来、第二次来、第三次来、第四次来、四次以上的比例分别为 66.8%、15.8%、5.4%、2.2%、9.8%，第一次来的比例远远高于其他选项，接近七成，第四次及四次以上的比例之和为 12%。人格生态特质强度一般的游客，第一次来、第二次来、第三次来、第四次来、四次以上的比例分别为 70.2%、16.2%、6.3%、2.2%、5.1%，第一次来的比例远远高于其他选项，第四次及四次以上的比例之和约为 7%。人格生态特质强度较强的游客，第一次来、第二次来、第三次来、第四次来、四次以上的比例分别为 60.3%、19.6%、6.7%、3.8%、9.6%，第一次来的比例远远高于其他选项，第四次及四次以上的比例之和约为 13%。人格生

态特质强度强的游客，第一次来、第二次来、第三次来、第四次来、四次以上的比例分别为57.1%、17.2%、8.1%、4.5%、13.1%，第一次来的比例远远高于其他选项，第四次及四次以上的比例之和约为18%。通过数据可以看出，随着人格生态特质强度的增强，来贵州旅游四次及四次以上的游客人数所占的比例逐渐增多（见表4.30）。

表4.30　人格生态特质与旅游次数 X^2 检验表

人格生态特质强度	旅游次数/%					总计
	第一次来	第二次来	第三次来	第四次来	四次以上	
弱	79.2	11.9	2.0	1.0	5.9	100.0
较弱	66.8	15.8	5.4	2.2	9.8	100.0
一般	70.2	16.2	6.3	2.2	5.1	100.0
较强	60.3	19.6	6.7	3.8	9.6	100.0
强	57.1	17.2	8.1	4.5	13.1	100.0
样本量	663	167	62	29	86	1007
Pearson 卡方 = 29.2313　Df = 16　P<0.01　Gamma = 0.1749						

综合上述数据分析结果，发现人格生态特质强度越强的游客越偏向于多次来贵州山地景区旅游。同时，依据卡方检验结果，发现 Pearson 卡方为 29.2313，P 值小于 0.01，Gamma 值为 0.1749，表明人格生态特质与旅游次数在统计学意义上呈显著相关关系。

（二）人格生态特质与旅游评价行为的相关性分析

通过对人格生态特质与旅游评价行为（您觉得这次贵州旅游，所花的钱值得吗?）两个项目进行交互分析，可以得出如下结论。

在人格生态特质强度弱的游客中，认为来贵州旅游所花的钱很值得、比较值得、一般、不太值得、很不值得的比例分别为 4.0%、46.0%、43.0%、7.0%、0，大部分人认为来贵州旅游所花的钱比较值得或一般。在人格生态特质强度较弱的游客中，认为来贵州旅游所花的钱很值得、比较值得、一般、不太值得、很不值得的比例分别为 9.3%、48.1%、

40.5%、1.6%、0.5%，大部分人认为来贵州旅游所花的钱比较值得或一般。与人格生态特质强度弱的游客相比，认为所花费金钱很值得的比例有所上升，接近一成。在人格生态特质强度一般的游客中，认为来贵州旅游所花的钱很值得、比较值得、一般、不太值得、很不值得的比例分别为14.9%、53.7%、28.9%、1.9%、0.6%，超过五成游客认为来贵州旅游所花的钱比较值得，接近七成的游客认为来贵州旅游所花的钱值得。与人格生态特质强度较弱的游客相比，认为所花费金钱很值得的比例进一步上升。在人格生态特质强度较强的游客中，认为来贵州旅游所花的钱很值得、比较值得、一般、不太值得、很不值得的比例分别为23.3%、55.7%、18.6%、2.4%、0，超过五成游客认为来贵州旅游所花的钱比较值得，超过两成游客认为来贵州旅游所花的钱很值得，接近八成的游客认为来贵州旅游所花的钱值得。与人格生态特质强度一般的游客相比，认为所花费金钱很值得的游客比例进一步上升。在人格生态特质强度强的游客中，认为来贵州旅游所花的钱很值得、比较值得、一般、不太值得、很不值得的比例分别为40.4%、42.4%、12.2%、1.5%、3.5%，超过四成游客认为来贵州旅游所花的钱比较值得或很值得，超过八成的游客认为来贵州旅游所花的钱值得。与人格生态特质强度较强的游客相比，认为所花费金钱很值得的比例进一步上升，且上升幅度较大（见表4.31）。

表4.31　人格生态特质与旅游评价行为 X^2 检验表

人格生态特质强度	旅游评价行为/%					总计
	很值得	比较值得	一般	不太值得	很不值得	
弱	4.0	46.0	43.0	7.0	0	100.0
较弱	9.3	48.1	40.5	1.6	0.5	100.0
一般	14.9	53.7	28.9	1.9	0.6	100.0
较强	23.3	55.7	18.6	2.4	0	100.0
强	40.4	42.4	12.2	1.5	3.5	100.0
样本量	197	504	271	24	10	1006
Pearson 卡方 = 147.070　　Df = 16　　P<0.001　　Gamma = 0.367						

综合数据分析结果，发现人格生态特质越强的游客越偏向于认为在贵州旅游花销物有所值。依据卡方检验结果，发现 Pearson 卡方为 147.070，P 值小于 0.001，Gamma 值为 0.367，表明人格生态特质与旅游评价行为在统计学意义上呈显著相关关系。

通过对核心自变量与因变量的相关性分析进行总结，人格生态特质与贵州山地旅游次数存在显著相关关系，人格生态特质越强的游客越偏向于多次来贵州旅游；人格生态特质与旅游评价行为存在较强相关关系，人格生态特质越强的游客越偏向于认为在贵州旅游花销物有所值。

九、山地旅游偏好与山地旅游行为的相关性分析

根据研究需要，初步检验山地旅游偏好与山地旅游行为之间的相关性，采用 X^2 检验方法，分别检验旅游意愿与旅游次数、旅游评价行为的相关性。

（一）旅游意愿与旅游次数的相关性分析

通过对旅游意愿（您以后还打算来贵州旅游吗?）与旅游次数（这是您第几次来贵州旅游?）的交互分析，我们发现（见表 4.32）：

表 4.32　旅游意愿与旅游次数 X^2 检验表

第几次来	旅游意愿/%					总计
	肯定还会来	可能会再来	说不清楚	不一定再来	肯定不会再来	
第一次	20.7	56.8	13.9	7.1	1.5	100.0
第二次	34.4	53.0	8.8	2.7	1.1	100.0
第三次	42.6	42.6	10.4	4.4	0	100.0
第四次	39.3	36.4	18.2	6.1	0	100.0
四次以上	61.2	32.3	6.5	.0	0	100.0
样本量	317	592	139	63	13	1124
Pearson 卡方 = 93.641　Df = 16　P<0.001　Gamma = 0.376						

第一次到贵州旅游的游客中，选择"肯定还会来""可能会再来"的比例分别为20.7%、56.8%，即超过七成的游客表示愿意再来；选择"不一定再来""肯定不会再来"的比例分别为7.1%、1.5%，即不足一成的游客表示不再来。第二次到贵州旅游的游客中，选择"肯定还会来""可能会再来"的比例分别为34.4%、53.0%，即超过八成的游客表示愿意再来；选择"不一定再来""肯定不再来"的比例分别为2.7%、1.1%，即不足一成的游客表示不再来。第三次到贵州旅游的游客中，选择"肯定还会来""可能会再来"的比例均为42.6%，即超过八成的游客表示愿意再来；选择"不一定再来"的比例为4.4%，即不足一成的游客表示"不一定再来"；没有游客选择"肯定不会再来"。第四次到贵州旅游的游客中，选择"肯定还会来""可能会再来"的比例分别为39.3%、36.4%，即超过七成的游客表示愿意再来。选择"不一定再来"的比例为6.1%，不足一成的游客表示"不一定再来"；没有游客选择"肯定不会再来"。到贵州旅游四次以上的游客中，选择"肯定还会来""可能会再来"的比例分别为61.2%、32.3%，即超过九成的游客表示愿意再来；选择"说不清楚"的游客为6.5%；没有游客选择"不一定再来"或者"肯定不会再来"。

由这些数据可知，在被调查贵州山地景区游客中，大部分游客表示愿意再来贵州旅游，而不管旅游的次数。贵州山地景区吸引力很大，游客的旅游意愿很强。

综合上述数据分析结果发现，旅游意愿越强的游客越偏向于多次来贵州旅游。依据卡方检验结果，发现Pearson卡方为93.641，P值小于0.001，Gamma值为0.376，表明旅游意愿与旅游次数在统计学意义上呈显著相关关系。

（二）旅游意愿与旅游评价行为的相关性分析

通过对旅游意愿（您以后还打算来贵州旅游吗?）与旅游评价行为（您觉得这次贵州旅游，所花的钱值得吗?）两个项目进行交互分析，可以得出如下结论（见表4.33）。

表4.33　旅游意愿与旅游评价行为 X^2 检验表

旅游意愿	旅游评价行为/%					总计
	很值得	比较值得	一般	不太值得	很不值得	
肯定还会来	41.2	50.0	7.3	0.6	0.9	100.0
可能会再来	12.7	56.9	27.9	1.5	1.0	100.0
说不清楚	7.9	28.8	54.0	7.9	1.4	100.0
不一定再来	6.5	29.0	53.2	11.3	0	100.0
肯定不会再来	7.7	23.1	30.8	15.4	23.0	100.0
样本量	222	556	300	31	14	1123

Pearson 卡方 = 328.075　Df = 16　P<0.001　Gamma = 0.598

　　一是在表示肯定还会来贵州旅游的游客中，有41.2%的人认为来贵州旅游所花的钱很值得，50.0%的人认为来贵州旅游所花的钱是比较值得的，超过九成的游客认为来贵州旅游所花的钱值得。仅0.6%的人认为来贵州旅游所花的钱不太值得，0.9%的人认为来贵州旅游所花的钱很不值得，即只有极少一部分人认为来贵州旅游的花销不值得。二是在表示可能会再来贵州旅游的游客中，有12.7%的人认为来贵州旅游所花的钱很值得，56.9%的人认为来贵州旅游所花的钱是比较值得的，接近七成的游客认为来贵州旅游所花的钱值得。仅1.5%的人认为来贵州旅游所花的钱不太值得，1.0%的人认为来贵州旅游所花的钱很不值得，即只有极少一部分人认为来贵州旅游的花销不值得。三是在表示说不清楚会不会再来贵州旅游的游客中，有7.9%的人认为来贵州旅游所花的钱很值得，28.8%的人认为来贵州旅游所花的钱是比较值得的，即不到四成的游客认为来贵州旅游所花的钱值得。54.0%的人认为一般，即大部分游客态度较为中庸。仅7.9%的人认为来贵州旅游所花的钱不太值得，1.4%的人认为来贵州旅游所花的钱很不值得，即只有较少一部分人认为来贵州旅游的花销不值得。四是在表示不一定再来贵州旅游的游客中，有6.5%的人认为来贵州旅游所花的钱很值得，29.0%的人认为来贵州旅游所花的钱是比较值得的，即不到四成的游客认为来贵州旅游所花的钱值得。53.2%的人认为一般，即大部分游客态度较为中庸。仅11.3%的人认为来贵州旅游所花的钱不太值得，没有游客认为来贵州旅游所花的钱很不值得，即只有较少一部分人认为来贵州旅游的花销不值得。五是在表示肯定不会再来贵州旅游的游客中，有7.7%的人认为来贵州旅游所花的钱很值得，23.1%的人认为来贵州旅游所花的钱是比较值得的，即仅有三成的游客认为来贵州旅游所花的钱值得。30.8%的人认为一般，这部分游客态度较为中庸。仅15.4%的人认为来贵州旅游所花的钱不太值得，23.0%的游客认为来贵州旅游所花的钱很不值得，即接近四成的游客认为来贵州旅游的花销不值得。

分析以上数据可知，倾向于再来贵州旅游的游客，往往认为来贵州旅游的花销是值得的。不愿意再来贵州旅游的游客，往往认为来贵州旅游的花销不值得。

综合上述数据分析结果，发现旅游意愿越强的游客越偏向于认为来贵州旅游花销值得。依据卡方检验结果，发现Pearson卡方为328.075，P值小于0.001，Gamma值为0.598，表明旅游意愿与旅游评价行为在统计学意义上呈显著相关关系。

通过对山地旅游偏好与山地旅游行为相关性分析进行总结发现，旅游意愿与旅游次数呈显著相关关系，旅游意愿越强的游客越偏向于多次来贵州旅游。旅游意愿与旅游评价行为呈显著相关关系，旅游意愿越强的游客越偏向于认为来贵州山地景区旅游花销值得。

第五章　山地旅游行为的影响因素分析

一、变量的因子分析

（一）人格生态特质的因子分析

在开展多元回归分析之前，首先对人格生态特质变量进行因子分析。笔者在调查问卷中设计了测量人格生态特质的量表，询问被调查者"对于下列山的表述是否同意"，备选项包括：我一见到山就兴奋、我经常在梦里见到山、我从小就喜欢山、我喜欢爬山、我喜欢山的品格、我喜欢读描写山的诗词、我喜欢山水画、"大山深处"让我浮想联翩、我喜欢与山区的人交朋友、如果有可能我愿意生活在山区、山地旅游是我的最爱。答案选项为：完全同意（赋值5分）、比较同意（赋值4分）、说不清楚（赋值3分）、不太同意（赋值2分）、完全不同意（赋值1分）。

1. KMO 检验和 Bartlett's 球形检验

在对人格生态特质量表进行主成分分析之前，首先应进行 KMO（Kaiser Meyer Olkin）检验和 Bartlett's 球形检验，以判断是否适合进行主成分分析。其中，KMO 检验是对是否适合进行主成分分析的一种衡量方法，其主要比较量表中变量之间的简单相关系数和偏相关系数的相对大小。KMO 检验的取值范围为［0，1］，若变量之间的简单相关系数的平方和远大于偏相关系数的平方和，则 KMO 值会非常接近1，反之则接近0。取值接近1说明变量之间具有强相关性，适合进行主成分分析。反之，则不适合进行主成分分析。而 Bartlett's 球形检验用于确定量表中涉及的选项是否彼此独立的问题，如果 Bartlett's 球形检验的统计量较大，且对应的概率值小于所要求的显著性水平，则可拒绝零假设，即可以继续进行主成分分析。反之，则不适合进行主成分分析。

在 KMO 取值上，我们一般参考 Kaiser 的度量标准，即取值小于 0.5 为不可接受、0.5～0.59 为较差、0.6～0.69 为中等、0.7～0.79 为合适、0.8～0.89 为较好、0.9～1 为非常好。依据 Kaiser 的度量标准，0.5 为是否适合进行主成分分析的临界点，比较理想的取值应该达到 0.8 或以上（见表 5.1）。

表 5.1 KMO 检验和 Bartlett's 球形检验

符合取样足够度的 Kaiser-Meyer-Olkin 度量		0.907
Bartlett's 球形检验	近似卡方（Appox. Chi-Square）	4941.05
	自由度（df）	55
	显著性（sig）	0.000

从表 5.1 中可以看出，KMO 值为 0.907，达到极佳水平。Bartlett's 球形检验的统计量为 4941.05，非常显著，表明用来测量人格生态特质变量的数据都是来自正态分布的总体。综合 KMO 检验和 Bartlett's 球形检验，用来测量人格生态特质的量表非常适合进行主成分分析。

2. 主成分的提取

对标准化数据求出协方差矩阵或者相关矩阵，进而获得协方差矩阵的特征根与特征向量。根据特征根和累计方差贡献率提取了两个主成分，表 5.2 分别给出主成分特征值、方差贡献率和累计贡献率。

表 5.2 主成分特征值和贡献率

成分	初始值			因子提取结果		
	特征值	方差贡献率/%	累计贡献率/%	特征值	方差贡献率/%	累计贡献率/%
1	5.40944	49.18	49.18	5.40944	49.18	49.18
2	1.09253	9.93	59.11	1.09253	9.93	59.11
3	0.81060	7.37	66.48			
4	0.73665	6.70	73.17			
5	0.52813	4.80	77.98			

续表

成分	初始值			因子提取结果		
	特征值	方差贡献率/%	累计贡献率/%	特征值	方差贡献率/%	累计贡献率/%
6	0.49474	4.50	82.47			
7	0.48115	4.37	86.85			
8	0.41355	3.76	90.61			
9	0.40381	3.67	94.28			
10	0.34459	3.13	97.41			
11	0.28481	2.59	100			

上表数据显示：第一主成分的特征值是 5.40944，其方差贡献率是 49.18%，第二主成分的特征值是 1.09253，其方差贡献率是 9.93%。两个特征值大于 1 的累计贡献率达到 59.11%。因此，选取前两个主成分以使所提取的主成分尽量不丢失原有信息。

3. 因子载荷矩阵

因子载荷矩阵的因子载荷反映了变量和因子之间的线性关系密切程度。为减少不同主成分之间蕴含信息的重复性，并使各主成分更加实际和具有含义，在提取主成分后，采用方差最大正交旋转法对因子载荷矩阵进行旋转，从而得到最终的因子载荷矩阵。具体如表 5.3 所示。

表 5.3　因子载荷矩阵表

变量	公共因子 1	公共因子 2
我一见到山就兴奋	0.306	0.723
我经常在梦里见到山	0.169	0.822
我从小就喜欢山	0.278	0.771
我喜欢爬山	0.471	0.635
我喜欢山的品格	0.704	0.177
我喜欢读描写山的诗词	0.731	0.345
我喜欢山水画	0.711	0.165

续表

变量	公共因子 1	公共因子 2
"大山深处"让我浮想联翩	0.743	0.355
我喜欢与山区的人交朋友	0.741	0.380
如果有可能我愿意生活在山区	0.705	0.170
山地旅游是我的最爱	0.487	−0.264
公共因子命名	人文生态因子	自然生态因子

上表数据显示：第一主成分包括我喜欢山的品格、我喜欢读描写山的诗词、我喜欢山水画、"大山深处"让我浮想联翩、我喜欢与山区的人交朋友、如果有可能我愿意生活在山区、山地旅游是我的最爱 7 个变量，反映的是人文生态方面，故命名为"人文生态因子"。第二主成分包括我一见到山就兴奋、我经常在梦里见到山、我从小就喜欢山、我喜欢爬山 4 个变量，反映的是自然生态方面，故命名为"自然生态因子"。

（二）旅游目的地因子分析

问卷询问了被访者来贵州的旅游目的，如锻炼身体、考察贵州的风土人情、开阔眼界、欣赏贵州的山水风景、探亲访友、休闲娱乐、游山玩水、修心养性、随便走走。被访者依据各自来贵州旅游目的的重要性进行打分，1~10 分，最不重要为 1 分，最重要为 10 分。

1. KMO 检验和 Bartlett's 球形检验

在对旅游目的量表进行主成分因子分析前，先对其进行 KMO 检验和 Bartlett's 球形检验，以判断是否适合进行主成分分析（见表 5.4）。

表 5.4　KMO 检验和 Bartlett's 球形检验结果

符合取样足够度的 Kaiser-Meyer-Olkin 度量		0.847
Bartlett's 球形检验	近似卡方（Appox. Chi-Square）	2820.73
	自由度（df）	36
	显著性（sig）	0.000

从上表中可以看出，KMO 值为 0.847，达到较高水平。Bartlett's 球形检验的统计量为 2820.73，非常显著，表明用来测量旅游目的变量的数据都是来自正态分布的总体。综上，用来测量旅游目的的量表非常适合进行主成分分析。

2. 主成分的提取

采取主成分法对旅游目的量表进行分析，提取了两个主成分（见表 5.5）。

表 5.5　主成分特征值和贡献率

成分	初始值			因子提取结果		
	特征值	方差贡献率 /%	累计贡献率 /%	特征值	方差贡献率 /%	累计贡献率 /%
1	3.807	42.295	42.295	3.807	42.295	42.295
2	1.162	12.915	55.210	1.162	12.915	55.210
3	0.953	10.594	65.803			
4	0.698	7.751	73.554			
5	0.628	6.978	80.532			
6	0.556	6.176	86.707			
7	0.469	5.213	91.920			
8	0.398	4.417	96.337			
9	0.330	3.663	100.00			

上表数据显示：第一主成分的特征值是 3.807，其方差贡献率是 42.295%，第二主成分的特征值是 1.162，其方差贡献率是 12.915%。两个特征值大于 1 的累计贡献率达到 55.210%。因此，选取前两个主成分，以使所提取的主成分尽量不丢失原有信息。

3. 因子载荷矩阵

在提取主成分后，采用方差最大正交旋转法对因子载荷矩阵进行旋转，从而得到最终的因子载荷矩阵，具体如表 5.6 所示。

表 5.6　因子载荷矩阵表

变量	公共因子 3	公共因子 4
锻炼身体	0.542	0.275
考察贵州的风土人情	0.659	0.013
开阔眼界	0.743	0.269
欣赏贵州的山水风景	0.674	0.502
探亲访友	0.406	0.731
休闲娱乐	0.713	0.180
游山玩水	0.738	0.285
修心养性	0.785	0.003
随便走走	0.381	0.637
公共因子命名	山地旅游倾向因子	探亲访友因子

表 5.6 数据显示：第一主成分主要与山地旅游相关，命名为"山地旅游倾向因子"，第二主成分则与探亲访友相关，命名为"探亲访友因子"。旅游目的因子变量选取"山地旅游倾向因子"，与山地旅游相关性不强的"探亲访友因子"不在本书分析范围内。

二、山地旅游偏好的影响因素分析

在进行山地旅游偏好的多元回归分析中，必须考虑社会人口学变量、童年生活区域变量、现居住地类型变量、人格生态特质变量对生态旅游偏好的影响程度。其中，社会人口学变量包括性别、年龄、文化程度、宗教信仰、户籍、年收入、主观阶层感知变量、幸福感变量等，同时，为考察年龄是否与山地旅游行为呈线性关系，增加了年龄的平方变量；幸福感变量、童年生活区域变量、现居住地类型变量、主观阶层感知变量直接在问卷中用一个变量测量；人格生态特质变量用包括 11 个变量的量表测量。

在多元回归分析中，设置了 3 个模型，即采用模型 1、模型 2 和模型 3 分别对游客的山地旅游偏好进行预测。模型 1 考察社会人口学变量对山地旅游偏好的影响；模型 2 在模型 1 的基础上加入了童年生活区域变量和现居住地类型变量；模型 3 进一步加入 2 个人格生态特质变量（详见表 5.7～

表5.9）。希望通过以上方法能够全面地考察山地旅游偏好是否受到及如何受到不同因素的影响。

（一）山地旅游意愿的影响因素分析

表5.7　山地旅游意愿的多元回归模型（标准回归系数）

	模型1		模型2		模型3	
	Beta值	P值	Beta值	P值	Beta值	P值
女性 a	-0.184	0.001	-0.182	0.002	-0.187	0.002
年龄	-0.011	0.354	-0.011	0.387	-0.003	0.801
年龄平方	0.001	0.434	0.001	0.551	0.001	0.859
文化程度	-0.007	0.638	-0.010	0.519	0.002	0.885
无宗教信仰 b	-0.024	0.703	-0.025	0.703	0.013	0.843
农村户口 c	0.020	0.793	0.033	0.681	-0.028	0.730
年收入	0.012	0.348	0.013	0.342	0.013	0.353
主观阶层感知	-0.074	0.050	-0.083	0.037	-0.114	0.005
幸福感	0.216	0.000	0.223	0.000	0.153	0.001
平原地区 d			-0.041	0.604	0.002	0.977
丘陵地区 d			-0.141	0.108	-0.074	0.409
高原地区 d			-0.085	0.524	-0.068	0.618
沿江河地区 d			-0.055	0.686	-0.063	0.653
沿湖地区 d			-0.224	0.392	-0.076	0.774
沿海地区 d			-0.216	0.042	-0.141	0.191
城市规模			0.035	0.189	0.040	0.135
自然生态特质因子					0.233	0.000
人文生态特质因子					0.114	0.000
常数	3.467	0.000	3.413	0.000	3.708	0.000
样本量	967		910		823	
调整后的 R^2	0.03		0.04		0.11	
F值	4.41	0.000	3.11	0.000	6.56	0.000

注：a 参考类别为男性，b 参考类别为有宗教信仰，c 参考类别为城市户口，d 参考类别为山区。

山地旅游行为的影响因素分析

　　为更直观、形象地显示每个模型增加不同变量后山地旅游意愿的具体变化程度，本书制作了山地旅游意愿影响因素关系图（详见图5.1）。

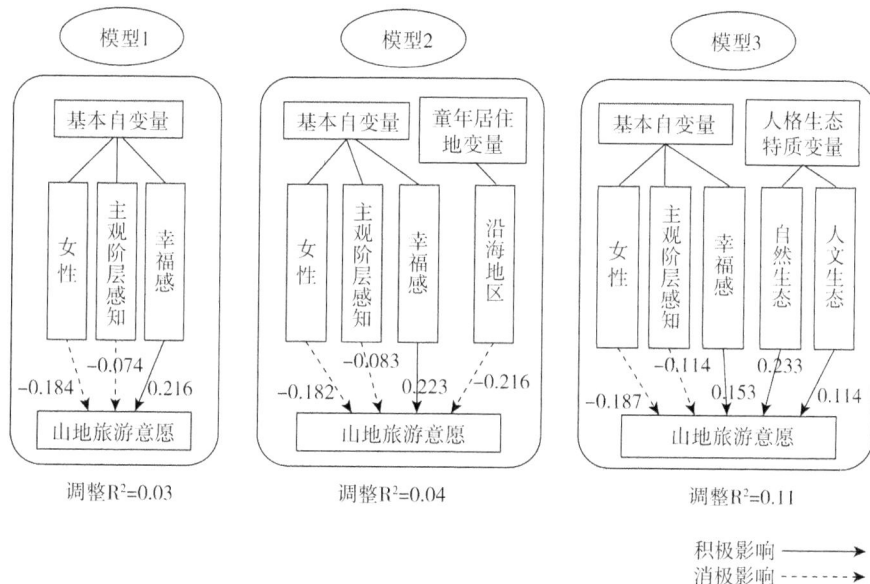

图5.1　山地旅游意愿影响因素关系图

注：（1）图中模型列出所有统计显著的各项效应。

*　　（2）图中数字为每一变量影响山地旅游意愿的标准回归系数。*

　　通过对上述图表的详细对比与分析，可得出以下结论。

1. 社会人口学变量对山地旅游意愿的影响

　　总体而言，社会人口学变量对山地旅游意愿有不同程度的影响，表现出某种程度的一致性与差异性。具体表现为性别、主观阶层感知和幸福感是影响山地旅游意愿的最重要因素。相对于女性来说，男性的山地旅游意愿表现更强；主观阶层感知越高的游客的山地旅游意愿越低；幸福感越强的游客的山地旅游意愿越强。年龄、文化程度、宗教信仰、户籍和年收入等变量对山地旅游意愿无显著影响。具体回归分析如下：

　　第一，在不考虑其他因素的影响下，社会人口学变量对山地旅游行为有一定的影响。模型1显示，性别、主观阶层感知和幸福感变量显著影响山地旅游意愿，且性别变量和主观阶层感知的标准回归系数均为负数，表明男性、主观阶层感知越低和幸福感越高的游客去山地旅游的意愿越强。在我国社会，男性更多地承担了家庭和工作的双重压力，其需要拼命工作以养活家庭。依据前文文献，当个体的生态无意识受压抑更为严重时，精神生态系统就会失衡，个体的生态需求就会表现得更为强烈。男性在社会中的压力促使其精神生态系统失衡更为严重，从而使其更想通过山地旅游释放压力，实现精神生态系统的平衡。按照一般的观点，人们普遍认为主观阶层感知越高的游客更愿意亲近自然、参与山地旅游，但本书得出的结论恰好相反。这可能是由贵州山地景区的整体规划所致。贵州山地旅游目前主要是供大众观光旅游，现有旅游景区和设施较少，无法吸引高收入群体前往。通过对比前文的被调查游客年收入状况，可以发现：来贵州山地景区参观旅游的游客近七成年收入不足9万元，在目前的社会分层体系中处于中下层，进一步印证了"贵州山地景区无法吸引高收入游客"的观点。在我国，幸福感的高低与经济条件关系密切，两者往往成正比关系。因此，自觉较为幸福的人，往往经济条件较好，其在满足物质欲望的同时，内在的平衡机制同样被打破，导致其对山地旅游意愿的表现更为强烈。

第二，尽管年龄、文化程度、宗教信仰、户籍和年收入等变量对山地旅游行为无显著影响，但我们依然可以通过标准回归系数来了解其对山地旅游意愿的影响情况。其中，文化程度和宗教信仰的标准回归系数为负数，表明其对山地旅游行为的影响是负向的，即文化程度越低的游客去山地旅游景区参观旅游的意愿更高，有宗教信仰的游客更愿意去山地旅游景区。另外，年龄变量的标准回归系数为负数，而年龄平方变量的标准回归系数为正，表明年龄与山地旅游偏好、山地旅游行为变量之间不是线性影响关系，而是U形关系，即年龄较大和较小的游客去山地旅游的意愿较强、山地旅游的次数较多，处于中间年龄段的游客去山地旅游的意愿较弱、山地旅游的次数较少。

在加入居住地变量和人格特征变量后，性别、主观阶层感知和幸福感3个变量依然显著影响山地旅游偏好。研究表明，这3个变量的影响程度不会因添加其他变量而减弱，仍是稳定影响山地旅游偏好的关键性变量。

2. 居住地变量对山地旅游意愿的影响

居住地变量包括童年居住地和现居住地两个变量。其中，童年居住地变量为定类变量，现居住地变量为定序变量。在回归模型中，对现居住地变量进行定量化处理，得分越高代表城镇规模越大。综合分析模型2和模型3，我们发现，不管是童年居住地变量还是现居住地变量，对山地旅游意愿的影响基本不显著。表现较为显著的为"沿海地区"变量，其标准回归系数为负数，表明相对于童年生活在山区的游客而言，童年生活在沿海地区的游客对山地旅游景区的向往程度相对较弱，其去山地旅游景区参观旅游的意愿也相对较弱。除了"沿海地区"变量对山地旅游偏好具有显著影响，其他变量均不显著影响山地旅游偏好。具体分析如下。

在模型2中，"沿海地区"变量显著负向影响山地旅游偏好，表明童年居住在沿海地区的游客具有更为弱的山地旅游意愿；但在模型3中，这一显著影响消失，表明此变量对山地旅游意愿的影响不够强烈和稳定，可能受到其他变量的影响。除"沿海地区"变量外，其他变量对山地旅游意愿无显著影响，但依然可以根据标准回归系数了解其对山地旅游偏好的影响程度。总体来看，童年居住地6个变量的标准回归系数均为负数，表明与童年生活在山区的游客相比，童年生活在平原地区、丘陵地区、高原地区、沿江河地区、沿湖地区和沿海地区的游客前往山地旅游景区的意愿不够强烈，说明童年的生活环境对一个人的山地旅游意愿存在一定程度的影响，童年的记忆容易激发游客与山地旅游景区之间的共鸣。现居住城市规模变量的标准回归系数为正，表明现居住城市规模越大，其去山地旅游景区的意愿就越强烈，城市的高楼大厦和繁华景象压抑了个体天生具有的生态需求。一般而言，城市规模越大，生活在其中的人工作压力越大，其精神山地生态平衡系统被打破得更为严重，导致其具有更为强烈的山地旅游意愿，希望通过山地旅游平衡精神山地生态系统。

3. 人格生态特质变量对山地旅游意愿的影响

在模型3的多元回归中添加了人格生态特质变量，观察控制了社会人口学变量、主观阶层感知变量、幸福感变量、居住地变量和人格生态特质变量对山地旅游意愿的影响。观察模型3中的P值可以发现，人格生态特质的两个因子均显著影响山地旅游意愿，标准回归系数均为正数，表明其对山地旅游意愿呈显著正向影响，即具有越强自然生态因子和人文生态因子的人，其去山地旅游的意愿越强烈。

总体而言，模型1、模型2和模型3的P值均小于0.001，表明3个模型均非常显著。模型1调整后的R^2值为0.03，模型2调整后的R^2值0.04，模型3调整后的R^2值为0.11，表明随着变量的增加，模型的解释力得到不断增强。综合考虑调整后的R^2值和P值，以上3个模型均具有较强的解释力。

（二）山地旅游目的的影响因素分析

表 5.8 山地旅游目的的多元回归模型（标准回归系数）

	模型 1		模型 2		模型 3	
	Beta 值	P 值	Beta 值	P 值	Beta 值	P 值
女性 a	−0.252	0.450	−0.022	0.526	−0.005	0.885
年龄	−0.140	0.454	−0.041	0.831	−0.179	0.367
年龄平方	0.142	0.448	0.049	0.802	0.162	0.414
文化程度	−0.060	0.101	−0.057	0.131	−0.045	0.245
无宗教信仰 b	−0.020	0.537	−0.015	0.648	−0.031	0.364
农村户口 c	0.010	0.774	0.023	0.533	0.014	0.703
年收入	0.044	0.241	0.016	0.675	0.013	0.733
主观阶层感知	−0.010	0.771	−0.004	0.910	−0.010	0.788
幸福感	0.083	0.015	0.077	0.030	0.006	0.007
平原地区 d			−0.063	0.161	−0.075	0.098
丘陵地区 d			−0.017	0.681	−0.006	0.875
高原地区 d			−0.017	0.628	−0.021	0.570
沿江河地区 d			−0.040	0.280	−0.052	0.165
沿湖地区 d			−0.065	0.058	−0.067	0.054
沿海地区 d			−0.023	0.552	−0.001	0.975
城市规模			0.035	0.189	0.017	0.642
自然生态特质因子					0.133	0.000
人文生态特质因子					0.225	0.000
常数	1.224	0.000	1.012	0.000	1.534	0.000
样本量	938		883		810	
调整后的 R^2	0.02		0.05		0.16	
F 值	1.50	0.003	3.11	0.001	4.21	0.000

注：a 参考类别为男性，b 参考类别为有宗教信仰，c 参考类别为城市户口，d 参考类别为山区。

为更直观、形象地显示每个模型增加不同变量后山地旅游目的的具体变化程度，本书制作了山地旅游目的影响因素关系图（详见图5.2）。

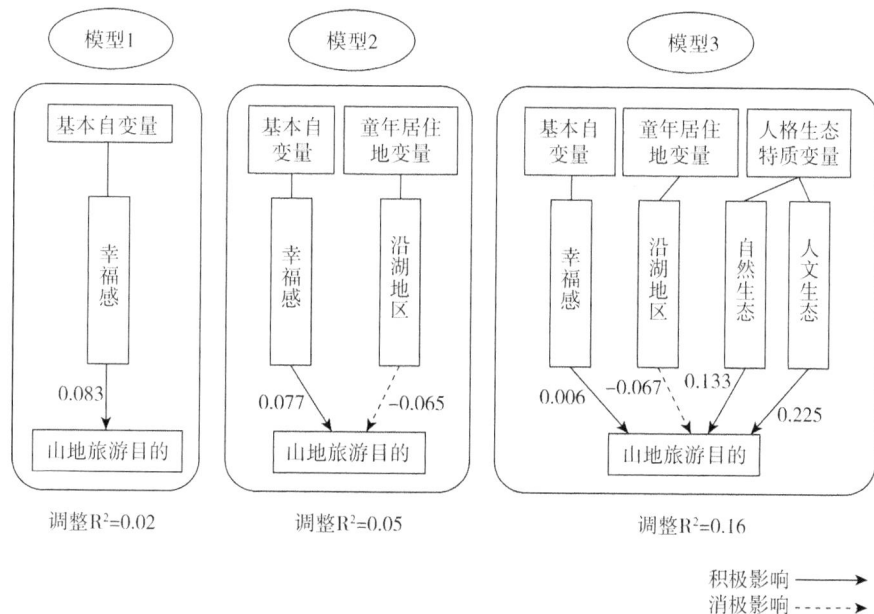

图5.2　山地旅游目的影响因素关系图

注：（1）图中模型列出所有统计显著的各项效应。

　　（2）图中数字为每一变量影响山地旅游目的的标准回归系数。

通过对上述图表的详细对比与分析，可得出以下结论。

1. 社会人口学变量的影响

总体而言，社会人口学变量对山地旅游目的的影响效果作用较低。在9个社会人口学变量中仅幸福感变量显著影响山地旅游目的的变量，即相对于幸福感弱的游客来说，幸福感越强的游客山地旅游目的性越强。女性、年龄、年龄平方、文化程度、无宗教信仰、农村户口、年收入、主观阶层感知8个变量对山地旅游目的均无显著影响。具体分析情况如下。

第一，社会人口学变量中只有幸福感变量显著影响山地旅游目的。幸福感变量的标准回归系数是正数，表明幸福感越强的游客山地旅游目的性越强。在我国，幸福感的高低与经济条件关联密切，两者往往成正比关系。人们在满足了其物质需求与欲望之后会转而追求较高的精神文化生活，旅游就是精神文化生活中的一种典型项目。例如，幸福感强的游客因物质生活得到极大的满足，所以会对大部分的旅游活动表现出较为强烈的目的性，以满足其精神文化的需求。山地旅游作为旅游项目的一个细分项目，同样能够表现出强烈的目的性。

第二，虽然社会人口学变量中的其他 8 个变量都没有对山地旅游目的产生显著影响，但是通过分析其标准回归系数，我们依然可以分析出其对山地旅游的影响程度。年龄平方、农村户口、年收入这 3 个变量的标准回归系数都是正数。这表明年龄与山地旅游目的呈负相关关系；相对于城市户口的游客来说，农村户口的游客山地旅游目的性更强；相对于年收入低的游客来说，年收入高的游客山地旅游目的性更强。女性、年龄、文化程度、无宗教信仰、阶层感知这 5 个变量的标准回归系数都是负数。例如，相对于男性来说，女性的山地旅游目的性更弱。在我国传统文化中，山川一直是男性、父性的象征，男性会更加青睐用山川来表达自身的人物形象，而女性、母性则多是用水来表达，所以在选择旅游地的时候，男性对山地旅游会有更强的目的性。相对于年龄小的游客来说，年龄越大的游客其山地旅游目的性越弱；相对于文化程度低的游客来说，文化程度越高的游客其山地旅游目的性越弱；相对于有宗教信仰的游客来说，没有宗教信仰的游客其山地旅游目的性越弱；相对于主观阶层感知低的游客来说，主观阶层感知高的游客其山地旅游目的性越弱。

2. 居住地变量的影响

总的来说，居住地变量所包含的 7 个变量之中，沿湖地区变量对山地旅游目的存在着影响，而平原地区、丘陵地区、高原地区、沿江河地区、沿海地区、城市规模变量对山地旅游目的没有显著影响。综合分析模型 2 和模型 3，可以发现：大部分的童年居住地变量以及现居住地变量，对山地旅游目的地影响基本不显著。表现较为显著的变量为沿湖地区变量，其标准回归系数为负数，表明相对于童年生活在山区的游客而言，童年生活在沿湖地区的游客对山地旅游景区的向往程度相对较弱，去山地旅游景区参观旅游的目的性也相对较弱。虽然除了沿湖地区变量外，其他变量对山地旅游目的无显著影响，但依然可以根据标准回归系数了解其对山地旅游目的的影响程度。在童年居住地 6 个变量中，平原地区、沿江河地区、丘陵地区、高原地区、沿湖地区、沿海地区变量的标准回归系数均为负数。例如，相对于童年生活在山地的游客来说，童年生活在平原地区、沿江河地区、丘陵地区、高原地区、沿湖地区、沿海地区的游客有着更强的山地旅游目的性。从中可以看出，相对于童年居住在别处的游客来说，童年居住地在山地的游客对去山地旅游有更强的目的性。

3. 人格生态特质变量对山地旅游目的的影响

在模型 3 的多元回归中添加了人格生态特质变量，观察控制了社会人口学变量、主观阶层感知变量、幸福感变量和居住地变量，以及人格生态特质变量对山地旅游目的的影响。观察模型 3 中的 P 值，可发现人格生态特质的两个因子均显著影响山地旅游目的，标准回归系数均为正数，表明其对山地旅游目的呈显著正向影响，即具有越强自然生态因子和人文生态因子的人，其去山地旅游的目的性就越强烈。

总体而言，模型 1、模型 2 和模型 3 的 P 值均小于 0.05，表明 3 个模型均非常显著。模型 1 调整后的 R^2 值为 0.02，模型 2 调整后的 R^2 值为 0.05，模型 3 调整后的 R^2 值为 0.16，表明随着变量的增加，模型的解释力得到不断增强。综合考虑调整后的 R^2 值和 P 值，以上 3 个模型均具有较强的解释力。

三、山地旅游行为的影响因素分析

山地旅游行为的测量将具化为旅游次数和旅游评价行为。依据多元回归分析中的社会人口学变量、童年生活区域变量、现居住地类型变量、人格生态特质变量对旅游次数和旅游评价行为的具体影响程度，分析影响山地旅游行为的关键因素。

（一）山地旅游次数的影响因素分析

表 5.9　山地旅游次数的多元回归模型（标准回归系数）

	模型 1		模型 2		模型 3	
	Beta 值	P 值	Beta 值	P 值	Beta 值	P 值
女性 a	−0.139	0.091	−0.123	0.152	−0.150	0.092
年龄	−0.019	0.284	−0.030	0.109	−0.026	0.173

续表

	模型 1		模型 2		模型 3	
	Beta 值	P 值	Beta 值	P 值	Beta 值	P 值
年龄平方	0.001	0.583	0.001	0.253	0.001	0.415
文化程度	0.007	0.755	0.013	0.538	0.036	0.150
无宗教信仰 b	-0.097	0.299	-0.125	0.197	-0.142	0.167
农村户口 c	0.274	0.015	0.311	0.009	0.206	0.095
年收入	-0.018	0.348	-0.018	0.361	-0.013	0.514
主观阶层感知	-0.042	0.457	-0.047	0.430	-0.124	0.041
幸福感	0.004	0.945	0.002	0.975	-0.023	0.735
平原地区 d			-0.399	0.001	-0.289	0.017
丘陵地区 d			-0.439	0.001	-0.314	0.020
高原地区 d			-0.190	0.335	-0.148	0.472
沿江河地区 d			-0.530	0.009	-0.334	0.116
沿湖地区 d			-0.167	0.667	0.076	0.850
沿海地区 d			-0.478	0.002	-0.358	0.028
城市规模			0.060	0.128	-0.045	0.267
自然生态特质因子					0.265	0.000
人文生态特质因子					0.033	0.457
常数	2.164	0.000	2.368	0.000	2.406	0.000
样本量	967		911		824	
调整后的 R^2	0.02		0.04		0.07	
F 值	3.19	0.000	3.15	0.000	4.19	0.000

注：a 参考类别为男性，b 参考类别为有宗教信仰，c 参考类别为城市户口，d 参考类别为山区。

为更直观、形象地显示每个模型增加不同变量后山地旅游次数的具体变化程度，本书制作了山地旅游次数影响因素关系图（详见图 5.3）。

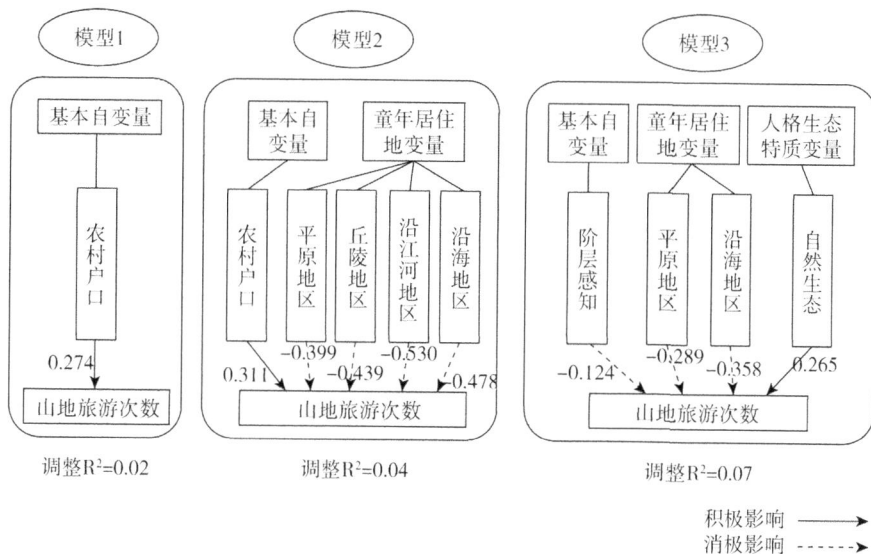

图 5.3 山地旅游次数影响因素关系图

注：（1）图中模型列出所有统计显著的各项效应。

（2）图中数字为每一变量影响山地旅游次数的标准回归系数。

通过对上述图表的详细对比与分析，可得出以下结论。

1. 社会人口学变量对山地旅游次数的影响

总体来说，社会人口学变量对山地旅游次数产生了不同程度的影响。具体体现为，农村户口变量与主观阶层感知变量显著影响山地旅游次数，即相对于具有城市户口的居民来说，具有农村户口的居民的山地旅游行为次数更多；相对于主观阶层感知高的游客来说，感知阶层越低的游客有着更多的山地旅游行为。性别、年龄、文化程度、宗教信仰、年收入以及幸福感等变量对山地旅游行为没有显著影响。具体分析如下。

第一，社会人口学变量对山地旅游次数产生了一定的影响。总的来看，农村户口变量与主观阶层感知变量显著影响了山地旅游行为，农村户口变量的标准回归系数为正数，而主观阶层感知变量的标准回归系数为负数，这表明相对于城市户口的游客来说，农村户口的游客有着更多的山地旅游行为；主观阶层感知越低的游客到山地旅游的行为越多。农村户口变量在模型 1 和模型 2 中对山地旅游行为是显著影响的，但是到模型 3 中又变得不显著；主观阶层感知变量在模型 1 与模型 2 中对山地旅游行为的影响不显著，然而在模型 3 中却显著影响山地旅游行为。这表明，无论是农村户口变量还是阶层感知变量对山地旅游行为的影响都是波动的、不稳定的。尽管这两个社会人口学变量有着不稳定的波动性，但依然可以尝试分析它们与山地旅游行为的相互关系。就这次调查的游客来说，不论是农村户口还是城市户口，大都居住在城市。因农村户口的游客进入城市后，生态无意识更容易受到压抑，人格生态特质更多地显现出山地旅游需求，因此，农村户口的居民有更多的山地旅游行为。主观阶层感知变量对山地旅游次数的影响与其对山地旅游意愿的影响类似，再一次佐证了前文认为贵州山地景区的整体规划欠缺，无法吸引高收入群体前来旅游的观点。

第二，尽管女性、年龄、年龄平方、文化程度、非宗教信仰、年收入、幸福感等变量对山地旅游行为无显著影响，但依旧可通过观察其标准回归系数来了解这些变量对山地旅游次数的影响情况。其中女性、年龄、无宗教信仰、年收入变量的标准回归系数为负数，表明相对男性而言，女性有更少的山地旅游行为；年龄变量的标准回归系数为负数，而年龄平方的标准回归系数为正数，表明年龄变量与山地旅游次数并非呈线性影响关系，而是呈 U 形关系，即年龄大和年龄小的游客去山地旅游的次数较多，处于中间段的游客去山地旅游的次数较少；相比有宗教信仰的游客来说，没有宗教信仰的游客去山地旅游的次数更少；相比年收入高的游客来说，年收入较低的游客去山地旅游的次数较多。

2. 居住地变量对山地旅游次数的影响

综合分析模型 2 与模型 3，可以发现：童年居住地的 6 个变量中有 4 个变量与山地旅游行为有显著关系，说明童年居住地变量对山地旅游次数有较为显著的影响。具体表现为平原地区、丘陵地区、沿江河地区、沿海地区这 4 个变量对山地旅游次数有显著影响，其标准回归系数均为负值。这说明相对于童年在山区居住的游客来说，童年居住在平原地区、丘陵地区、沿江河地区以及沿海地区的游客明显有着更少的山地旅游次数。其中平原地区以及沿海地区变量始终对山地旅游行为有显著影响，说明这两个变量是稳定影响山地旅游次数的关键性变量；而丘陵地区与沿江河地区变量对山地旅游行为的显著影响关系在模型 3 中不显著，说明这两个变量对山地旅游次数的影响具有一定波动性，可能受到其他中介变量的影响。

3. 人格生态特质变量对山地旅游次数的影响

在模型3的多元回归中添加了人格生态特质变量，观察控制了社会人口学变量、主观阶层感知变量、幸福感变量、居住地变量和人格生态特质变量对山地旅游次数的影响。观察模型3中的P值，可以发现，人格生态特质的两个因子中的自然生态特质因子显著影响山地旅游次数，标准回归系数为正数，表明自然生态特质因子较强的人，其去山地旅游的次数也较多。人文生态特质因子对山地旅游次数无显著影响，但其标准回归系数为正数，表明具有较强人文生态特质因子的人去山地旅游的次数会有一定程度的增加，只是在统计学意义上表现得不显著。

总体而言，模型1、模型2和模型3的P值均小于0.001，表明3个模型均非常显著。模型1调整后的R^2值为0.02，模型2调整后的R^2值为0.04，模型3调整后的R^2值为0.07，表明随着变量的增加，模型的解释力不断增强。综合考虑调整后的R^2值和P值，以上3个模型均具有较强的解释力。

（二）山地旅游评价行为的影响因素分析

表5.10　山地旅游评价行为的多元回归模型（标准回归系数）

	模型1		模型2		模型3	
	Beta 值	P 值	Beta 值	P 值	Beta 值	P 值
女性 a	−0.055	0.091	−0.048	0.152	−0.028	0.398
年龄	−0.198	0.284	−0.309	0.109	−0.312	0.097
年龄平方	0.101	0.583	0.221	0.253	0.209	0.267
文化程度	0.011	0.755	0.020	0.583	0.025	0.484
无宗教信仰 b	−0.033	0.299	−0.042	0.197	−0.053	0.097
农村户口 c	0.082	0.015	0.094	0.009	0.087	0.014
年收入	−0.034	0.348	−0.035	0.361	−0.039	0.293
主观阶层感知	−0.025	0.457	−0.283	0.430	−0.016	0.632
幸福感	0.001	0.954	0.001	0.975	0.038	0.266
平原地区 d			−0.150	0.001	−0.150	0.001

续表

	模型 1		模型 2		模型 3	
	Beta 值	P 值	Beta 值	P 值	Beta 值	P 值
丘陵地区 d			−0.140	0.001	−0.129	0.002
高原地区 d			−0.034	0.335	−0.040	0.250
沿江河地区 d			−0.094	0.009	−0.095	0.007
沿湖地区 d			−0.014	0.667	−0.018	0.565
沿海地区 d			−0.119	0.002	−0.107	0.005
城市规模			0.054	0.128	0.041	0.249
自然生态特质因子					0.233	0.000
人文生态特质因子					0.114	0.000
常数	3.303	0.000	3.083	0.000	3.202	0.000
样本量	965		908		822	
调整后的 R^2	0.03		0.03		0.10	
F 值	5.00	0.000	2.88	0.000	6.15	0.000

注：a 参考类别为男性，b 参考类别为有宗教信仰，c 参考类别为城市户口，d 参考类别为山区。

为更直观、形象地显示每个模型增加不同变量后山地旅游评价行为的具体变化程度，本书制作了山地旅游评价行为影响因素关系图（详见图5.4）。

通过对上述图表的详细对比与分析，可得出以下结论。

1. 社会人口学变量对山地旅游评价行为的影响

总体而言，在社会人口学的 7 个变量对山地旅游评价行为的影响中，只有农村户口变量显著影响山地旅游评价行为，其余 6 个变量对山地旅游评价行为的影响都不显著。在户籍变量的影响中，相对于城市户口的游客来说，农村户口的游客在山地旅游的消费更多。具体分析如下：

农村户口变量显著影响山地旅游评价行为，其标准回归系数是正数。这说明农村户口的游客认为山地旅游消费更值得。同时，农村户口变量在

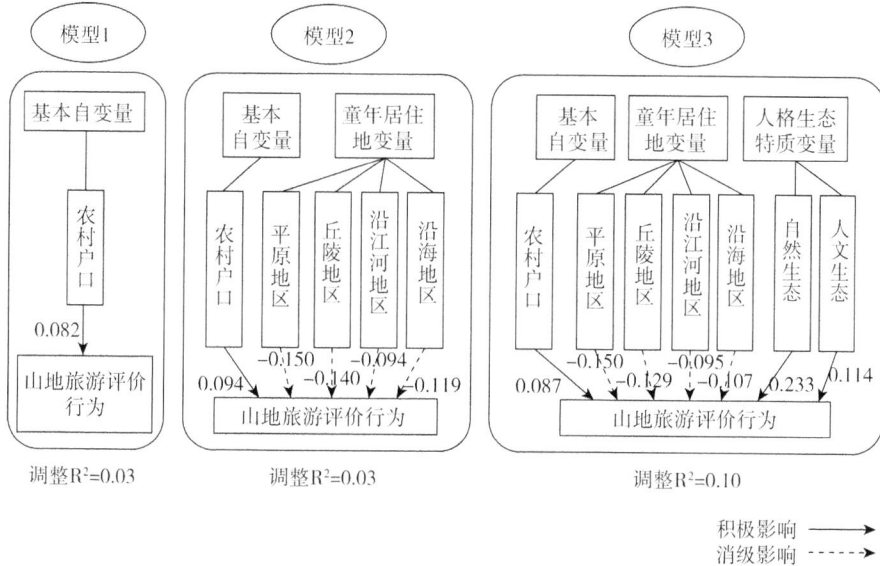

图5.4　山地旅游评价行为影响因素关系图

注：（1）图中模型列出所有统计显著的各项效应。

　　（2）图中数字为每一变量影响山地旅游评价行为的标准回归系数。

模型1、模型2与模型3中都有显著的影响。这说明农村户口变量是影响山地旅游评价行为的关键性变量。除农村户口变量之外的女性、年龄、年龄平方、文化程度、宗教信仰、年收入、主观阶层感知和幸福感等变量对山地旅游评价行为无显著影响。其中，年龄平方、文化程度、农村户口、幸福感变量的标准回归系数都是正数。具体来说，年龄平方的标准回归系数为正数，这说明年龄与旅游次数呈 U 形关系，即年龄较大和较小的游客去山地旅游的次数较多，处于中间年龄段的游客去山地旅游的次数较少。相对于文化程度低的游客来说，文化程度越高的游客越认为山地旅游消费是值得的。相对于城市户口的游客来说，农村户口的游客更觉得山地旅游的消费值得。女性、年龄、无宗教信仰、年收入、阶层感知这 5 个变量的标准回归系数都是负数。性别变量的标准回归系数是负数，这说明相对于男性来说，女性认为去山地旅游消费更加不值得。在我国，传统文化对女性的要求是持家、相夫教子，其中相夫教子在现代已逐渐淡化，要求不像以前那么严苛，但是持家这一特点则一直保留至今，它要求女性在主管家中"财政大权"的时候能够做到精打细算，合理调配钱物，因此，女性更不愿去山地旅游。首先是因为女性对山地这一明显的男性、父性特征没有引起充分的共鸣，她们觉得去贵州山地旅游的花费不值得。年龄变量的标准回归系数为负数，则说明相对于年龄小的游客，年龄越大的游客越认为山地旅游的消费不值得。由于消费观念随年龄的增长而不断转变，年龄小的青少年游客由于大多数没有正式参加工作，其吃穿用度多是由监护人提供，还没有培养出对消费行为的完整观念，往往在开销与支出上不作细致的规划，在娱乐活动上往往感性消费，所以会在山地旅游消费上有更积极的态度；而年龄较大的游客则会在消费时更加理性与节制，他们在山地旅游的消费意愿更显谨慎。无宗教信仰变量为负值，表示相对于有宗教信仰变量的游客说，没有宗教信仰的游客认为山地旅游消费更不值得。年收入以及阶层感知变量的标准回归系数都是负数，说明相对于年收入低的游客来说，越是年收入高的游客越觉得山地旅游的消费不值得；相对于阶层感知低的游客来说，主观阶层感知越高的游客越认为山地旅游消费不值得。

2. 居住地变量对山地旅游评价行为的影响

通过对表 5.10 的观察可以发现，平原地区、丘陵地区、沿江河地区以及沿海地区变量对山地旅游评价行为有稳定且显著的影响。这表明相对于童年居住在山区的游客来说，童年居住在平原地区、丘陵地区、沿江河地区以及沿海地区的游客更加认为山地旅游消费不值得。高原地区与沿湖地区变量无显著影响。总的来说，所有的童年居住地变量的标准回归系数都是负数，这说明相对于童年生活在山区的游客来说，童年生活在其他地域的游客认为山地旅游消费不值得，其中以平原地区、丘陵地区、沿江河地区和沿海地区变量的影响最为显著。尽管城市规模变量没有明显的影响，但是其标准回归系数是正数，这依然说明现居住城市规模越大的游客越认为山地旅游消费值得。

3. 人格生态特质变量对山地旅游评价行为的影响

在模型 3 的多元回归中添加了人格生态特质变量，观察控制了社会人口学变量、主观阶层感知变量、幸福感变量、居住地变量和人格生态特质变量对山地旅游评价行为的影响。观察模型 3 中的 P 值可以发现，人格生态特质的两个因子均显著影响山地旅游评价行为。标准回归系数均为正数，表明其对山地旅游评价行为呈显著正向影响，即具有越强自然生态因子和人文生态因子的人越觉得去山地旅游消费值得。

总体而言，模型1、模型2和模型3的P值均小于0.001，表明3个模型均非常显著。模型1调整后的 R^2 值为0.03，模型2调整后的 R^2 值为0.03，模型3调整后的 R^2 值为0.10，表明随着变量的增加，模型的解释力得到不断增强。综合考虑调整后的 R^2 值和P值，以上3个模型均具有较强的解释力。

四、山地旅游偏好对山地旅游行为的影响

（一）山地旅游偏好对山地旅游次数的影响

表5.11　山地旅游偏好对山地旅游次数的多元回归模型（标准回归系数）

	模型1		模型2		模型3	
	Beta 值	P 值	Beta 值	P 值	Beta 值	P 值
女性 a	−0.139	0.091	−0.123	0.152	−0.026	0.507
年龄	−0.018	0.284	−0.030	0.109	−0.034	0.062
年龄平方	0.001	0.583	0.001	0.253	0.001	0.186
文化程度	0.007	0.755	0.013	0.538	0.017	0.463
无宗教信仰 b	−0.097	0.299	−0.125	0.197	−0.116	0.217
农村户口 c	0.274	0.015	0.311	0.009	0.299	0.010
年收入	−0.018	0.348	−0.018	0.361	−0.023	0.235
主观阶层感知	−0.042	0.457	−0.047	0.430	−0.015	0.787
幸福感	0.004	0.945	0.002	0.975	0.081	0.202
平原地区 d			−0.399	0.001	−0.383	0.001
丘陵地区 d			−0.439	0.001	−0.387	0.002
高原地区 d			−0.190	0.335	−0.158	0.408
沿江河地区 d			−0.530	0.009	−0.509	0.010
沿湖地区 d			−0.167	0.667	−0.250	0.505
沿海地区 d			−0.478	0.002	−0.398	0.009
城市规模			0.060	0.128	0.047	0.220

续表

	模型 1		模型 2		模型 3	
	Beta 值	P 值	Beta 值	P 值	Beta 值	P 值
旅游意愿					0.378	0.000
旅游目的					−0.021	0.619
常数	2.438	0.000	2.368	0.000	1.099	0.081
样本量	967		911		882	
调整后的 R^2	0.03		0.05		0.12	
F 值	3.19	0.000	3.15	0.000	6.39	0.000

注：a 参考类别为男性，b 参考类别为有宗教信仰，c 参考类别为城市户口，d 参考类别为山区。

为更直观、形象地显示每个模型增加不同变量后山地旅游次数的具体变化程度，本书制作了山地旅游偏好对山地旅游次数影响因素关系图（详见图 5.5）。

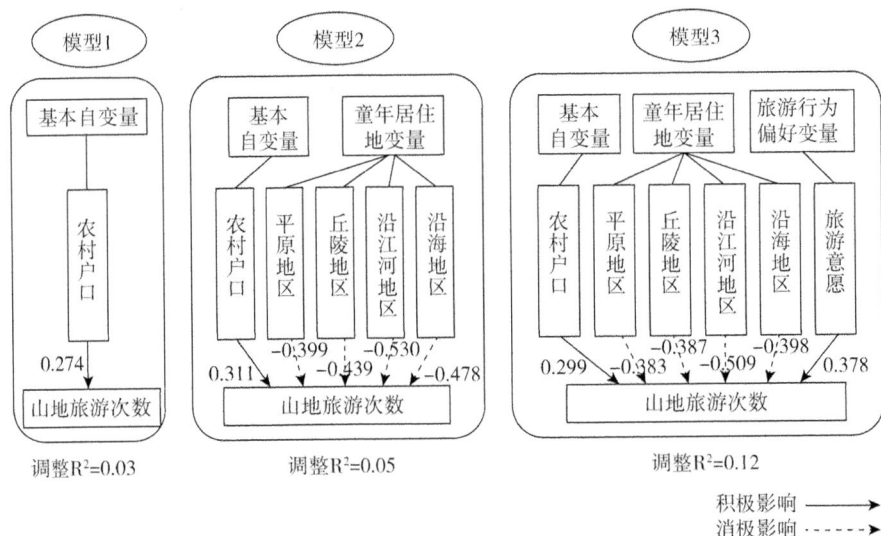

图 5.5 山地旅游偏好对山地旅游次数影响因素关系图

注：（1）图中模型列出所有统计显著的各项效应。

（2）图中数字为每一变量影响山地旅游次数的标准回归系数。

通过对上述图表的详细对比与分析，可得出以下结论。

第五章
山地旅游行为的影响因素分析

1. 社会人口学变量对山地旅游次数的影响

总体而言，观察社会人口学7个变量对山地旅游次数的影响，可以发现，只有农村户口变量在统计学意义上显著影响山地旅游次数，其余6个变量对山地旅游行为的影响都不显著。具体体现为，相对于城市户口的游客来说，农村户口的游客去山地旅游的次数更多。具体分析如下。

第一，农村户口变量显著影响山地旅游次数，其标准回归系数是正数，说明农村户口的游客到山地旅游的次数更多。仔细观察户口变量在各模型中的变化，可以发现农村户口变量在模型1、模型2与模型3中都有显著的影响。这表明在多元回归模型中，户籍变量是影响山地旅游次数的关键性变量。

第二，除农村户口变量之外，年龄、年龄平方、文化程度、宗教信仰、年收入、主观阶层感知和幸福感等变量对山地旅游次数并无统计学意义上的显著影响。但可以分析标准回归系数，了解各变量对旅游次数的影响方向。年龄的标准回归系数为负数，年龄平方的标准回归系数为正数，表明年龄与旅游次数呈U形关系，即年龄较大和较小的游客去山地旅游的次数较多，处于中间年龄段的游客去山地旅游的次数较少。宗教信仰的标准回归系数为负数，表明相对于有宗教信仰的游客来说，无宗教信仰的游客去山地旅游的次数更少。文化程度和幸福感变量的标准回归系数为正数，表明文化程度越高、幸福感越强的游客，去山地旅游的次数越多。年收入和主观阶层感知变量的标准回归系数为负数，表明年收入越高、主观阶层感知越高的游客，去山地旅游的次数反而越少。

2. 居住地变量对山地旅游次数的影响

通过对表5.11的观察，可以发现：平原地区、丘陵地区、沿江河地区以及沿海地区变量对山地旅游次数均有非常稳定而又强烈的显著影响。高原地区与沿湖地区变量对山地旅游次数无统计学意义上的显著影响。总的来说，所有的童年居住地变量的标准回归系数都是负数，说明相对于童年生活在山地的游客来说，童年生活在其他地域的游客去山地旅游的次数较少。其中以平原地区、丘陵地区、沿江河地区和沿海地区变量的影响最为显著。也就是说，童年生活在山区的游客比生活在别的地方的游客有着更多的山地旅游行为，因为童年生活在山区的游客在童年形成了关于山地的生态原型，而童年生活在其他地区的游客形成的是不同的生态原型，对山地旅游行为产生了影响上的差异。城市规模变量虽然没有明显的影响，但是其标准回归系数是正数，说明现居住城市规模越大的游客去山地旅游的次数越多。

3. 山地旅游偏好对山地旅游次数的影响

在模型 3 中，控制其他变量的同时，加入了山地旅游偏好变量。观察标准回归系数和 P 值可以发现，旅游意愿变量显著影响山地旅游次数，旅游目的变量对山地旅游次数无统计学意义上的显著影响。具体而言，旅游意愿变量的标准回归系数为正数，表明其与山地旅游次数呈显著正相关关系，即山地旅游意愿越强的游客去山地旅游的次数越多。旅游目的变量的标准回归系数为负数，表明抱有很强山地旅游目的性的游客，去山地旅游的次数反而越少。从人格生态特征理论看，游客由于山地生态系统平衡被打破，具有很强的山地旅游意愿，这种强意愿驱使其去山地旅游。

总体而言，模型 1、模型 2 和模型 3 的 P 值均小于 0.001，表明 3 个模型均非常显著。模型 1 调整后的 R^2 值为 0.03，模型 2 调整后的 R^2 值为 0.05，模型 3 调整后的 R^2 值为 0.12，表明随着变量的增加，模型的解释力不断增强。综合考虑调整后的 R^2 值和 P 值，以上 3 个模型均具有较强的解释力。

（二）山地旅游偏好对山地旅游评价行为的影响

表 5.12　山地旅游偏好对山地旅游评价行为的多元回归模型（标准回归系数）

	模型 1		模型 2		模型 3	
	Beta 值	P 值	Beta 值	P 值	Beta 值	P 值
女性 a	−0.153	0.046	−0.147	0.002	−0.105	0.000
年龄	−0.063	0.730	−0.129	0.507	−0.050	0.770
年龄平方	0.188	0.303	0.005	0.997	0.059	0.733
文化程度	0.022	0.544	0.015	0.691	0.039	0.235
无宗教信仰 b	−0.019	0.545	−0.028	0.404	−0.016	0.600
农村户口 c	−0.044	0.199	−0.029	0.426	−0.035	0.288
年收入	−0.001	0.969	−0.003	0.943	−0.008	0.806
主观阶层感知	−0.051	0.142	−0.063	0.007	−0.032	0.327

续表

	模型 1		模型 2		模型 3	
	Beta 值	P 值	Beta 值	P 值	Beta 值	P 值
幸福感	0.156	0.000	0.143	0.000	0.057	0.050
平原地区 d			−0.030	0.498	−0.030	0.444
丘陵地区 d			−0.017	0.684	−0.015	0.681
高原地区 d			−0.008	0.829	−0.004	0.899
沿江河地区 d			−0.044	0.222	−0.046	0.162
沿湖地区 d			−0.042	0.206	−0.022	0.458
沿海地区 d			−0.007	0.864	−0.023	0.508
城市规模			0.047	0.190	0.020	0.537
旅游意愿					0.440	0.000
旅游目的					−0.135	0.000
常数	3.304	0.000	3.084	0.000	1.637	0.000
样本量	965		908		879	
调整后的 R²	0.04		0.07		0.25	
F 值	5.00	0.000	6.88	0.000	17.60	0.000

为更直观、形象地显示每个模型增加不同变量后山地旅游评价行为的具体变化程度，本书制作了山地旅游偏好对山地旅游评价行为影响因素关系图（详见图5.6）。

通过对上述图表的详细对比与分析，可得出以下结论。

1. 社会人口学变量对山地旅游评价行为的影响

总体而言，观察社会人口学变量对山地旅游评价行为的影响，可以发现，只有性别变量和幸福感变量在统计学意义上显著影响山地旅游评价行为，其余变量对山地旅游评价行为的影响都不显著。具体体现为，相对于男性来说，女性觉得消费不值得；幸福感越高的游客，越认为在山地旅游的消费值得。具体分析如下。

第一，在不考虑其他变量的情况下，性别变量和幸福感变量对山地旅

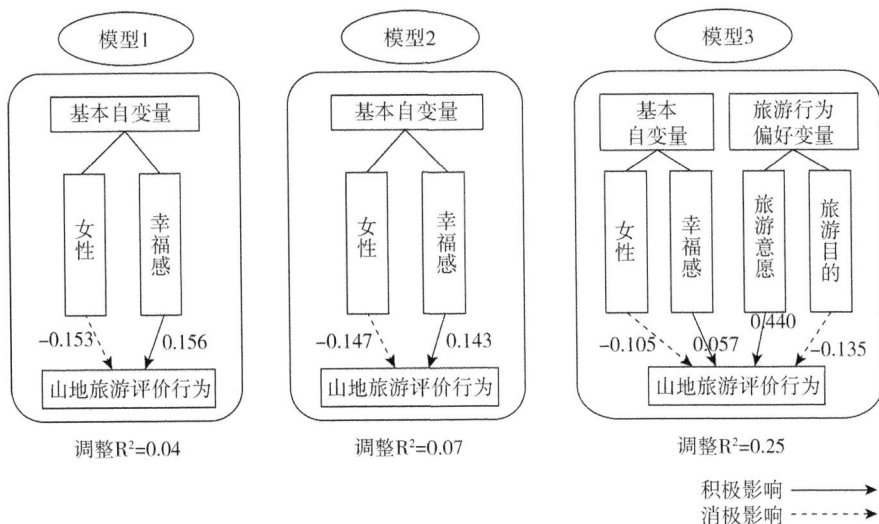

图 5.6 山地旅游偏好对山地旅游评价行为影响因素关系图

注：（1）图中模型列出所有统计显著的各项效应。

（2）图中数字为每一变量影响山地旅游评价行为的标准回归系数。

游评价行为的影响非常显著。在模型2和模型3中，随着其他变量的加入，这两个自变量对因变量的影响依旧显著，这表明其是影响山地旅游评价行为的重要变量。具体而言，性别变量的标准回归系数为负数，表明其与因变量呈显著负相关关系，即相对于男性来说，女性觉得去贵州山地旅游更不值得。幸福感变量的标准回归系数为正数，表明其与山地旅游评价行为呈显著正相关关系，即幸福感越高的游客越觉得去贵州旅游花费值得。

第二，除性别和幸福感变量外，其他7个变量对山地旅游评价行为无统计学意义上的显著影响。年龄的标准回归系数为负数，年龄平方的标准回归系数为正数，表明年龄与旅游次数呈U形关系，即年龄较大和较小的游客认为去山地旅游消费值得，处于中间年龄段的游客认为去山地旅游消费不值得。文化程度变量的标准回归系数也为正数，表明文化程度越高的游客越觉得去贵州旅游消费值得。宗教信仰、户籍、年收入和主观阶层感知变量的标准回归系数均为负数，表明其与山地旅游评价行为呈负相关关系，即相对于有宗教信仰的游客来说，无宗教信仰的游客觉得去贵州旅游消费不值得；相对于城市户口的游客来说，农村户口的游客觉得去贵州旅游消费不值得；年收入越高、主观阶层感知越强的游客越觉得去贵州旅游消费不值得。

2. 居住地变量对山地旅游评价行为的影响

依据童年居住地和现居住地的 P 值可知，居住地变量对山地旅游评价行为无统计学意义上的影响。其中，童年居住地的标准回归系数均为负数，表明其与山地旅游评价行为呈负相关关系，即与童年生活在山区的游客相比，童年生活在平原地区、丘陵地区、高原地区、沿江河地区、沿湖地区、沿海地区的游客觉得来贵州旅游消费不值得。可能的解释为童年生活在这些地区的游客，集体无意识中缺少山地的原型，缺少对山地的向往与需求，所以他们来贵州山地旅游后无法得到较大的满足。现居住地变量的标准回归系数为正数，表明其与山地旅游评价行为呈正相关关系，即越是大城市的游客，越觉得来贵州旅游消费值得。这可能受经济收入等因素的影响，来自大城市的游客通常在旅游支出上更为慷慨，他们往往不太在意成本与收益的精确计算。

3. 山地旅游偏好对山地旅游评价行为的影响

在模型 3 中，在控制其他变量的同时，加入了山地旅游偏好变量。观察标准回归系数和 P 值可以发现，旅游意愿变量和旅游目的变量均显著影响山地旅游评价行为。具体而言，旅游意愿变量的标准回归系数为正数，表明其与山地旅游评价行为呈显著正相关关系，即山地旅游意愿越强的游客，越觉得来贵州旅游消费值得。旅游目的变量的标准回归系数为负数，表明抱有很强山地旅游目的性的游客，反而越觉得来贵州旅游消费不值得。

总体而言，模型 1、模型 2 和模型 3 的 P 值均小于 0.001，表明 3 个模型均非常显著。模型 1 调整后的 R^2 值为 0.04，模型 2 调整后的 R^2 值为 0.07，模型 3 调整后的 R^2 值为 0.25，表明随着变量的增加，模型的解释力显著增强。综合考虑调整后的 R^2 值和 P 值，以上 3 个模型均具有较强的解释力。

五、小结

(一) 人口学特征变量的影响总结

第一，研究表明，男性相比女性具有更强烈的山地旅游意愿，并且在实际行动中更倾向于选择山地旅游。在我国传统文化之中，山有着一系列的象征，山象征着沉着冷静、象征着父亲、象征着坚定的意志、象征着百折不挠的民族精神……不难看出，山在我国有着鲜明的男性、雄性的特质，而相对的女性、雌性的象征物更多的则是水。从这个角度来看，不难解释为什么男性有更加强烈的山地旅游意愿。这说明在集体无意识中，男性的人格原型中有山川的意向存在其间，因此，本书认为，男性更多地亲近山区旅游的原因是一种心灵上的回归。

第二，年龄变量在影响山地旅游偏好与行为的时候没有呈现出显著影响。其标准回归系数在山地旅游偏好与行为，以及山地旅游偏好对山地旅游行为的影响中都是负数，同时年龄平方变量的标准回归模型都是正数。这说明年龄变量在山地旅游行为与偏好，以及山地旅游偏好对山地旅游行为的影响间不是线性影响关系，而是 U 形关系，即相对于中间年龄段的游客来说，年龄较大和年龄较小的游客对山地旅游的偏好和行为具有更加积极的态度。

第三，文化程度变量对山地旅游偏好与行为没有显著影响，变量的标准回归系数在影响山地旅游目的的时候是负数，而在影响山地旅游行为的时候是正数。同时山地旅游偏好在影响旅游次数以及旅游消费的时候，文化程度变量的标准回归系数是正数。这说明相较于文化程度低的游客来说，文化程度越高的游客对山地旅游行为的意向虽并不强烈，但是实际的山地旅游行为却比文化程度低的游客更多。在我国，文化程度高的人群收入大都高于文化程度低的人群，高收入人群可自由支配的时间比低收入人群更多，因此文化程度高的人群更愿意将时间以及金钱投在对自身精神文化的建设中去。尽管文化程度高的游客去山地旅游的意愿没有文化程度低的游客高，但是因为其更能最终执行山地旅游的计划，所以越是文化程度高的游客，山地旅游行为反而越多。

第四，无宗教信仰变量对山地旅游偏好与行为没有显著影响，但是这一变量的标准回归系数的正负值基本稳定为负数。也就是说，相对于无宗教信仰的游客来说，有宗教信仰的游客有更为强烈的山地旅游愿望，同时也有着更多的山地旅游行为。山在我国宗教信仰中往往占据重要的地位，如佛教中有灵山（印度灵鹫山）一说，其是佛门的圣地，多部佛经著作都是在灵山上宣说记载的，所以佛门有所谓的"灵山会上佛菩萨""灵山胜会"等说法；道教的神话中也有昆仑山这一信仰，道教创始人张道陵创道教于鹤鸣山，也曾在青城山、龙虎山等地研习道法，道观也大多建于山林之间，道观的观门也称作"山门"。这都说明山在我国宗教信仰中起到重要的作用，所以有宗教信仰的游客有着更深刻的山地旅游愿望和更多的山地旅游行为。

第五，农村户口变量对山地旅游偏好没有显著的影响，而是对山地旅游行为有着显著的影响，无论是山地旅游偏好还是行为，其标准回归系数都是正数。这表明农村户口游客的山地旅游偏好更强，实际践行山地旅游的人也更多。从显著性程度来看，户籍变量显著影响游客的山地旅游行为，但对山地旅游偏好却不存在显著影响。这是一种无意识指导行为的现象，由于本次调查的游客大部分为城市游客，即使是农村户口的游客绝大部分也是居住在城市。他们迁移到城市居住后，接触到山川、河流、湖泊等生态环境的机会变少，对自然的亲近更为渴望，进而更愿意到贵州山地旅游。这种生态原型存在于无意识中，会使人不自觉产生一种对自然生态的亲近倾向，下意识影响了实际的行为举止，因而存在山地旅游偏好不够强烈但是山地旅游行为却显著增多的情况。

第六，年收入变量对山地旅游偏好与行为没有显著影响，通过观察其标准回归系数不难看出，年收入变量正向影响山地旅游偏好，负向影响山地旅游行为。这表明相对于年收入低的游客来说，年收入越高的游客的山地旅游意向越强烈，但其实际山地旅游行为反而越少。一般情况下，年收入高的游客工作比较繁忙，尽管有强烈的山地旅游偏好，但实际旅游的次数却不多，年收入低的游客则相反。

第七，主观阶层感知变量对山地旅游偏好存在显著的影响，对山地旅游行为没有显著影响，其标准回归系数均为负数。这表明相对于主观阶层感知低的游客，主观阶层感知越高的游客的山地旅游意愿更弱，其实际付诸的山地旅游行为也更少。按照一般的观点，人们普遍认为主观阶层感知越高的游客更愿意亲近自然，渴望赴山地参观旅游，但得出的结论恰好相反。

第八，幸福感变量对山地旅游偏好有显著影响，对山地旅游行为没有显著影响。在山地旅游偏好对旅游次数的影响中，幸福感变量的影响同样不显著，在山地旅游偏好对旅游消费的影响中，幸福感变量的影响显著。

其标准回归系数基本稳定为正数，这说明相对于幸福感低的游客来说，幸福感越高的游客往往会有更强烈地去山地旅游的意向以及更多的山地旅游行为。这说明幸福感的高低往往与经济条件关系非常密切，两者通常成正比关系，因而觉得自己较为幸福的人，往往经济条件较好，其在满足物质欲望的同时，内在的平衡机制被打破，导致其山地旅游意愿表现得更为强烈。

（二）居住地变量的影响总结

第一，现居住地变量，城市规模对山地旅游偏好和山地旅游行为均无显著影响，但城市规模的标准回归系数始终为正数。这说明现居住地城市规模越大的游客，有更加强烈的山地旅游意愿与更多的山地旅游行为。研究假设 3 未得到验证。

第二，童年居住地变量，如平原地区、丘陵地区、高原地区、沿江河地区、沿湖地区、沿海地区，在这些生活环境中成长可能会对个人的山地旅游偏好与行为产生显著的影响，特别是平原地区、丘陵地区、沿江河地区、沿湖地区以及沿海地区变量。这说明童年居住地变量在一定程度上对山地旅游偏好与行为产生影响。在这 4 个对山地旅游偏好与行为产生过显著影响的变量中，只有沿海地区这一变量在山地旅游偏好与行为模型中始终存在显著影响。假设 2 得到部分验证。

第三，童年居住地变量的 6 个变量的标准回归系数基本稳定为负数。这说明相对于童年在山区居住的游客来说，上述 6 个变量描述的童年居住在山区的游客到山地旅游的意愿更加弱，同时付诸更少的山地旅游行为。说明随着工业化、城镇化进程的深入，童年生活在山区的游客生态无意识更容易被压抑，人格生态特质更容易反映出山地旅游偏好和山地旅游行为。

（三）人格生态特质变量的影响总结

在探讨山地旅游偏好与山地旅游行为的多元回归模型中，添加了人格特质变量，控制了社会人口学变量、主观阶层感知变量、幸福感变量、居住地变量和人格特质变量对山地旅游意愿、山地旅游目的、山地旅游次数以及山地旅游评价行为的影响。数据显示，除山地次数模型外，人格特质的两个因子均显著影响上述 4 个变量，标准回归系数均为正数，表明其对山地旅游偏好以及行为均呈显著正向影响，即具有越强自然生态特质因子和人文生态特质因子的人去山地旅游的意愿越强烈，目的性越明确，次数显著增多，认为去山地旅游的消费更值得。因此，研究假设 1a、1b 基本得到验证。

（四）山地旅游偏好变量的影响总结

在山地旅游偏好影响山地旅游次数与山地旅游评价行为的多元回归模型中，添加了旅游偏好变量。在山地旅游次数多元回归模型中，旅游意愿变量显著影响山地旅游次数，而旅游目的变量对山地旅游次数无统计学意义上的显著影响。标准回归系数显示旅游意愿变量与山地旅游次数呈正相关关系，旅游目的变量与山地旅游次数呈负相关关系。在山地旅游评价行为多元回归模型中，旅游意愿变量与旅游目的变量对山地旅游评价行为均呈显著正向影响。因此，研究假设 4 得到部分验证。

第六章 山地旅游行为的结构方程模型分析

利用因子分析和多元回归分析分别对人格生态特质与山地旅游偏好和山地旅游行为开展相关研究分析，能够探讨自变量对因变量影响程度。但因子分析和多元回归分析无法满足同时探讨自变量之间和因变量之间相关关系的要求，而结构方程模型（SEM）可以用来处理复杂多变的多变量数据分析。因此，本章将建立山地旅游的结构方程模型，以更清楚地认识这些主要概念之间的关系。

本书采用 AMOS22.0 软件以完成山地旅游的结构方程模型分析。分析前，根据专家建议和相关书籍指南，对数据中的缺失值进行了适当的处理，以确保数据的完整性，最终筛选出 935 份有效问卷。在拟合度分析的模型输出中，方法论涵盖了预设模型、饱和模型和独立模型 3 种模型。一般来说，结构方程模型主要检验预设模型的指标。结构方程模型中有许多拟合指标来表明运算后的模型是否合格，所采用的检验指数如下。

1. 卡方检验，卡方值和 P 值越大，模型适合度越好，通常采用 P > 0.05。但由于在样本数超过 100 的结构方程模型中，卡方值的变动较大，因而使用卡方值（CMIN）与自由度（DF）之比值（NC 值）作为校验指标。当 NC 值大于 5 时，模型适合度较差，NC 值小于 5 时则模型可以被接收，1<NC<3 时，模型适合度较好。

2. GFI（Goodness of Fit Index）检验，GFI 值越接近 1，表示模型适合度越好，通常采用 GFI>0.9。

3. RMR（Root Mean Square Residual）检验，RMR 为残差分析指数，主要分析模型中个别参数的良好与否。越接近于 0，表示模型拟合度越好，通常采用 RMR<0.05。

4. RMSEA（Root Mean Square Error Approximation）检验，RMSEA 是指平均平方误差平方根，也称误差均方根。越接近 0，表示模型拟合度越好，通常采用 RMSEA<0.08。

5. AGFI（Adjusted Goodness of Fit Index）检验，AGFI 值越接近 1，表示模型适合度越好，通常采用 AGFI>0.9。

6. NFI（Normed Fit Index）检验，NFI 是指基准化适合度指标，值在 0 与 1 之间。越接近 1，表示模型适合度越好。

7. CFI（Comparative Fit Index）检验，CFI 是指比较适合度指标，值在 0 与 1 之间。越接近 1，表示模型适合度越好。

8. IFI（Incremental Fit Index）检验，IFI 是指增量适合度指标，值在 0 与 1 之间。越接近 1，表示模型适合度越好。

在 AMOS 中，变量的性质由不同的形状表示。椭圆形表示的是无法直接测量的潜变量，方框表示的是测量变量，正圆形表示的是残差。变量之间的关系由模型内部的单向箭头和双向箭头表示。单向箭头为路径，表示变量之间的直接关系；双向箭头为弧径，表示变量之间的间接关系，所有这些关系的总和组成了山地旅游行为模型的内部结构，下面将分别介绍人格生态特质、山地旅游偏好和山地旅游行为的模型。

一、人格生态特质模型分析

（一）模型建构

在问卷中，通过 11 个问题组成的量表来测量人格生态特质。在剔除相关分析中相关性较差的"我喜欢山水画"和因子分析中因子负载最小的"山地旅游是我的最爱"后，本结构方程采用了 9 个测量变量来构建潜变量"人格生态特质"。这 9 个测量变量分别为"我一见到山就兴奋"（B1a）、"我经常在梦里见到山"（B1b）、"我从小就喜欢山"（B1c）、"我喜欢爬山"（B1d）、"我喜欢山的品格"（B1e）、"我喜欢读描写山的诗词"（B1f）、"'大山深处'让我浮想联翩"（B1h）、"我喜欢与山区的人交朋友"（B1i）和"如果有可能我愿意生活在山区"（B1j）。经过多次的模型修正与调整，人格生态特质模型（见图 6.1）如下。

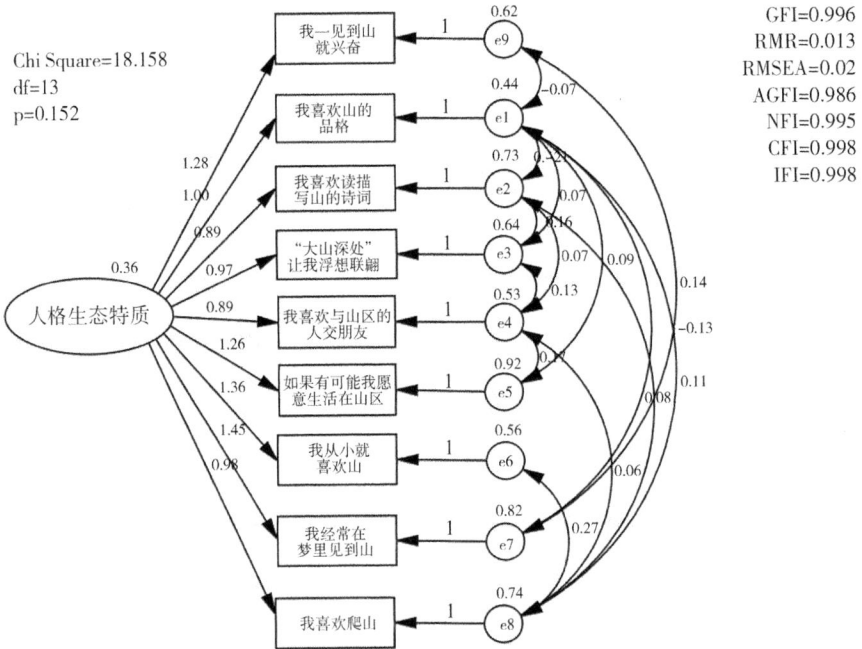

图 6.1　人格生态特质模型

从各项指标看，预设模型的拟合度较好，NC = 1.397，P 值为 0.152。拟合度的各项指标参见表 6.1。

表 6.1　人格生态特质模型拟合度指标表

模型	DF	卡方	P	GFI	RMR	RMSEA	AGFI	NFI	CFI	IFI
预设模型	13	18.15	0.15	0.99	0.01	0.02	0.98	0.99	0.99	0.99
饱和模型	0	0.00	—	1.00	0.00	—	—	1.00	1.00	1.00
独立模型	36	3438.12	0.00	0.39	0.44	0.31	0.24	0.00	0.00	0.00

注：CMIN/DF = 1.397，表内取值省略最后一位。

从上表中的模型拟合指数中发现，预设模型拟合度较好。其中 GFI、AGFI、NFI、CFI、IFI 值非常大，均大于 0.9，RMR 和 RMSEA 值很小，均小于 0.05。综合分析各指标值看，人格生态特质模型是一个相当成功的模型。

（二）模型内部关系解释

为进一步了解模型的内部关系，以下将通过分析单向箭头和双向箭头来探讨模型内部结构。

1. 变量之间的直接关系分析

直接关系体现观察变量对潜变量的反应程度，Estimate 表示两者关系的强弱程度。为比较相对影响力，采用标准化回归系数探讨各自变量对因变量的影响力大小，具体分析如下表 6.2。

表6.2　人格生态特质测量变量与潜变量之间的关系表

测量变量	因果路径	潜变量	Estimate
B1a	←	人格生态特质	1.285
B1b	←	人格生态特质	1.450
B1c	←	人格生态特质	1.356
B1d	←	人格生态特质	0.980
B1e	←	人格生态特质	1.000
B1f	←	人格生态特质	0.888
B1h	←	人格生态特质	0.972
B1i	←	人格生态特质	0.891
B1j	←	人格生态特质	1.262

上表中的数据显示，在因子分析中被判别为自然因素的几个测量指标对人格生态特质的影响最大。B1a、B1b、B1c 和 B1d 分别测量游客对"我一见到山就兴奋""我经常在梦里见到山""我从小就喜欢山"和"我喜欢爬山"这 4 个观点的看法，B1e、B1f、B1h、B1i 和 B1j 分别测量游客对"我喜欢山的品格""我喜欢读描写山的诗词""'大山深处'让我浮想联翩""我喜欢与山区的人交朋友"和"如果有可能我愿意生活在山区"这 5 个观点的看法，得分越高表示越赞同，一般来说，越赞同表示被测者的人格生态特质表现得越明显。因子分析为识别出的影响人格生态特质的自然因素层面，后一组则被识别为人格生态特质的人文因素层面。从结构方程的分析结果看，前者的影响基本要大于后一组，说明在人格生态特质中，源于人作为自然产物的深层次属性对人格生态特质的形成具有更大的影响。

在前文的分析中，人格生态特质应当是源于人的自然属性的需求与社会的集体潜意识的交织作用，而方程的结果说明，自然属性的需求显得更为重要。

2. 变量之间的间接关系分析

以下是各观察变量之间的间接关系分析（表6.3）。

表6.3　测量变量之间的关系表

观察变量	Estimate
e1↔e2	0.213
e1↔e3	0.074
e1↔e5	−0.090
e1↔e7	−0.126
e1↔e8	0.109
e1↔e9	−0.071
e2↔e3	0.157
e2↔e4	0.068
e2↔e8	0.080
e3↔e4	0.133
e4↔e5	0.169
e4↔e8	0.063
e6↔e8	0.274
e7↔e9	0.143

通过上表中的数据分析可知，在观察变量之间的间接关系中，"我喜欢山的品格"与"我喜欢读描写山的诗词"以及"我从小就喜欢山"和"我喜欢爬山"这两组相关性最高，这实际与我们在日常生活中的体会是相符的。在历史上，吟咏山的诗词，往往也是讴歌山的品格，而从小喜欢山的人也通常会亲身去感受山的雄伟。相比之下，"我喜欢山的品格"与"我一见到山就兴奋"、"我喜欢读描写山的诗词"与"我喜欢与山区的人交朋友"以及"我喜欢与山区的人交朋友"与"我喜欢爬山"这几组间的关系相对弱一些，反映出这几组变量之间的逻辑关联不强。

（三）小结

本节构建了人格生态特质模型，从各项指标来看是一个非常成功的模型。在整个模型中，"我经常在梦里见到山"和"我从小就喜欢山"对人格生态特质的影响最大。此外，"我一见到山就兴奋"和"如果有可能我愿意生活在山区"两个因素对人格生态特征的影响也较大。在各变量的间接关系中，"我喜欢山的品格"与"我喜欢读描写山的诗词"以及"我从小就喜欢山"和"我喜欢爬山"这两组相关性最高，且呈正相关关系。

二、人格生态特质-山地旅游偏好模型分析

（一）模型建构

在人格生态特质的结构方程模型中加入构建变量旅游偏好及其观测变量 F2A（旅游目的因子）和 B9（还打算来贵州）。经过多次的模型修正与调整，人格生态特质-山地旅游偏好的模型如图 6.2 所示。

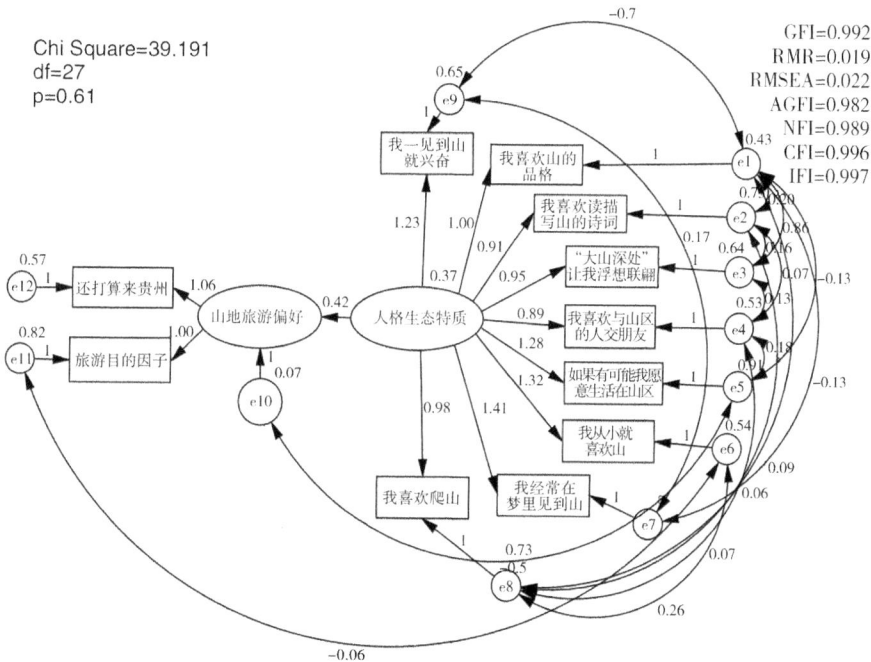

图 6.2　人格生态特质-山地旅游偏好模型

从各项指标看，预设模型的拟合度较好，NC = 1.452，P 值为 0.06。拟合度的各项指标参见表 6.4。

表6.4 人格生态特质-山地旅游偏好模型拟合度指标表

模型	DF	卡方	P	GFI	RMR	RMSEA	AGFI	NFI	CFI	IFI
预设模型	27	39.19	0.06	0.99	0.01	0.02	0.98	0.98	0.99	0.99
饱和模型	0	0.00	—	1.00	0.00	—	—	1.00	1.00	1.00
独立模型	55	3516.96	0.00	0.42	0.37	0.31	0.30	0.00	0.00	0.00

注：CMIN/DF=1.452，表内取值省略最后一位。

从上表中的模型拟合指数中，发现预设模型拟合度较好。其中 GFI、AGFI、NFI、CFI、IFI 值非常大，均大于 0.9，RMR 和 RMSEA 值很小，分别达到了 0.01 和 0.02 水平。因此，人格生态特质-山地旅游偏好模型是一个拟合相当成功的模型。

(二) 模型内部关系解释

为进一步了解模型的内部关系，以下将通过分析单向箭头和双向箭头来探讨模型内部结构。

1. 变量之间的直接关系分析

直接关系体现了观察变量对潜变量的反应程度，Estimate 表示两者关系的强弱程度。为比较相对影响力，采用标准化回归系数探讨各自变量对因变量的影响力大小，具体分析见表6.5。

表6.5 人格生态特质-山地旅游偏好测量变量与潜变量之间的关系表

测量变量	因果路径	潜变量	Estimate
B1a	←	人格生态特质	1.231
B1b	←	人格生态特质	1.413
B1c	←	人格生态特质	1.320
B1d	←	人格生态特质	0.979
B1e	←	人格生态特质	1.000
B1f	←	人格生态特质	0.907
B1h	←	人格生态特质	0.954
B1i	←	人格生态特质	0.887
B1j	←	人格生态特质	1.275
F2A	←	山地旅游偏好	1.000
B9	←	山地旅游偏好	1.059
偏好	←	人格生态特质	0.425

上表数据显示，在因子分析中被判别为自然因素的几个测量指标对人格生态特质的影响最大。而在山地旅游偏好的观察变量中，B9（还打算来贵州）的影响力稍大于F2A（旅游目的因子）的影响力，但总体而言两者相差不大，与设计的初衷——山地旅游偏好分别由旅游目的量表和直接询问意愿的题目反映相符。根据模型分析，人格生态特质对山地旅游偏好的影响力为0.425，具有一定程度的影响。

2. 变量之间的间接关系分析

各观察变量之间的间接关系分析见表6.6。

表6.6 测量变量之间的关系表

观察变量	Estimate
e1↔e2	0.199
e1↔e3	0.059
e1↔e5	−0.101
e1↔e7	−0.132
e1↔e8	0.092
e1↔e9	−0.070
e2↔e3	0.164
e2↔e4	0.073
e2↔e8	0.059
e3↔e4	0.129
e4↔e5	0.183
e4↔e8	0.066
e5↔e10	−0.052
e6↔e8	0.263
e6↔e11	−0.059
e7↔e9	0.175

通过上表中的数据分析可知，在观察变量的间接关系中，人格生态特质的单独模型中观察到的关系基本不变，但新增变量中旅游目的因子与山地旅游偏好分别与"我从小就喜欢山""如果有可能我愿意生活在山区"的残差间有微弱的负向相关，说明人格生态特质中的部分组成因素也许与山地旅游偏好的形成有微弱的削弱或不稳定关系，但这种关系相对影响很小，如何解释这种关系，可能需要进一步深入地研究。

（三）小结

本节构建了人格生态特质–山地旅游偏好模型，从各项指标来看是一个非常成功的模型，人格生态特质对山地旅游偏好具有一定程度的影响。根据模型分析，"我经常在梦里见到山"和"我从小就喜欢山"对人格生态特质的影响依旧显著于其他因素。此外，在山地旅游偏好的观察变量中，B9（还打算来贵州）的影响力稍大于 F2A（旅游目的因子）的影响力。在各变量的间接关系中，"我喜欢山的品格"与"我喜欢读描写山的诗词"以及"我从小就喜欢山"和"我喜欢爬山"这两组依旧呈较强的正相关关系。旅游目的因子与山地旅游偏好分别与"我从小就喜欢山""如果有可能我愿意生活在山区"的残差间有微弱的负向相关，说明人格生态特质中的部分组成因素也许与山地旅游偏好的形成有微弱的削弱或不稳定关系。

三、人格生态特质–山地旅游行为模型分析

（一）模型建构

在人格生态特质的结构方程模型中加入构建变量山地旅游行为及其观测变量 B1（第几次来贵州）和 B8（来贵州值不值）。经过多次的模型修正与调整，人格生态特质–山地旅游行为的模型如图 6.3 所示。

山地旅游行为的结构方程模型分析

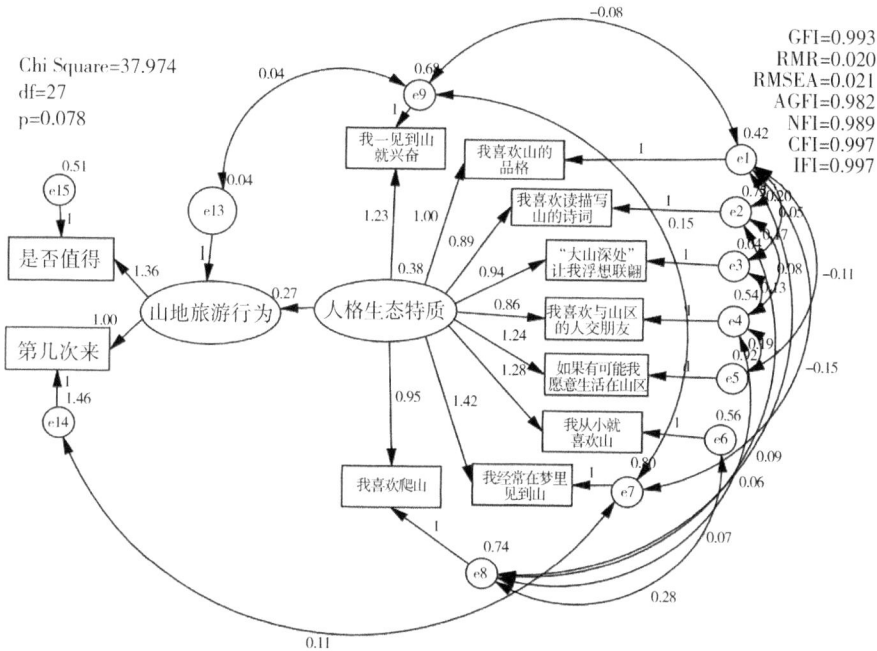

图 6.3　人格生态特质-山地旅游行为模型

从各项指标看，预设模型的拟合度较好，NC = 1.406，P 值为 0.078。拟合度的各项指标参见表 6.7。

表 6.7　人格生态特质-山地旅游行为模型拟合度指标表

模型	DF	卡方	P	GFI	RMR	RMSEA	AGFI	NFI	CFI	IFI
预设模型	27	37.97	0.07	0.99	0.02	0.02	0.98	0.98	0.99	0.99
饱和模型	0	0.00	—	1.00	0.00	—	—	1.00	1.00	1.00
独立模型	55	3481，60	0.00	0.43	0.37	0.25	0.31	0.00	0.00	0.00

注：CMIN/DF = 1.406，表内取值省略最后一位。

从上表的模型拟合指数中，发现预设模型拟合度较好。其中 GFI、AG-FI、NFI、CFI、IFI 值非常大，均大于 0.9，RMR 和 RMSEA 值很小，均达到了 0.02 水平。因此，人格生态特质-山地旅游行为模型是一个拟合相当成功的模型。

127

（二） 模型内部关系解释

为进一步了解模型的内部关系，下面将通过分析单向箭头和双向箭头，来深入探讨模型内部结构。

1. 变量之间的直接关系分析

直接关系体现观察变量对潜变量的反应程度，Estimate 表示两者关系的强弱程度。为比较相对影响力，采用标准化回归系数探讨各自变量对因变量的影响力大小，具体分析如表 6.8 所示。

表 6.8　人格生态特质-山地旅游行为测量变量与潜变量之间的关系表

测量变量	因果路径	潜变量	Estimate
B1a	←	人格生态特质	1.226
B1b	←	人格生态特质	1.420
B1c	←	人格生态特质	1.283
B1d	←	人格生态特质	0.947
B1e	←	人格生态特质	1.000
B1f	←	人格生态特质	0.888
B1h	←	人格生态特质	0.937
B1i	←	人格生态特质	0.863
B1j	←	人格生态特质	1.244
B1	←	山地旅游行为	1.000
B8	←	山地旅游行为	1.357
行为	←	人格生态特质	0.270

上表中的数据显示，在因子分析中被判别为自然因素的几个测量指标对人格生态特质的影响最大。而在山地的观察变量中，B8（来贵州值不值）的影响力大于 B1（第几次来贵州）的影响力，说明测量时间点当时的情况对其行为后果的影响要大于过去的情况。根据模型分析，人格生态特质对山地旅游行为的影响力为 0.270，具有一定程度的影响，但要小于其对山地旅游偏好的影响，与理论假设相符，即人格特质直接影响行为的

能力要弱于影响偏好的能力。

2. 变量之间的间接关系分析

各观察变量之间的间接关系分析见表6.9。

表6.9 测量变量之间的关系表

观察变量	Estimate
e1↔e2	0.195
e1↔e3	0.054
e1↔e5	−0.106
e1↔e7	−0.150
e1↔e8	0.095
e1↔e9	−0.082
e2↔e3	0.167
e2↔e4	0.078
e2↔e8	0.062
e3↔e4	0.132
e4↔e5	0.187
e4↔e8	0.070
e6↔e8	0.275
e7↔e9	0.154
e7↔e14	0.115
e9↔e13	0.042

通过上表中的数据分析可知，在人格生态特质的单独模型中观察到的关系基本不变，但新增变量中山地旅游行为与"我一见到山就兴奋"具有相当程度的相互影响，这与我们的常识是吻合的，即"我一见到山就兴奋"会导致旅游者更愿意将去山地旅游付诸行动。而"第几次来"和"我经常在梦里见到山"也存在一定程度的相互影响。

（三）小结

本节构建了人格生态特质-山地旅游行为模型，从各项指标来看是一个非常成功的模型，人格生态特质对山地旅游行为具有一定程度的影响，但要小于其对山地旅游偏好的影响。模型分析显示，"我经常在梦里见到山"对人格生态特质的影响依旧比其他因素更显著。在山地旅游行为的观察变量中，B8（来贵州值不值）的影响力大于B1（第几次来贵州）的影响力，说明测量时间点当时的情况对其行为后果的影响要大于过去的情况。在观察变量之间的间接关系中，在人格生态特质的单独模型中观察到的关系基本不变，但新增变量中山地旅游行为与"我一见到山就兴奋"具有相当程度的相互影响。

四、山地旅游行为的综合结构方程模型分析

（一）模型建构

旅游者的人格生态特质是促使其实施山地旅游行为的原动力，人格生态特质能同时影响旅游者的偏好和行为，但主要是通过影响旅游者的山地旅游偏好来影响其山地旅游行为的实施。基于这样的理论架构，构筑了总体的结构方程模型（见图6.4）。

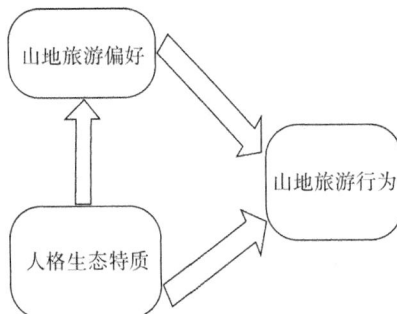

图6.4　人格生态特质与山地旅游偏好及行为的相互关系

根据相关理论，在3个结构方程模型中设置构建变量之间的相互关系。经过多次的模型修正与调整，形成人格生态特质-山地旅游偏好-山地

旅游行为的模型，如图6.5所示。

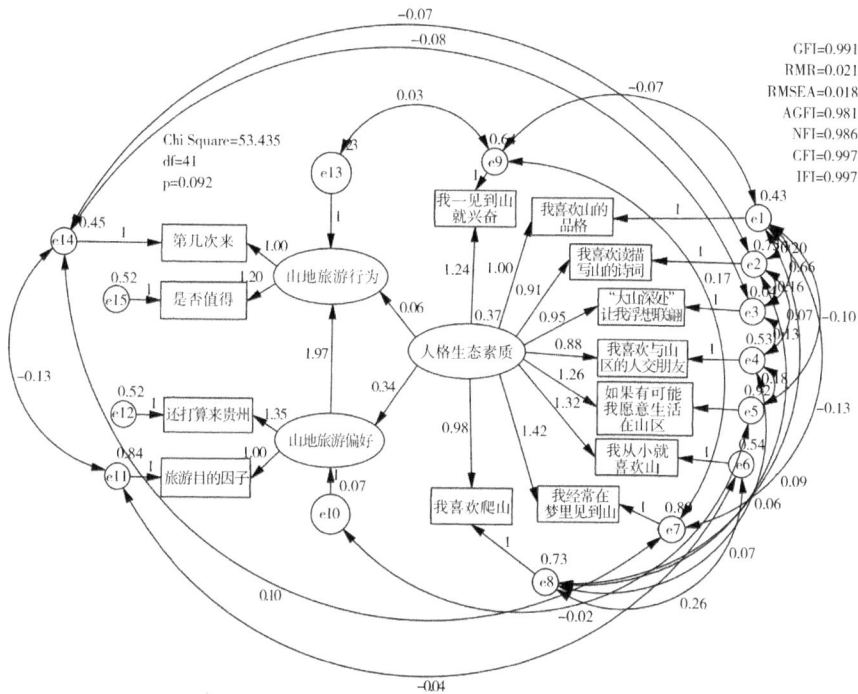

图6.5 人格生态特质与山地旅游偏好及行为的总体模型

从各项指标看，预设模型的拟合度较好，NC = 1. 303，P 值为 0. 09。
拟合度指标参见表6.10。

表6.10 模型拟合度指标表

模型	DF	卡方	P	GFI	RMR	RMSEA	AGFI	NFI	CFI	IFI
预设模型	41	53. 43	0. 09	0. 99	0. 02	0. 01	0. 98	0. 98	0. 99	0. 99
饱和模型	0	0. 00	—	1. 00	0. 00	—	—	1. 00	1. 00	1. 00
独立模型	78	3857. 56	0. 00	0. 44	0. 32	0. 22	0. 34	0. 00	0. 00	0. 00

注：CMIN/DF=1.303，表内取值省略最后一位。

从上表中的模型拟合指数中，发现预设模型拟合度较好。其中 GFI、
AGFI、NFI、CFI、IFI 值非常大，均大于 0. 9，RMR 和 RMSEA 值很小，分
别达到了 0. 02 和 0. 01 水平。因此，人格生态特质-山地旅游偏好-山地旅
游行为模型是一个拟合相当成功的模型。

(二) 模型内部关系解释

为进一步了解模型的内部关系,以下将通过分析单向箭头和双向箭头来深入探讨模型内部结构。

1. 变量之间的直接关系分析

直接关系体现观察变量对潜变量的反应程度,Estimate 表示两者关系的强弱程度。为比较相对影响力,采用标准化回归系数探讨各自变量对因变量的影响力大小,具体分析见表 6.11。

表 6.11 测量变量与潜变量之间的关系表

测量变量	因果路径	潜变量	Estimate
B1a	←	人格生态特质	1.237
B1b	←	人格生态特质	1.420
B1c	←	人格生态特质	1.317
B1d	←	人格生态特质	0.976
B1e	←	人格生态特质	1.000
B1f	←	人格生态特质	0.905
B1h	←	人格生态特质	0.953
B1i	←	人格生态特质	0.885
B1j	←	人格生态特质	1.265
F2A	←	山地旅游偏好	1.000
B9	←	山地旅游偏好	1.348
B1	←	山地旅游行为	1.000
B8	←	山地旅游行为	1.204
偏好	←	人格生态特质	0.345
行为	←	人格生态特质	0.057
行为	←	山地旅游偏好	1.972

注:B1 第几次来贵州,B8 来贵州值不值,F2A 旅游目的因子,B9 还打算来贵州。

上表中的数据依然表明,在因子分析中被判别为自然因素的几个测量指标对人格生态特质的影响最大。而对山地旅游行为和山地旅游偏好的观察变量也与单独模型基本相符。新增加的关系显示,人格生态特质对山地旅游偏好的影响要大于对山地旅游行为的影响,并且山地旅游偏好对山地旅游行为也有非常明显的影响。同时，在新增加山地旅游偏好这个变量后，人格生态特质对山地旅游行为的直接影响明显变小了，因而可进一步推断，山地旅游偏好在人格生态特质与山地旅游行为之间具有中介效应。

与理论假设相符，即人格生态特质主要通过影响山地旅游偏好来影响山地旅游行为，虽然其对山地旅游行为也有一些直接的影响，但这种影响相对要弱许多。

2. 变量之间的间接关系分析

各观察变量之间的间接关系分析见表6.12。

表6.12　测量变量之间的关系表

观察变量	Estimate
e1↔e2	0.197
e1↔e3	0.057
e1↔e5	−0.100
e1↔e7	−0.134
e1↔e8	0.092
e1↔e9	−0.072
e2↔e3	0.164
e2↔e4	0.074
e2↔e8	0.059
e2↔e14	0.072
e3↔e4	0.129
e3↔e14	−0.076
e4↔e5	0.182
e4↔e8	0.067
e5↔e10	−0.017
e6↔e8	0.265
e6↔e11	−0.042
e7↔e9	0.168
e7↔e14	0.096
e9↔e13	0.032
e11↔e14	−0.135

总体模型中的观察变量之间的间接关系非常复杂，由于加入大量新的变量，间接影响的观察变得更为困难，但在各个单独模型中观察到的关系基本不变。新增变量中"旅游目的因子"与"第几次来"呈负相关关系，再一次印证前文多元回归的结论，即抱有山地旅游目的的游客并不会多次来贵州山地旅游。

（三）小结

本节构建了山地旅游行为的总体模型，从各项指标来看是一个非常成功的模型。模型显示人格生态特质对山地旅游偏好的影响要大于对山地旅游行为的影响，同时山地旅游偏好对山地旅游行为也有非常明显的影响。在山地旅游行为的总体模型中，人格生态特质影响因素的重要性分布变化不大，在因子分析中被判别为自然因素的几个测量指标对人格生态特质的影响最大。在观察变量之间的间接关系中，各个单独模型中观察到的关系基本不变，"旅游目的因子"与"第几次来"呈负相关关系，表明抱有去山地旅游目的的游客并不会多次来贵州山地旅游。

第七章　山地旅游行为影响因素的案例分析

一、山地运动旅游——以江西省武功山景区为例

为进一步验证前文理论框架及针对贵州省5A级旅游景区调研的定量分析结果的合理性、有效性，本节特选取了户外山地运动的典型案例地——江西省武功山景区作为研究对象，深入剖析其发展为山地户外运动天堂背后的原因。

（一）案例简述

1. 基本情况

武功山位于我国江西省中西部，耸峙于萍乡市芦溪县、吉安市安福县、宜春市袁州区交界地带，属于罗霄山脉北支，又名罗霄山，山地总体呈东北—西南走向，主要山脉长120余千米，总面积约970平方千米，森林面积覆盖率近90%。武功山主峰白鹤峰（金顶）海拔1918.3米，平均海拔1600米，分布着10万亩高山草甸，是山地运动爱好者的向往之地，享有"云中草原，户外天堂"之美誉。武功山景区是集丰富奇特的自然景观和文化底蕴深厚的人文景观于一体的名胜风景区。其风景名胜遍及全山，有"一湖、二泉、五瀑、七潭、七岩、八峰、十六洞、七十五里景"之称，深受人们的喜爱；在历史上与湖南衡山、江西庐山齐名，称为江南三大名山。自唐宋以来，不少文人墨客慕名而来并为其吟诗作赋；山上既存有佛教寺庙石鼓寺，还有道观紫极宫，是佛教和道教修身养性的圣地与文化传播的重要场所。武功山景区基于自身独特资源优势，以高山露营户外运动为主题，集户外运动、休闲旅游、文化娱乐等于一体，深入推进产业融合发展。如今，该景区已被评为国家5A级旅游景区、国家森林公园、国家地质公园、中国青少年户外体育运动营地等。

近年来，武功山景区因独特的自然和文化优势，被评为大学生最喜欢的旅游景区，多次成为热门旅游打卡景点，相关社交媒体话题播放量突破百亿，并且连续 3 年实现游客量翻番。据统计，武功山景区每年接待来自世界各地的户外运动爱好者人数超过 200 万、户外旅游俱乐部数量达 1000 多家①。2023 年，不仅入选《2023 抖音年度观察报告》中的"年度热点十大旅游目的地"，还与俄罗斯、德国、奥地利等 20 多个国家的户外运动重要嘉宾共话山地户外运动未来发展。此前，武功山景区还受到英国路透社、美国《时代周刊》、法国《费加罗报》和韩国《人与山》杂志等多家国外媒体的关注报道。

2. 选取理由

选取武功山景区作为本次案例研究的理想选择，主要基于以下 3 点理由：

一是武功山景区自然生态资源十分丰富，形成了集"峰、洞、瀑、石、云、松、寺"于一体的秀丽山地风光，存在云海、晨曦、彩霞等奇特气象景观，被专家、学者等誉为"神仙居住之地"。

二是武功山景区的山地运动基础设施和服务设施基本完善，是江西省内以山地户外运动为主要特色的典型旅游目的地，国内外游客、山地户外运动爱好者都慕名而来，具有较高的影响力和声誉。

三是武功山景区的自然生态环境保存较为完好，能够为游客提供自然观光、徒步穿越、野外露营、远游滑翔等多项亲近自然的山地户外运动机会，是验证探索人格生态特质通过影响山地旅游偏好，进而影响山地旅游行为的理论逻辑关系的理想场所。

（二）案例特征

武功山景区以其独特的自然景观、丰富的生态资源和深厚的文化底蕴，集人文景观和自然景观于一体，是山地户外运动爱好者理想的旅游目的地。其具体特点有以下几个方面。

1. 独特的地貌景观有效满足了青年游客的生态需求

随着工业化进程的不断推进，经济社会得以快速发展，人们的生活节

---

① 邱玥，刘启红．"产业活力+文化传播"会带来什么：探寻萍乡武功山从"出圈"到"出海"的密码［N］．江西日报，2024-01-31（5）．

奏越来越快，面对的压力也不断增加，逐渐与自然疏离，生态的本能被不断压抑，促使生态需求无法得到满足。由于人们的精神生态系统无法有效维持原有平衡，所以越来越渴望回归自然，追求自由，释放自我。这种渴望亲近自然和拥抱自然的倾向，就是其自身先天具有的人格生态特质在个体生态无意识被压抑较深时显示出的更强的倾向。相反，当人们的生态无意识未被压抑或者压抑程度较轻时，精神生态系统能够维护原有平衡，人格生态特质就具有了弱表现性。

相关数据显示，2023 年武功山景区的购票人数超 200 万，其中近一半是大学生[1]。武功山景区作为著名的山岳景区受到青年群体旅游者的热爱，主要是因为游客中的青年大学生群体的人格生态特质倾向强烈，具体体现在以下几个方面。

一是所处生活环境的变化。随着经济社会的快速发展，城市化进程带来的土地资源消耗、生态破坏，空气、噪声污染等严重影响了人们的生活质量，导致生活空间与居住环境严重受限，难以获取清新的空气和自然的环境。对良好的生活环境的迫切向往，越来越激发了青年群体感受自然美好风景的旅游需求。

二是就业压力的变化。随着社会竞争的加剧，青年群体面临的就业压力明显增大，进而使得他们通过压缩休息时间来延长学习专业技能等，以增强个人综合能力，同时促使他们在心理上产生更加紧张和焦虑的情绪。通过接触自然，有利于释放学习压力、缓解焦虑情绪以及提高学习效率。因此，青年群体的消费理念在追求产品实用价值的同时，同样在为情绪价值买单，释放压力、追求松弛感、精致悦己等都是现代年轻人通过消费反映出来的情绪价值取向。

三是人们社交方式的变化。由于社交网络的普及和信息化的发展，人们的社交方式发生了很大的变化。面对虚拟社交和网络沟通的压力，使得青年群体的真实社交需求无法得到满足，对于真实的情感交流和人际关系的需要，即精神方面的需求，促进了人格生态特质的发展。

四是所接触的教育理念的变化。在社会发展进程中，伴随着教育体制

---

① 半月谈. 话题播放量破百亿，武功山火出圈有何"武功秘籍"？［EB/OL］. （2024-01-30）［2024-03-24］. https：//mp. weixin. qq. com/s？ __ biz = MjM5OTU4Nzc0Mg == &mid = 2658897332&idx = 1&sn = ac7dd36a156f7165198272226eb3103f&scene = 0#rd.

的改革和理念的更新，青年大学生在校期间接受到更多关于环保、可持续发展等方面的教育。对生态环境产生了更多的关注和需求，因此更愿意通过生态旅游来实现个人价值和保护环境的目标。

武功山景区，历经岁月洗礼，已然升华为一颗璀璨的明珠，在旅游界崭露头角。其发展历程不仅见证了景区自身的蜕变，更深刻反映了当代青年群体对于生态需求的日益增长。在这片神奇的土地上，武功山景区以其独特的魅力，吸引了无数大学生的目光。他们渴望亲近大自然，探寻内心的宁静，而武功山恰好提供了这样一个理想的场所。其"雄、险、奇、幽、秀"的地貌特征，如同天然的艺术画廊，让青年群体在行走中感受大自然的壮美与神奇。金顶、九龙山、武功湖等核心景点，每一处都蕴藏着自然与人文的精华。连绵不绝的草甸、美不胜收的日出云海，这些独特的景观让青年群体仿佛置身于一幅幅壮美的画卷之中，感受到满眼皆是美景的震撼。而社交媒体的兴起，更是为武功山景区的传播插上了翅膀。在微信朋友圈、微博、小红书、抖音等平台上，无数游客分享着他们在武功山景区的点点滴滴，这些图片和故事如同一股清流，滋润着人们的心田，引发更多人对武功山景区的向往。可以说，武功山景区的成功，不仅在于其得天独厚的自然资源，更在于它能够满足当代青年群体的生态需求。在这个快节奏的时代，人们都渴望找到一片净土，让自己的心灵得到休憩与滋养。而武功山景区，正是这样一个理想的去处。相信在不久的将来，武功山景区将成为更多人心中的旅游胜地，闪烁出更加耀眼的光芒。

2. 各类文旅元素融合项目承载着游客的山地旅游偏好

多年来，品牌定位于"云中草原，户外天堂"的武功山景区，建造了全国最大的帐篷户外营地、自行车绿道等山地运动基础设施。自 2008 年以来，每年举办的武功山国际帐篷节，既包括负重徒步、山地赛车等大型户外运动，也有篝火、晚会、山居电影等主题活动，吸引了大量游客参加。美国市场研究公司 Grand View Research 的报告数据显示，全球精致露营市场规模预计从 2019 年到 2025 年将以 12.5% 的复合年增长率增长，亚太地区预计年增长率更为显著。在 2021 年度十大玩法中，露营成为年轻人最受青睐的玩法。武功山景区通过对国际帐篷节的不断优化，使 2023 年的活动规模由最初的 4000 余人扩大到了 10000 余人，大幅提升了山地户外运动爱好者的体验感。武功山国际帐篷节越来越受到向往自然、释放自我的青年游客青睐。

依据我国登山协会章程，山地户外运动是指在海拔不超过 3500 米的山区、丘陵进行的与登山有关的一系列户外活动。与专业的登山运动相比，其安全性和适应性群体更广泛。山地户外运动是一项新兴的体育项目，融合了旅游、探险、竞技等元素。人们参与以徒步旅行、登山、山地骑行、野外露营为代表的山地运动过程中，一是能够在远离城市的喧嚣，呼吸新鲜空气、享受大自然美妙的同时，释放压力和开阔视野，让身心感到愉悦；二是在锻炼身体增强体质的同时，锻炼人们的意志力和毅力，提高自我管理能力和适应能力；三是在面对挑战克服困难的同时，可以结识志同道合的朋友，增进彼此之间的信任和默契，建立起深厚的友谊。即户外运动兼具潮流属性和社交属性。

2023 年，萍乡武功山景区开展游客感知及消费偏好调查活动的结果显示①，武功山景区游客的旅游活动偏好主要集中在登山、徒步、帐篷露营等方面。相比走马观花式的 City Walk，青年人更愿意选择具有深度体验感的徒步登山、野外露营运动，重返自然、体验山间生活，愉悦身处快节奏生活中的自己。露营和徒步等户外运动表达出游客希望通过亲近自然来追寻内心的宁静，这已成为年轻人在工作之余追求精神"治愈"的一种方式。从武功山景区游客传递出的山地旅游偏好和旅游目的中不难发现，以武功山国际帐篷节为载体的山地户外运动承载着青年游客一种远离城市、亲近自然的情绪价值。自 2008 年武功山国际帐篷节举办以来，绝大部分青年游客都是慕名而来，以感受来源于自然的独特魅力，缓解各种疲惫和烦恼。可见，武功山景区的游客具有较高的外倾性和开放性，他们渴望尝试新的事物并且具有挑战自我的愿望；非常愿意选择参与一些较为刺激的户外运动项目，不怕艰难和疲惫；愿意通过参与户外运动来亲近大自然，花时间和精力去发现与体验山地的魅力；并且更加注重对目的地的文化和自然特色的体验及理解。在游客看来，山地户外运动已不再仅仅是人们强身健体的手段，更是一种家庭或朋友之间聚会的新方式。与朋友结伴出行、在自然中享受身心愉悦、为生活增加新爱好，是青年游客参与户外运动的

---

① 萍乡武功山发布. 萍乡武功山景区开展游客感知及消费偏好调查活动［EB/OL］. (2023-11-09)［2024-03-24］. https：//mp. weixin. qq. com/s/YgEutoPfi0LaV6hCGugKsQ.

主要动力。青年游客热衷户外运动的背后，意味着年轻人寻找新圈子，获得归属感的需求。另外，武功山景区为了满足青年群体日益增长的山地户外活动需求，开发多条具有挑战性的户外徒步穿越、漂流路线，同时不断完善山地户外运动基础设施。在广大热衷山地户外运动的青年爱好者群体的支持下，武功山景区已成为户外运动的地标式景区。

3. 全方位产品和服务深刻影响着游客的山地旅游行为

随着体验经济时代的到来，游客对旅游产品的需求不仅是产品或服务，还注重追求情感和情境的体验。鉴于武功山景区青年游客群体的山地旅游偏好展现出对自然生态环境产生向往与亲近之感，武功山景区的发展思路就是以游客需求为导向，游客需要什么，就做什么。武功山景区为了更好地满足游客的山地旅游需求，将户外运动项目与绿色生态环境进行有机结合，充分有效地利用现有特色的自然资源，打造多样性的山地户外运动载体。例如，武功山国际山地户外运动谷、武功山健身步道、灵芝境、户外天堂汇、房车营地、驴友出发营地、路虎营地等，并提前布局自驾营地、冰雪运动、航空飞行营地等户外项目。同时，为了提升前来游玩的游客满意度和重游率，武功山景区采取了一系列措施，如构建完善的服务体系、提供贴心服务等。自 2016 年以来，武功山景区持续完善户外基础设施，大力提升了游客游玩时的便捷性、安全性，通往山顶的沿途，每隔一段距离还设置了党员服务驿站。在驿站里，游客可以享受到多项免费且贴心的服务。例如，登山杖和冰爪能够免费使用；身体出现不适时还可以免费接受医疗服务等。另外，配有空调、沙发等设施的"特种兵"服务中心面积达 2000 平方米，能够全天为"特种兵"提供服务。在冬季，用来休憩的廊亭里还备有免费的热姜茶，让游客驱赶寒意。

依照前文的概念界定，山地旅游行为在本书中具体是指旅游次数和旅游评价行为。一些学者关于武功山景区游客体验感知研究结果显示，游客对武功山景区的总体旅游评价行为以正面评价居多，认为来此旅游是值得的，特别是对武功山景区的自然环境、旅游设施，以及服务水平都给予了高度评价。因为在武功山景区的旅行中，不仅能够欣赏到美丽的自然风光，还能感受到景区对游客的关心和照顾。此外，由迈点研究院独家发布的"2023 年 2 月 5A 级景区品牌传播力 100 强榜单"显示，武功山景区 MBI 指数为 516.29，位居第 13 位，这充分表明了该景区在品牌影响力、社会影响力以及大众认可度等方面得到了大众的认可。以上结果表明，大多数游客对武功山景区带来的体验感总体较满意，并且在游玩之后，认为此游符合自身的旅游期望。

根据武功山景区发布的采访特辑①，无论是首次造访的游客还是多次游玩的忠实粉丝，都对武功山景区持有极高的满意度和再次游览的意愿。首次踏足武功山景区的游客，往往被其独特的自然风光和丰富的旅游体验吸引，纷纷表示愿意再次光临。而那些已经多次来访的游客，更是对武功山赞不绝口。因为每次到访都能感受到如同初次到来般的新鲜与惊喜，都能感受到武功山带来的不同体验。更深层次的感受是武功山景区能够从"藏在深山人未识"的境地走向旅游界"种草典范"的地位，在于武功山深入人心的"懂游客"之道。例如，武功山景区通过开发多样化的旅游路线，满足了游客对山地旅游的多样化需求。游客可以欣赏到原始森林的静谧、高山草甸的广袤以及峰林地貌的奇特。同时，武功山景区还紧跟时代潮流，推出了一系列新颖的旅游项目，为游客带来了无尽的惊喜和新鲜感。无论是初涉山地户外运动的游客，还是资深的户外运动爱好者，都能在武功山景区找到属于自己的乐趣和挑战，有"户外天堂""华东户外胜地"之美誉的武功山景区都能够让他们乘兴而来，尽兴而归。

（三）案例小结

山地旅游作为一种以自然环境为载体，集休闲观光、户外运动、健身娱乐为一体的现代旅游形态，具有亲近自然、休闲健康等特点。武功山景区作为一个自然风景秀丽的户外运动胜地，其独特的地貌景观、各类文旅元素融合项目，以及全方位产品和服务吸引着国内外许多游客慕名前来进行不同的山地户外活动。这充分说明了向往自然、追求健康生活方式的理念已经成为多数人的追求。

我国山地面积占全国国土面积的 69.1%，各地区地形地貌形态差异较大，形成的山地旅游资源类型十分丰富，推动山地旅游发展将成为旅游业的重要方向。厘清影响人们山地旅游行为背后的深层次原因，不但具有重

① 武功山. 原来，游客眼中的武功山是这样的！［EB/OL］.（2020-06-18）［2024-03-24］. https：//mp. weixin. qq. com/s/gclqVhT5XDw51DNhIY461g.

要的理论意义，还为推动山地旅游产业高质量发展提供了重要的实践路径。根据前文关于武功山景区的现实表征分析，可以得出以下结论。

第一，人们固有的生态无意识压抑程度决定了其人格生态特质的表现程度。随着城市化和现代化的不断推进，人们获得了物质层面的满足，同时面临着生态无意识被压抑，对自然的情感和记忆日益变得强烈，导致自身生态精神系统的不稳定和不平衡。当人们内心深处的生态无意识随着现代文明的发展而逐渐显现，人们对自然环境的喜爱之心日益强烈，面对自然的山水湖林之景无不欣喜若狂。这说明，人们的人格生态特质倾向会随人们的生态无意识受到压抑程度的变化而变动。并且人们对自然的向往情结，无关性别、年龄、种族的特点，是人们先天就具备的心理意识。正如前文所述，游览武功山景区的游客由于其所处的生活环境变化、压力过大、精神层面的需求无法满足等现实因素，内心的生态无意识被抑制，表现出较为强烈的人格生态倾向，对武功山景区的云海、繁星、日出、森林、草地、空气、蓝天等表示喜欢和向往。

第二，人们的人格生态特质深刻影响着山地旅游偏好。由于人们强烈的人格生态特质倾向，加之现代社会中人们出行的便利性和获取信息的便捷性，使得人们享受大自然的美景、感受大自然带来的愉悦和放松同想要进行山地旅游的意愿找到了契合点；因此，人们进行山地旅游的目的也就取决于人格生态特质倾向。也就是说，人们的人格生态特质倾向的变化会深刻影响人们的山地旅游偏好。具体而言，在自然环境没有遭受严重破坏的时代，绝大多数人都没有旅游的意愿，更不存在通过旅游的方式来愉悦身心。随着生产力的变革，人类社会改造自然的能力不断提升，人与自然和谐共生的平衡局面被打破，迎来了自然界对人类的报复，人们的身体和心理的理想状态逐渐失衡，亲近自然、向往自然的情感不断增强，即人格生态特质倾向变得强烈。伴随这种人格生态特质倾向变化而来的现象是，乡村旅游、山地旅游等产业蓬勃发展，而以人文景观为主要旅游形式的产业逐渐衰退。不同旅游产业的兴衰背后代表着人们的旅游需求发生了变化，意味着人们的旅游意愿、旅游目的、旅游动机等也随之发生变化。在武功山景区，参与山地户外运动的大多数游客表示，来武功山景区主要是为了接触自然、释放压力、交友联谊、锻炼身体，而且大多数游客愿意再来武功山景区游玩。这也正好说明，武功山景区能够受到国内外游客的热爱和追捧，在于人们的山地旅游偏好的变化。

第三，人们的山地旅游偏好会深刻影响山地旅游行为。当人们践行山地旅游时，虽然所花费的时间成本、人力成本及金钱数目比选择传统的旅游方式会更多，但为了满足对自然的情感需求和维持精神生态平衡，自然而然地会愿意选择这种投入更多、情感体验更丰富的山地旅游行为。人们依据自身山地旅游偏好而选择的旅游目的地，会给予他们一种互动体验感，进而依据旅游目的地带来的切身体验及时修正自身的山地旅游行为。当旅游目的地能够给前来旅游的游客一种积极正向、符合预期，甚至超出设想的体验感时，人们再次前来旅游的意愿会非常强烈，并十分愿意付诸行动，会多次前往能满足自身生态需求的景区、景点，对旅游目的地游玩之后的评价也会饱含赞美之词，同时更有意愿向身边的亲朋好友推荐。当旅游目的地给前来旅游的游客一种负向情绪、不能符合预期、无法满足旅游需求的体验感时，人们对再次前来的旅游意愿是非常低的，同时有较大可能性对其进行差评。虽然多数游客是第一次来江西武功山景区游玩，但很多人表示愿意再来，且明确表达喜爱。

第四，人格生态特质是影响人们进行山地旅游的深层次原因。依据上述第二、第三点结论，人们的人格生态特质的表现程度深刻影响了山地旅游偏好，山地旅游偏好又深刻影响着人们的山地旅游行为，不难得出，人们的人格生态特质会通过山地旅游偏好进而影响山地旅游行为。参与过武功山景区户外运动的游客从一开始的生态需求无法得到满足，到选择以武功山景区为旅游目的地并游玩后，发现武功山景区能够很好地满足其需求，纷纷在网络平台上进行推荐，而且多次到武功山景区进行体验。这一变化过程恰好体现了他们强烈的人格生态特质倾向如何塑造了他们的山地旅游偏好和行为。

综上所述，前文在人格特质理论与集体无意识理论的基础上构建的"人格生态特质-山地旅游偏好-山地旅游行为"理论框架，能对现实生活中人们为什么会有亲近自然、向往自然、热衷山地旅游的行为作出解释，从而阐述了武功山景区为什么可以发展为世界级山地户外运动旅游目的地的原因。同时，也深刻地揭示了人们强烈的人格生态特质倾向是引致人们进行山地旅游的深层次因素。另外，印证了贵州省5A级旅游景区调研的定量分析结果的合理性、有效性。基于此，笔者希望通过以贵州省5A级旅游景区为典型案例，将本书中构建的山地旅游行为影响因素和形成机制模型从贵州省拓展到全国的山地旅游产业，山地旅游景区、景点的实践应用中。

二、山地康养旅游——以云南省腾冲火山热海旅游区为例

选取腾冲火山热海旅游区作为研究对象，进一步验证"人格生态特质—山地旅游偏好—山地旅游行为"三者之间的相互作用关系。

（一）案例简述

1. 基本情况

腾冲作为"极边第一城"，是世界罕见且最典型的火山地热并存区，共有99座火山和88处地下温泉群，其中最高水温达90℃以上，沸泉遍布腾冲各地，其中热海最具地方特色，被誉为我国地热疗养的极佳之地。腾冲火山群被列为我国四大重点火山群，是第四纪火山活动遗留给人类的珍贵遗产，其中以火山国家地质公园保护区内的大空山、小空山、黑空山最为雄伟壮观，每年都会吸引大量游客前来观赏和探险。腾冲的热海以其"一泓热海"风景区之美誉成为全国知名的旅游胜地。作为云南西部地区规模最大的露天热气田，热海的地热特征丰富多样，包括喷气孔、冒气地面、热沸面、喷泉、热水泉华、水热爆炸等六类天然地热奇观，具有极高的观赏价值和科考价值。热海以其独特的自然景观、康养价值和人文历史背景，被誉为"中国温泉朝圣地"，其奇特的理疗治病功效和自然奇观每年都吸引着大量的游客前来疗养度假和观光旅游。

腾冲火山温泉旅游资源丰富，拥有悠久的温泉文化历史，是国内温泉康养旅游开发的先行者。1961年，中国人民解放军第71医院在腾冲热海附近的黄瓜箐建立了热水温泉诊疗所，开启了腾冲温泉开发的新篇章。随后，腾冲市政府设立了中医院热海温泉疗养部，并在1992年成立热海风景区开发公司，正式推动了腾冲温泉旅游业的发展。1998年，热海大酒店的全面建成使得腾冲热海温泉旅游迈上了正轨，成为保山温泉旅游开发的领军者。2003年，腾冲火山热海旅游区获评国家4A级景区，并荣获多项国家级荣誉。2013年，腾冲温泉荣获"最具特色温泉""中国温泉朝圣地"

"中国十大温泉养生基地"等奖项。2016年，腾冲火山热海旅游区升级为国家5A级旅游景区，成为我国首个以火山温泉为主题的5A级旅游景区。2022年12月，腾冲火山热海旅游区荣获"国家级森林康养试点建设基地"，进一步巩固了其作为康养旅游目的地的地位。这是继获得"全国特色中医药温泉疗养基地""云南省柔性引进高层次人才基地""云南省职工及劳模疗休养基地"授牌之后，腾冲火山热海旅游区再度荣获"国家级康养基地"授牌。国家级森林康养试点项目建设周期为3年，其主要目标是深化森林康养产业的高质量发展，丰富康养产品种类，促进康养文化繁荣，并提升森林康养的整体水平，为公众提供全龄段、多层次、多类型、优质智慧型森林康养服务。腾冲火山热海旅游区一直以绿色发展理念为指导，担当可持续发展的社会责任，积极推进旅游区环境保护工作，被中华环保联合会批准为全国低碳旅游示范区。

2. **选取理由**

选择腾冲火山热海旅游区作为本次案例研究的对象，主要基于以下3个理由：

一是腾冲火山热海旅游区山地康养资源丰富，能够满足游客进行山地康养旅游的基本需求；

二是腾冲火山热海旅游区具有丰富多样的山地康养旅游产品，能够满足不同游客的差异化需求；

三是腾冲火山热海旅游区基础设施完善，能够为游客提供较好的山地康养旅游体验。

这为进一步验证"人格生态特质-山地旅游偏好-山地旅游行为"之间的关系提供了较为完备的现实条件。

（二）案例特征

山地康养旅游是一种依托山地资源，结合休闲、养生、度假等元素，以放松身心、改善健康为主要目的的旅游活动。山地康养旅游的兴起，源于人们对健康生活的追求和对自然环境的热爱，表现为人们对满足其人格生态特质的追求。在我国，山地康养旅游已得到广泛发展。许多地方依托当地的山地资源，打造了各具特色的山地康养旅游项目。其中，腾冲火山热海旅游区凭借其地热资源的丰富且稳定，水量充沛且常年不断流，以及温泉中矿物质含量丰富，成为旅游者进行山地康养旅游的理想选择。腾冲火山热海旅游区是一个综合型国家地质公园，更是一个集地质火山观光、户外生态休闲、环境康养保健、地质科考探索、科普科研教育于一体的多元化旅游胜地。腾冲火山热海旅游区相关项目的开发，使腾冲由最初的温泉疗养院发展为现在的全面旅游开发项目，提升了腾冲作为山地康养旅游目的地的吸引力，丰富了游客的旅游体验，这与游客的人格生态特质相契合，有助于进一步验证人格生态特质对山地旅游偏好和山地旅游行为的影响。腾冲火山热海旅游区的特征如下。

1. 康养资源丰富，文化氛围浓厚

康养旅游目的地大多数都分布在自然环境和生态环境良好的地方。一方面，旅游者可以在这些地方静心感受大自然、呼吸新鲜空气、欣赏美景；另一方面，旅游者可以放松身心，愉悦心情。在社会经济发展和人口老龄化的背景下，精神需求和优质生态旅游体验的需求激增，人格生态特质的倾向更加明显。因此，异地旅居与养老成为新趋势。腾冲凭借得天独厚的自然与人文优势，成为异地旅居和养老的热门选择，为旅游与健康产业的融合及山地森林康养产业的发展创造了良好条件。

首先，腾冲森林康养资源丰富。腾冲属于印度洋季风气候，有明显的干湿季变化，适宜的海拔使其夏无酷暑，冬无严寒，年平均气温 15.1℃，降雨量 1531 毫米，非常有利于发展山地康养旅游。高黎贡山横贯腾冲全境，拥有种类繁多的动植物物种，被联合国教科文组织认定为"生物多样性保护圈"，同时被世界野生动物基金会评为 A 级保护区。在腾冲，人与自然和谐的理念深深根植人心，被评价为"最适宜人类居住的地方"之一。腾冲火山热海丰富的火山地质资源和温泉地质资源，独特的自然环境为其发展山地康养旅游提供了得天独厚的条件，其优质珍稀温泉，火山天然磁场以及 74% 的森林覆盖率，每立方厘米空气中有 3827 个负氧离子，使其成为一个天然的大氧吧。腾冲市人均公园绿地面积 16.15 平方米，森林资源得天独厚①。森林不仅是一种具有多种保健作用的健康旅游资源，还是具有广泛适用性和高度参与性的文化和休闲资源。森林环境中空气含

---

① 保山市人民政府网. 腾冲 [EB/OL]. (2024-03-21) [2024-03-26]. https：//www. baoshan. gov. cn/info/8048/9262254. htm.

氧量相对较高，则有助于快速提高人体呼吸系统的血氧浓度指标和改善心肺负荷水平，进而改善人体心肺功能。森林中，各种植物释放的大量活性负氧离子和多种植物杀菌素等物质，可以显著地优化人体的生理和心理机能，具有医疗养生等效果。同时，森林植物的新鲜叶片具有高效的滞尘吸附作用，可以有效减少空气中威胁人体健康的细菌病毒、致癌物和重金属等有害物质。另外，森林植物释放的芳香有机物具有缓解身体压力、消除肌肉疲劳的作用。森林里可以开展丰富的户外活动，如野营、徒步、钓鱼等，能给人们带来身心上的放松和愉悦。此外，森林的美景可以激发人们对于自然和生活的热爱，满足人们最初的生态需求。山地康养旅游的兴起基于森林资源，表现了人们人格生态特质的强烈倾向。腾冲凭借其独特的高山森林气候和立体森林景观，以及针叶植物释放的疗养性植物芳烃，吸引了众多亲近自然、追求养生的游客，彰显出人文生态特质对山地旅游偏好和山地旅游行为的影响。

其次，腾冲地质康养资源独特。腾冲由于板块运动形成了独特的火山地热景观，这些景观不仅能够满足游客的观赏需求，还富含对人体有益的微量元素，如锂、硅、锶等，具有治疗和保健功效，非常适合发展山地康养旅游。腾冲热海的温泉以其优良的水质而闻名，拥有高水温、软水、适宜的酸碱度和高矿化度，同时符合饮用和医疗矿泉水的标准，被誉为"百态温泉"。热海温泉的浴谷和美女池两大温泉区，提供了多种特色泉质，如硫黄泉、碳酸氢盐泉、氯化物泉、碳酸泉、放射泉、铁泉和氡氟泉等，以及浴谷温泉区内独特的"气SPA"天然地热熏蒸，为游客提供了丰富的温泉体验，能够深层次地满足游客的生态需求。并且腾冲火山热海康养中心采用国际领先的健康检测与治疗技术，结合中医温泉药包，为不同体质的游客制订个性化的温泉疗养方案，显著增强了温泉的康复和养生功效。游客在此可享受从健康评估到中医调理，再到健康追踪的"一站式"温泉养生服务。这种全方位的康养体验，使得追求健康生活和亲近自然的游客更倾向于选择腾冲火山热海旅游区作为旅游目的地，体现了人格生态特质对山地旅游偏好和山地旅游行为的正向影响。这里，以腾冲市北海乡的玛御谷温泉小镇为例，阐述这个问题。该小镇以其丰富的火山和地热资源成为森林康养的理想之地。小镇的温泉含有多种活性微量元素，不仅可用于医疗辅助，还能提取矿物资源。玛御谷温泉小镇利用这些高品质的温泉资源，打造了家庭式温泉疗养康养基地，不仅提供水浴，还有天然蒸汽浴，有助于改善人体机能，调节消化系统，增强抵抗力，预防疾病，为游客提供全方位的康养体验，使得很多游客十分青睐选择此地，将其作为山地康养旅游目的地。

最后，除了拥有丰富的康养资源，腾冲还拥有浓厚的文化氛围。它凭借其独特丰富的历史文化遗产和复杂多样的少数民族群体，已经成为一个中原文化、南亚文化、东南亚文化以及各少数民族文化相互融合的多元文化交会点，共同塑造了开放包容的"腾越文化"。周边居民多为明清时期中原戍边将士的子孙后代，古村落遗址和古寺庙众多，中原传统农耕文化元素得以完好保留。周边还有宜人的乡野田园景色，梯田和农耕文化保持原生态，民风民俗淳朴、戍边文化和禅文化历史悠久。腾冲源远流长的和顺文化使其山地康养旅游独具特色。作为云南边境县中唯一以汉文化为主导的地区，这里的多元文化交融孕育了和谐、包容的地域精神。历史上，腾冲涌现出众多杰出人物，如张文光、李根源、艾思奇等，他们的思想和成就至今仍激励着腾冲人民。和顺、和谐的理念已深入人心，成为腾冲人的精神图腾。腾冲丰富的山地康养旅游资源和浓厚的文化氛围不仅能满足游客的生态需求，更能满足游客内心的精神文化需求，具有深层次、全方位的特点。

2. 康养产品多样，品牌定位明确

腾冲火山热海旅游区通过整合丰富的自然景观和康养资源，开发了多样化的旅游产品。腾冲位于亚欧板块与印度板块的交会处，因此，水热活动非常强烈。这一独特的地理位置造就了其世界罕见的火山地热共存奇观，其中以火山温泉最为突出。温泉出露区沿线形成了较宽的地下水热蚀变带，显示出丰富多彩的水热现象，如沸泉群、喷气孔、水热爆炸、盐华等，使其成为我国地热温泉地表热现象最丰富多样和壮丽奇特的天然景区。腾冲的自然奇观还包括神柱谷的柱状节理、北海湿地的火山堰塞湖、叠水河瀑布、坝派巨泉的低温温泉暗河，以及热海的高温温泉等。此外，腾冲火山热海旅游区有效整合了多种自然景观，依托当地丰富的火山地热生态资源，如大空山、小空山、黑空山、神柱谷（柱状节理）、黑鱼河等，从多个角度打造了独具特色的旅游产品和优质服务，如开发了火山公园、北海湿地等火山景观旅游景区，不仅为游客的自然风光观赏体验提供了更

多选择，更是发展了森林山地型康养旅游模式。该模式整合了火山热海、大和顺、高黎贡山、南部乡镇、边境风情五大旅游片区，积极推进旅游模式创新、业态创新和产品创新，打造国际化、高端化和特色化的旅游产品。

腾冲市以"体育+旅游"为核心，实现了全域体育与全域旅游深度融合。腾冲还致力于推动"中医药+康养"产业化，发展集健康照护、养生养老、中医理疗、药膳餐饮于一体的康养项目，争创国家中医药健康旅游示范区。此外，还实施"森林康养+"行动，在优质资源聚集区规划建设高品质半山酒店，发展房车营地、帐篷营地等户外体验新业态，打造森林康养品牌基地。通过改造林间步道和生产道路，发展了登山、康养慢行系统、山地自行车公园和露营地，形成了以运动康养和避暑为主题的山地旅游。同时，将医药、农业和工业园区与旅游业融合，开发成旅游景点和产品，共同促进健康旅游。温泉资源得到科学规划，重点发展北洞、腊幸、大塘等地的温泉项目，以推动温泉旅游升级。全域旅游示范区的建设以温泉康养、中医保健和休闲运动为核心，打造大健康旅游品牌。热海温泉作为腾冲的代表性温泉，不仅可供观赏，还能泡浴和治病，是腾冲康养旅游的最大优势。腾冲以大健康为引领，建设了一批温泉养生基地、温泉小镇，推动旅游业从传统的观光游向度假游转变，再升级为以健康旅游和健康运动为主题的新型旅游模式，以满足游客的多元化和特色化需求。腾冲多样的外在地热现象为开发多种自然观赏景观以及景区休闲观光型旅游产品提供了有利的条件。这里的火山地热景观壮观迷人，能够满足游客人格生态特质强烈状态下的生态需求。腾冲还推出了户外运动、健康休闲和科考探险等多元化旅游产品，提升了旅游软环境，成为云南旅游的新亮点，吸引了众多游客。

此外，为了更好满足游客需求，腾冲火山热海旅游区开发了许多温泉疗养项目。随着人们生活节奏的加快和工作压力的增大，亚健康状态的普遍存在以及人口老龄化的加剧，越来越多的人开始关注健康和长寿。因此，人们表现出强烈的亲近自然、回归自然的人格生态特征倾向。这一趋势推动了山地康养旅游市场的迅速发展，传统的养生旅游已无法满足人们日益增长的生态需求。而山地康养旅游以其丰富的休闲养生活动和亲近自然的体验，逐渐成为国内外旅游者的新宠。腾冲依托其独有的温泉资源开发了温泉食疗、热海护理、火山泥敷等多个方面的健康疗养项目，同时，腾冲火山热海旅游区深化"温泉康养"，提升热海温泉品质，建设温泉小镇，打造小众精品温泉，并规划建设运动员康复疗养基地，推进了东山国际康养度假区和其他项目的发展，成功地将旅游业与康养产业相结合，凭借其独特的地理环境和丰富的自然资源成为全国乃至全球的旅游、康养胜地，成为大量游客进行山地康养旅游的目的地。腾冲火山热海旅游区的温泉水中含有大量矿物质，在健康疗养方面独具功效。火山公园磁场疗养区的磁场强度可以对人体特定部位产生来自多个方向、强度均匀的磁疗效果，缓解疲劳、放松大脑神经、补充机体能量、促进血液循环、调节机体，使其身体系统正常工作。此外，热海温泉为火山性地热温泉，水中富含各种游离态有机金属元素，有助于疏通血管，调节心率和增强人体免疫功能，对多种疾病有明显的康复治疗效果。不仅如此，热海温泉在激活心肺系统、缓解关节疼痛与软化血栓等方面都具有神奇的疗效。另外，得益于北回归线附近的低纬度高原山间盆地气候和宜人的季风气候，腾冲火山热海旅游区全年适宜度假休闲。观光型景观水热蚀变带和民俗风情等丰富的辅助旅游资源，弥补了游客的季节性旅游空缺，使游客在任意季节都可以选择腾冲进行山地康养旅游。腾冲火山热海旅游区的温泉疗养项目让游客充分与大自然接触，使游客在满足亲近大自然等人格生态特质的需求上得到康养疗养服务。换言之，腾冲火山热海旅游区能够满足游客的生态需求，因此游客会产生来腾冲火山热海旅游区的山地旅游偏好，最后决定其山地旅游行为。

为了吸引更多游客，腾冲除提供丰富多样的山地康养旅游产品外，还以"中国腾冲·天下和顺"为品牌定位，专注于旅游服务的标准化与国际化，成功打造了包括星级酒店、特色主题酒店和民居旅馆在内的高品质住宿设施，并开发了生态、养生、宜居的旅游地产项目。在实施品牌定位的过程中，腾冲市采取了"四个强化"策略，这包括了顶层设计的加强、政策措施的完善、资源的整合及公共服务水平的提升，强化产品供给、促进产业融合，以及强化品牌建设、塑造腾冲形象。这些措施旨在将腾冲打造成世界文化旅游名城，同时推动文化旅游产业的国际化、高端化、特色化和智慧化发展。此外，腾冲火山热海旅游区还以其丰富的温泉资源、厚重的康养文化、深厚的技术实力和独特的自然山水，将大健康理念融入温泉旅游产业发展中，高标准规划和建设了一批具有中国水准的温泉康体养生项目，进一步强化了其作为康养旅游胜地的品牌形象。

因此，腾冲火山热海旅游区能够吸引众多游客前来进行山地康养旅游，主要得益于旅游区长期的开发和品牌塑造，让游客深知该地可以满足其生态需求，以此影响游客的山地旅游偏好和山地旅游行为，从而使旅游区获得持续稳定的客流量和旅游收入。本节研究的问题是人格生态特质如何通过山地旅游偏好影响山地旅游行为，腾冲火山热海旅游区正是遵循了这一机制，从游客人格生态特质出发，立足游客需求，不断优化旅游产品和服务，提升游客体验，从而影响游客的山地旅游偏好，成功地吸引国内外游客来进行山地旅游行为。

3. 交通网络完善，地理位置优越

2400 年前，西南丝绸之路（蜀身毒道）从这里出发，穿越缅甸，直抵印度、伊朗和阿富汗，成为连接我国与南亚的便捷通道，促进了腾冲的早期对外开放。19 世纪末，英国在此设立领事馆和腾越海关。"二战"时期，史迪威公路（中印公路）的开通进一步强化了腾冲的战略地位。如今，腾冲至昆明的高速公路和两条通往缅甸的国际公路，以及 2009 年通航的驼峰机场，使腾冲火山热海旅游区的交通大为改善。在经济高速发展的推动下，腾冲市政府进一步加大了对公共交通设施以及旅游相关配套设施的投入，开通了国内航线，建立了以高速公路和高等级公路为主的快速交通网络，并完善了以旅游公路为中心的综合交通体系，实现了"吃住行游购娱"一体化服务。这些交通网络不仅便利了当地居民，也为腾冲的国际交流铺平了道路，更为其发展山地康养旅游提供了良好的基础条件。

腾冲市位于我国西南边陲，与缅甸接壤，拥有 100 多千米的国境线，历史上是"南方古丝绸之路"的重要关口，也是连接缅甸、印度、南亚、东南亚的桥梁。作为国家级对外开放口岸，腾冲市不仅是云南与南亚、东南亚地区的重要连接点，也是滇西北旅游区、滇西旅游区、缅北旅游区的中心，具有显著的国际旅游区域影响力。其地理位置优越，使得腾冲市成为滇西边境旅游区的重要支撑地和滇西精品旅游线的关键节点。腾冲山地康养旅游的市场知名度较高，游客主要以云南省内的居民以及周边邻近省份的游客为主，海外旅游市场主要以东南亚、东亚、南亚为主，这主要得益于其优越的地理位置，游客选择该地作为山地旅游目的地的通达性较强。

（三）案例小结

山地康养旅游通常是指在山地环境中开展的以气候、环境、物产等为主要资源的健康体验活动。这种旅游方式不仅强调自然景观的观赏，更注重游客在山地的康养休闲体验。在舒适的气候环境、清新的空气以及丰富的物产资源的基础上，游客可以在山地进行一系列健康活动，如户外登山运动、森林探险休憩、温泉水疗健身、山地森林避暑、医药温泉疗养等，以达到锻炼身体和充实内心的效果。此外，游客在山地森林康养旅游中也更能亲近自然，感受大自然的魅力，从而在身体和心灵上都得到全面放松和舒缓压力。总的来说，山地康养旅游是一种让游客在享受自然美景的同时，注重身心健康和休闲体验的旅游方式。因此，在现代快节奏的生活中，为缓解工作压力和改善身体状况，人们会更倾向于选择山地康养旅游，来满足其自身人格生态特质，人格生态特质会影响山地旅游偏好，进而决定山地旅游行为。

腾冲的山地康养旅游能够快速发展的关键，在于其独特的自然景观特色和康养旅游资源，火山雄峙苍穹满足游客的观赏需求，温泉可用于水浴、天然蒸汽浴等满足游客的康养需求，泉水还可用于医疗和提取矿物资源满足科研和研学需求。同时，腾冲市拥有悠久的历史文化，其开放包容的"腾越文化"具有较高的文化体验价值，能够满足游客的多样化的旅游需求，丰富旅游者的体验，满足旅游者的多重旅游动机。腾冲火山热海旅游区以其丰富的自然资源、独特的地域文化与旅游产业紧密相连，为游客提供多样化的山地康养旅游产品，更是满足了不同游客的旅游需求。腾冲火山热海旅游区完善的交通网络也为游客山地康养旅游提供了有利条件。总的来说，腾冲山地康养旅游以自然风光和休闲康养体验等为吸引点，营造出了与城市或传统乡村旅游截然不同的特有气息，并且通过利用当地独特资源满足了游客的生态需求，激发游客对腾冲火山热海旅游区的山地旅游偏好，并在外部有利条件的支持下，使他们最终选择腾冲火山热海旅游区作为山地康养旅游行为的目的地。

三、山地观光旅游——以贵州省铜仁梵净山景区为例

(一) 案例简述

1. 基本情况

梵净山得名于"梵天净土",位于贵州省铜仁市境内,在江口、印江、松桃三县交界处,靠近江口县城、印江土家族苗族自治县东南部、松桃苗族自治县西南部,是 5A 级旅游景区、我国国家级自然保护区和世界自然遗产地。梵净山是武陵山脉的主峰,海拔多在 800~1200 米,其中凤凰山为梵净山主峰,也是梵净山的海拔最高处,达到 2572 米,接下来是老金顶和新金顶,海拔分别为 2493 米、2336 米。同时,新金顶也是三座金顶中最险的一座山峰,被誉为"武陵第一峰"。梵净山是我国南方最早从海洋抬升为陆地的地方之一,距今约有 14 亿年,梵净—武陵运动形成了梵净山地块主体变质岩,喜马拉雅运动使周围山脉逐渐被剥蚀,梵净山变质岩出露,后来的新构造运动彻底使梵净山从周边的喀斯特地区凸显出来,形成了壮观的亚高山山体和丘陵地貌,是典型的穹隆状山地,山地高差达 2000 米。其总面积为 775.14 平方千米,遗产地面积为 402.75 平方千米,缓冲区面积为 372.39 平方千米,山顶上至今仍保留着 14 亿年前原始洪荒的地质奇观。

梵净山的气候为亚热带湿润季风气候,年均气温为 13℃左右,最热月为 7 月,温度可以达到 25℃,最冷月为 2 月,温度在 2℃左右,气温随着地势增高而降低,气候也随着海拔的升高从中亚热带转变为中温带,呈现出"一山有四季,上下不同天"的垂直气候特征。梵净山降雨季节集中在 5—10 月,年降雨量在 1100~2600 毫米。总体来说,气候特点为温和、雨量充沛、光能充足、无严寒酷暑。

2. 选取理由

选取梵净山景区作为本次案例地,进一步探究山地旅游行为的影响因素,揭示山地旅游行为的内在规律,验证人格生态特质、山地旅游偏好、山地旅游行为三者之间关系,从而解码人类为何眷恋大山深处。主要理由有以下 3 点:

一是梵净山景区自然生态资源和人文旅游资源都十分丰富。神奇景致星罗棋布,为梵净山增添了无尽的魅力和神秘感,并且梵净山是具有2000多年历史的文化名山,也是佛教圣地,具有深厚的文化底蕴,是山地旅游的绝佳去处。

二是梵净山景区的知名度较高且四季气候宜人。早在2008年便获评中国十大避暑名山,并与五台山、峨眉山、九华山、普陀山齐名天下;梵净山森林覆盖率达到98%,相对湿度常年为80%左右,导致这里每立方厘米空气中的负氧离子含量高达18万个[①],远高于具有疗养作用的空气中的负氧离子浓度,因此有着"天然氧吧"的美誉,在这里可以充分激发人们的生态无意识,展示出内心深处的人格生态特质。

三是梵净山景区基础设施完善。特别是景区内外交通十分便利,为吸引更多游客来体验山地观光旅游奠定了基础。同时,梵净山景区在吃、住、行、游、购、娱等方面提供的配套设施也十分齐全,可以满足不同游客的多样性需求,这些更加坚定了人们对山地旅游的偏好。

(二) 案例特征

原始洪荒是梵净山的景观特征,云瀑、禅雾、幻影、佛光四大天象奇观,为梵净山增添了神秘的色彩。2023年,梵净山景区接待游客量超过百万人次,是游客来贵州游玩的重要目的地之一,特别是对有山地旅游偏好的游客吸引力更加强烈,更能激发游客内心深处先天具有的生态无意识,引发游客更多的山地旅游行为。近几年,梵净山景区逐渐受到游客的追捧与喜爱,除人们越来越重视健康、养生、运动等外在因素之外,还有一个重要原因,在于其所具有的独一无二的特征和优势条件,很好地阐释了人格生态特质、山地旅游偏好、山地旅游行为三者之间的内在逻辑关联。

1. 丰富的山地旅游资源激发游客内心的生态无意识

位于人格结构最深处的生态无意识是人格生态特质的基础,生态无意识在人类每个个体心理结构中均存在,影响着个体对自然环境的态度和行

---

① 江口县人民政府网. 逐梦·圆梦:奋进中的贵州梵净山大健康医药产业示范区 [EB/OL]. (2023-10-09) [2024-03-27] . https://www.jiangkou.gov.cn/zfbm/gzfjsdjkcysfqglwyh/gzdt_5725843/202310/t20231009_82712151.html.

为。如果山地型旅游景区景观资源不足，或者没有得到很好的开发利用，将会在很大程度上影响游客此次山地旅游的满意度，从而可能会减轻游客内心深处的生态无意识，削弱人格生态特质，减少未来游客的山地旅游行为。相反，山地型旅游景区如果拥有丰富的山地旅游资源，并且得到了有效的开发与利用，将会很好地激发并加深游客内心深处先天具有的或后天习得的生态意识，进而增强对自然的渴望，产生更多亲近自然环境的生态旅游行为。依据《风景名胜区总体规划标准》（GB/T 50298—2018）对梵净山景区景观资源进行分类，共包括 2 个大类，8 个中类，32 个小类，其中 2 个大类是自然资源景观和人文资源景观，可见梵净山发展山地旅游的资源十分丰富，完全具有发展山地旅游的特质和潜力。

自然资源景观是景区发展山地旅游的基础，也是吸引游客产生更多山地旅游行为的关键因素，对提升旅游体验感、促进景区可持续发展具有重要的意义。梵净山因生物多样性丰富而独特，自然景观惊奇而绝美，保留了大量古老孑遗、珍稀濒危和特有物种，是武陵山脉的一颗"璀璨明珠"，也是贵州省最独特的一个地标。梵净山自然资源景观中有天景、地景、水景、生物景 4 个类型，其中天景主要有佛光幻影、禅雾等，地景主要有万米睡佛、红云金顶、金刀峡等，水景主要以梵净山古井、黑湾河溪流、观音瀑布等为代表，生物景主要是珙桐林、铁杉林、冷杉王、黔金丝猴、云豹等古树名木和珍稀生物。梵净山的自然资源景观是发展山地旅游的核心竞争力，这些景观共同构成了梵净山的独特魅力，来梵净山的游客可以通过徒步、观景、摄影等方式亲身感受大自然的壮丽与神奇，领略平时在"钢铁丛林"的城市中无法欣赏到的山地美景，全方位地放松身心。同时，随着城镇化和工业化的深入发展，人们面临的生活压力与日俱增，其内心深处的生态无意识不断受到压抑，如果受压抑程度较小，人们的精神生态系统仍可处于平衡状态，但是当人们的生态无意识受压抑程度较为严重时，将会导致精神生态系统失衡，并且随着人们生活观、健康观、旅游观发生深刻变化，人们对健康生活的向往将超过对物质生活的追求，而具有丰富多样资源的山地型旅游观光景区定会在很大程度上激发游客内心深处的生态意识，山地观光旅游也将会成为人们享受健康生活的理想方式，受到更多青睐，充分体现人们的人格生态特质倾向。

人文资源景观是景区发展山地旅游的重要组成部分，为游客提供了丰富的文化体验，同时可以提升山地观光旅游的品质和内涵，增强游客内心深处的生态意识。梵净山的人文资源景观中主要有园景、建筑、胜迹、风物4个类型，其中园景主要以梵净山生态植物园为代表；建筑主要有承恩寺、护国寺、寨沙侗寨、望佛亭等特色宗教建筑、特色村寨等；胜迹主要包括承恩殿、弥勒殿、金顶摩崖、罗汉雕像等遗址遗迹、摩崖题刻和雕塑；风物主要是当地的民族风俗、宗教礼仪、神话传说、民间文艺和地方特产。梵净山数不胜数的人文资源景观丰富了山地型旅游景区的独特性和多样性，为游客提供了持久的吸引力，这些承载着悠久历史和深厚文化底蕴的人文旅游景观使游客在欣赏自然风光的同时，也能领略到当地的历史文化和风土人情，不仅可以丰富游客的旅行内容，更能激发游客内心的生态意识和增强游客的山地旅游偏好。同时，独特的人文旅游景观也加强了山地旅游与游客之间的情感联系，可以让游客更加深入地了解当地的文化背景和社会环境，增强游客对当地文化的认同感和归属感，有助于提升游客对山地旅游的满意度和忠诚度，从而引发更多的山地旅游行为，也为梵净山景区的发展积累了良好的形象和口碑。

2. 完善的基础设施条件增强游客的山地旅游偏好

生态原型和人格生态特质是影响游客山地旅游偏好的重要因素，驱动着人们亲近自然、回归自然、选择山地旅游。山地旅游偏好是产生山地旅游行为的心理基础和动力来源，山地型景区完善的基础设施将会进一步强化人格生态特质对山地旅游偏好的影响，进而驱动游客产生更加丰富的山地旅游行为，拓展山地旅游新的发展空间。

梵净山景区在管理和服务方面精心规划，完善的基础设施条件，不但是山地型景区发展山地旅游具有重要作用的因素，也是保障游客安全和舒适体验的关键。景区不断对内部设施提质扩容，新建、扩建了基础设施，对周边住宿进行了系统规划。如建成了太平河景区旅游步道，改造了棉絮岭登山步道，增添了一批停车场、旅游厕所、人行便桥、游客休息亭等，还建设了一批星级宾馆饭店，旨在提升游客的住宿条件。同时，梵净山景区还加大了人才引进和资金投入力度，用于完善大数据综合管控平台、森林生态系统定位观测站、野生动物救助中心等一系列基础设施，提升了梵净山保护管理的智能化水平。此外，景区还完成了大量的标识标牌、木栈道、监控系统、充电桩、公路修复、线路整改、防雷设施等基础设施的整改提升工作，这对梵净山景区优化游客旅游体验和增加游客的停留时间发挥了极其重要的作用。

在提高山地旅游偏好上，景区内外的交通条件发挥着十分重要的作用。铜仁凤凰机场、沪昆高铁、渝怀高铁、杭瑞高速等线路的建成通车，标志着铜仁市已经形成了航空、高铁、高速路三位一体的交通网络。便捷的交通条件极大地提高了梵净山景区的市场竞争优势，打破了与东部沿海发达地区的空间距离限制。同时，梵净山环线公路等系列交通线的通车运营，极大地便利了来梵净山景区游玩的外地游客，而以梵净山景区、黔东南和凤凰古城等逐步形成的"1 小时旅游圈"，更是丰富了周边邻近游客的出行选择，为梵净山景区多样化的游玩出行方式增加选项，进一步增强了游客的山地旅游偏好，促使游客增加山地游玩的频次。此外，优质的山地旅游体验除了要拥有景区便捷的外部交通，缩短与中心城市的路程和减少游客的时间成本，景区内部的通行度，即从景区边缘位置到景区核心位置之间的通行，也是影响游客山地旅游体验感的重要因素。梵净山景区于2009 年 4 月正式投入运营索道，全长共 3500 多米，垂直落差达 1200 米，单向客运量达到了每小时 1000 人次，时间约需要 20 分钟，是世界上最先进的客运索道之一。在梵净山景区的东、西线旅游步道，游客可选择乘坐滑竿。梵净山景区内外各种类型交通工具的完善提升了游客的出行体验，为人文生态特质和山地旅游偏好较强烈的各年龄层次游客进行山地旅游提供了可能，完善的景区内外交通条件也进一步提高了景区的知名度和美誉度。这是一个相互促进、良性循环的过程，拓展了梵净山景区山地旅游新的发展空间。景区良好基础设施也必然会提高游客山地旅行的满意度和忠诚度，从而进一步增强自身的山地旅游偏好，愿意再次选择山地型旅游景区作为旅游出行目的地，并推荐给亲友，增加山地旅游行为。

3. 合理高效的景区运营策略催生更多山地旅游行为

山地旅游行为属于生态旅游行为的一种，是通过采取生态友好方式，开展生态体验、生态教育、生态认知活动，使人身心愉悦的旅游方式。旅游次数和旅游评价行为是山地旅游行为的外在表现形式。作为一种消费或类消费的行为，山地旅游行为是依赖旅行者偏好和内心深处的人格生态特质而产生的。山地型旅游景区要及时运用合理高效的运营和开发策略提高景区的运营管理水平，以确保景区的可持续发展和游客的满意度。否则，游客会因景区低效不合理的运营方式降低对山地旅游行为的期待，也会在一定程度上减弱游客的山地旅游偏好和内心深处的人格生态特质，从而无法催生更多的山地旅游行为。

梵净山景区的运营管理策略是一个综合性的体系，涵盖多个方面。

一是梵净山景区实行分区管理。将整个景区划分为一级保护区、二级保护区和三级保护区，以坚持生态优先、绿色发展、统一管理、共抓保护、科学规划、永续利用为原则，建立"红绿灯"准入体系，采取"一张图"对世界自然遗产地范围进行分级分区管理。

二是梵净山景区制定了科学的"共管公约"。景区创建"分区管理，社区共管"的组织架构，建立了大社区保护体系，形成了自我约束、自我监督，联防联治、共抓大保护的良好氛围，这对保护梵净山稀缺的自然生态资源起到了十分重要的作用。

三是梵净山景区依托"智游自在梵净山"大数据平台。景区实行"三限一单"管理，建立全网实名制售票和分时段叫号进山制度，确保景区内游客流量在单日最大承载上限以内，最大限度地保护景区生态环境和给予景区内游客最优质的游玩体验。

四是及时调整处理利益分配结构。景区通过转让股权、调整补偿费缴纳比例等措施成功解决了开发企业收益占比较大、地方利益占比较低的问题，后续将会有更多资金可以用于梵净山生态修复治理、生物多样性保护等，进一步改善梵净山的生态环境，使游客对山地旅游产生更多偏好。

五是梵净山景区注重提升游客的消费水平和游览时间。景区通过利用互联网、广告、社交媒体等多渠道进行宣传推广，以及积极进行山地旅游产品创新，吸引更多游客前来旅游，提升游客的旅游体验。同时注重加强员工的服务培训，提高员工的服务水平和专业素质等，进而提升景区整体服务品质。

六是梵净山景区在开发运营中始终坚持市场化导向和可持续开发原则。在规划梵净山景区自然资源和人文资源的开发时，始终以市场的需求和游客满意度为出发点，明确市场定位，突出景区特色，开发出多层次、多样化且具有市场吸引力的文化旅游产品，最大限度地满足山地旅游者的需求，激发潜藏在游客人格结构深处的人格生态特质和增强游客的山地旅游偏好，扩大山地旅游整体的市场占有率。

梵净山景区的运营管理策略不仅最大限度地保护了景区内的生态环境，而且充分保障了游客在梵净山的山地旅游体验，实现了景区开发与保护的有机统一。人们对湛蓝天空、洁净空气、茂密森林、辽阔草原、蔚蓝大海等自然界中朴实生动景致的喜爱便是生态原型作用的直接体现，因为这种对自然环境的喜爱并不仅是对个人审美的一种征服，更多的是人类灵魂对原始意象的回归，人们对自然的这种喜爱无性别之分、无年龄之分、无种族之分，是整个人类共同拥有的原始自然情结。山地型旅游景区采取的一系列合理高效的运营管理策略在推动景区长远持续发展的同时，更将有助于维系人们内心深处的生态原型，加深人们的原始自然情结，提高人们山地旅游的动力和偏好，最终在不知不觉中催生更多山地旅游行为。

综上所述，梵净山景区作为铜仁市唯一一家 5A 级旅游景区和贵州省 9 家 5A 级旅游景区之一，应保留如原始洪荒这样重要的景观特征，保护丰富的自然生态资源。这些资源都十分宝贵并且多数都不可再生，一旦破坏很难复原，在后续的开发运营中要坚决杜绝乱建、乱排、滥捕、滥伐等现象，坚持可持续发展的原则，加强科学管理，完善发展规划，维护生态平衡，实现经济效益和生态效益的统一。同时，梵净山景区是贵州发展山地旅游的一张亮丽名片，也是游客进行山地观光游玩的重要目的地，梵净山景区丰富的山地旅游资源、完善的基础设施条件、合理高效的景区运营策略等特征优势，对山地旅游偏好的游客有着十分强烈的吸引力，能引发更多的山地旅游行为，可以强化游客人格生态特质、山地旅游偏好和山地旅游行为三者之间的内在关联。

（三）案例小结

个体的山地旅游行为不仅受到经济因素以及个体的人口学等特征、童年和现在生活区域的影响，还受到个体的心理因素的影响，而这种心理因素不仅是个体后天形成的，更是个体先天便具有的生态无意识。因此，以梵净山景区为案例，深入分析人格生态特质、山地旅游偏好与山地旅游行为三者之间的关系，探究人格生态特质如何通过山地旅游偏好进一步影响游客的山地旅游行为，能够很好地从实践应用层面阐释人类的山地旅游行为，进一步破译人类为何眷恋大山深处。

人类为何眷恋大山深处
——解码游客山地旅游行为

《国际山地旅游贵州宣言》指出，山地约占全球陆地面积的四分之一，世界上 75% 的国家拥有山地。中国的山地、丘陵和高原面积已经超过了中国领土总面积的二分之一，其中贵州省更有超过 92% 的面积是山地和丘陵[1]，拥有发展山地旅游的天然优势。改革开放以来，旅游业得到了迅猛发展，中国旅游市场已经形成了世界上最大的旅游市场。在中国，旅游已从奢侈品转化为人们的必需品，旅游业已是中国的国民经济和现代服务业的重要组成部分。山地旅游是集观光、休闲、度假、康体、娱乐、教育为一体的现代旅游形式，在全球旅游发展格局中占有重要地位，山地旅游的产品以及活动类型越发丰富，从先前单一的康体疗养逐渐发展为涵盖康体养生、观光、商务会议、生态旅游、山地户外运动、休闲度假、宗教朝拜、文化体验等诸多项目在内的产业体系。目前，越来越多的游客希望在闲暇时间暂时逃离城市的压力，走向并体验大自然。这也是每个人内心深处具有的人格生态特质，这种特质也是驱使游客外出山地旅游的重要因素，特别是生活在工业文明高度发达的人造"钢铁丛林"中时，个体的生态意识会受到不同程度的压抑。在这种情况下，个体的生态需求会比较强烈，进而会表现出较强的人格生态特质倾向，也就会更加偏好山地旅游，影响其山地旅游行为。梵净山景区已经成为国内外众多游客山地旅游的重要目的地，得到了广大游客特别是山地旅游偏好较强游客的认可。通过深入分析梵净山景区的案例特征可以发现，人格生态特质、山地旅游偏好、山地旅游行为三者之间的内在关联，最终可以印证前文研究的结论。

第一，景区内丰富的山地旅游资源与游客的山地旅游行为是相互促进关系。山地型旅游景区内部的自然资源和人文资源越丰富，就越能唤醒游客内心深处的生态意识，使那些长期生活在人造"钢铁丛林"中的人们的人格生态特质得到释放，使其身心感到前所未有的放松，生态需求也会进一步增强，从而产生更多的山地旅游行为。同样，游客的山地旅游行为也是对山地型旅游景区的自然资源和当前发展状况的肯定。当然，山地型旅游景区不会对游客的人格生态特质产生更多影响，特别是当个体长期生活在田园风光的自然环境中时，精神生态系统处于较为平衡的状态，相较长

---

① 贵州省人民政府网. 贵州概况：地理 [EB/OL]. [2024-03-27]. https://www.guizhou.gov.cn/dcgz/gzgk/dl/.

期生活在城市中的个体对生态的需求较低。

第二，人们对山地旅游的偏好会极大影响山地旅游行为。山地旅游偏好与山地旅游行为之间存在着密切的关系，人们的山地旅游行为是其山地旅游偏好的外在表现形式，往往因其对山地的自然风光、文化特色或户外活动有着浓厚的兴趣，会选择山地作为外出旅行的目的地，进而产生相应的山地旅游行为。例如，人们可能会因为对山地旅游的偏好而选择前往梵净山这样的山地型旅游景区，欣赏其独特的山水风光，体验登山、徒步等户外活动，或者感受当地的文化氛围。人们如果在山地旅游过程中体验良好，则会对山地产生喜爱和认同，增强山地旅游偏好，在未来也会再次选择山地作为旅游目的地。

第三，人格生态特质是影响人们山地旅游偏好和山地旅游行为的重要因素。不管是先天具有的还是后天习得的人格生态特质，都反映出了人们对自然的亲近程度，集中表现为人们将生态意识和理念付诸实施，不再以追求经济利益为唯一目的而损害自然环境。人们内心对大自然的喜爱和向往，以及山地型旅游景区丰富的旅游资源、完善的基础设施、合理高效的运营管理策略等外部条件，这些因素激发了人们的山地旅游偏好和向往，促使他们在良好的山地生态环境和独特的人文生态系统中，以友好方式探索、体验、认识生态，享受身心愉悦。

四、山地无障碍旅游——以湖南省郴州莽山景区为例

（一）案例简述

1. 基本情况

湖南省郴州莽山以山奇、水秀、林幽、石怪、气爽而著称，以蟒蛇出没，林海莽莽而得名，被评为国家 4A 级旅游景区。莽山地处宜章县最南端，位于湘粤交界的南岭山脉中段，与广东毗邻，距郴州市区 130 千米，年平均气温 17.2℃，总面积 2 万公顷，森林覆盖率高达 99%，活立木蓄量达 177.35 万立方米，森林植被郁闭度大于 0.8，是南方浓度最大的负氧离子库之一，是世界上第一个实现无障碍的，集观光、休闲、康养、研学于一体的山岳景区，被称作"一座不用爬的山"，被授予"全国首家无障碍

山岳型旅游景区""全国首家无障碍山岳型景区"称号，获评"最佳山地旅游目的地"国际大奖。

2. 选取理由

选取莽山景区作为本书的案例地，具体有以下几点理由。

一是自然资源十分丰富，有高耸入云的山峰、茂密的森林、清澈的溪流和瀑布，展现了大自然的神奇和魅力，吸引了众多山地旅游爱好者前来欣赏和探索。

二是古代文明的遗迹、历史建筑和传统文化的悠久，莽山古城墙、莽山道观、莽山古村落与当地独特的瑶族文化，彰显着莽山的独特魅力与古人的智慧和创造力，是中国的重要文化遗址之一。

三是无障碍山地旅游基础设施和服务设施基本完善，是全国首家无障碍山岳型景区，有高空索道、游览步道、电梯系统、提升机系统、辅助设施系统、无障碍换乘系统和标示指引系统等。基础设施的完备提升了山地旅游服务体验，丰富了游客的旅游休闲生活，具有较高的影响力和声誉。

四是野生动植物、珍稀物种资源丰富，展现出大自然的奇观和生态的美丽，是林业科学和教学的理想之地，吸引大量的研究人员到此勘察，成为院校科研的重要基地。

（二）案例特征

"莽山无障碍，平步入云端"，恰如其分地描述了莽山景区作为无障碍山地旅游目的地，境内山岭耸峙、峰林嵯峨、悬崖峻峭、怪石嶙峋、气势磅礴，兼具"黄山之奇、泰山之雄、华山之险、青城之幽"，拥有"奇松、怪石、云海、雾凇、杜鹃、温泉"等高品质资源，吸引着四方游客到此游玩。特别是对山地旅游有强烈偏好的游客，莽山景区更能唤醒他们内心深处先天具有的生态无意识，从而激发更多山地旅游行为。从聚人气到重服务，莽山致力于为每一位游客提供高水准的文化旅游体验。游客在此品味山水盛宴、阅览诗画美景，如约而至，尽兴而归。在莽山，每一步前行都是一次心灵的震撼，每一次旅行都是一次生命的升华。

1. 富饶的多元资源激发游客内心的生态无意识

生态无意识，作为人格生态特质的核心基础，深深植根于每个人的内心深处，潜移默化地影响着人们对自然环境的认知和行为。在莽山山地旅游的发展过程中,风景区对生态景观资源进行了科学而有效的开发,既妥善保护了原始的生态环境,又巧妙地融入了现代文明元素。这种独特的开发方式极大地激发了游客内心深处的生态意识,使他们更加深切地感受到与自然的紧密联系,从而促进了更多山地旅游行为的发生。这一举措既提升了游客的旅游体验感,也为山地旅游的可持续发展注入了新的活力。

自然景观与原始生态是风景区发展山地旅游的基础条件。莽山生态好,产品好,旅游资源更好,为无障碍旅游业态的发展奠定了丰富的资源基础,是游客选择山地旅游的关键影响因素。

在自然景观层面,莽山景区的山顶矮林景观和幽深峡谷中的鬼子寨景区美不胜收。对面的天幕山和被称作"中南第一险"的崖子石峰林同样令人赞叹。崖子石景区内的东天门,宜乳边境的蛤蟆石,猛坑石内的军营秘洞神秘莫测,其主峰的金龟望海景观尤为壮观。此外,还有着中南地区海拔最高的中型水库——林泽湖,环于林泽湖周围的云水山庄、度假村、猴王寨景区、奉天坪、莽山珠江源漂流,是生态旅游、避暑、休闲度假的胜地。

在原始生态层面,莽山以其广袤的原始森林而著名,拥有丰富的动植物资源与人文资源,保留了 6000 公顷的宝贵森林资源。因其独特的自然环境和丰富的生物多样性,被誉为"地球同纬度带上的绿色明珠"。同时,也被誉为"动植物基因库""中国原始生态第一山",含高等植物 2700 余种、维管束植物 200 余科 900 余属 2650 余种、脊椎动物 70 科 164 属 300余种,国家重点保护动植物 60 余种,其中华南虎、莽山烙铁头蛇等被列入《中国濒危动物红皮书》。内含华南五针松群落、长苞铁杉群落、福建柏群落等原生植物群落,有南方红豆杉、伯乐树、莼菜等国家一级保护植物;福建柏、华南五针松、白豆杉、长柄双花木、半枫荷等国家二级保护植物;有蟒、黄腹角雉、云豹、金钱豹、梅花鹿等国家一级保护动物;国家二级保护的陆生野生动物虎纹蛙、蛇雕、白鹇、雕号鸟、水鹿、红面猴、穿山甲、黑熊等。以亚热带原生型常绿阔叶林而著称,自下而上分布四条林带景观,其中中山常绿阔叶林景观分布在海拔 500~1400 米,地形起伏,水热条件好,大部分为河谷地带,深谷密林;中山常绿落叶阔叶混交林景观分布在海拔 800~1400 米山地范围;中山针叶混交林景观分布在海拔 800~1700 米山地上部或山脊;山顶矮林景观分布在海拔 1400 米以上。

人类为何眷恋大山深处
——解码游客山地旅游行为

莽山于 1982 年被批准设立为省级自然保护区，以保护其独特的自然环境和生物多样性。随后，在 1994 年，被提升为国家级自然保护区，进一步加强了对其生态系统的保护。1999 年，针对莽山的天然阔叶林，明确规定为禁伐森林，以确保其原始森林的完整性和生态功能。2001 年，莽山森林被界定为国家公益林，进一步加强了对其森林资源的保护和管理。丰富的动植物多样性和复杂的气象、水文、地质、土壤等特征，使其成为林业科研和教学的理想之地，吸引大量国内外的林业院校、科研单位的科考人士到此勘察，对植被特征、植物资源、蕨类种属、土壤特性、生态功能等多个项目开展研究并发表论文多篇、出版专著多部。莽山景区还先后与北京林业大学、上海师范大学等院校建立了固定的科研合作关系，完成并实施了 100 余项科研课题。2019 年，莽山景区生态保护工作获国家林业和草原局全国生态建设突出贡献奖。

莽山景区坚定不移走生态优先、绿色发展之路，着力增强游客山地旅游的意愿，提升旅游体验感，推动景区生态建设高质量发展。景区强化生态系统保护、动态巡护监管、生态修复治理。首先，针对莽山森林生态系统典型性、多样性、稀有性、自然性、脆弱性等特点，制定了精准的对策和严格的措施。其次，建立了一系列规章制度，如《日常巡护工作流程与要求》，以规范日常工作行为和提高工作效率。此外，每年定期召开专题会议研究生态保护工作，并开展专项监督活动，与全局干部职工的绩效挂钩，以确保生态保护工作的落实。通过激发莽山森林生态系统的强大内力，促使受保护的野生动植物得到恢复发展，特别是增加了莽山烙铁头蛇和藏酋猴的数量。此外，景区坚持大规划促引领、大改革促转型、大投入促提升的原则，编制了《湖南莽山国家级自然保护区生态旅游规划》（2021—2027 年），并积极推进国有林场改革，构建了"县委总管、政府主导、市场主体、部门配合"的大莽山发展格局。同时，通过自筹产业收入、争资立项等方式，实施了多个项目，如生态管理工程、科研监测工程、公众教育工程等，建立了生态保护信息化管理系统，为莽山生态建设提供了坚实的基础。同时，莽山景区还积极推进资源高效开发、文旅融合发展和生态科普教育。从 20 世纪六七十年代，莽山采伐和营林相结合的方式被采用，到 20 世纪 80 年代的"以林蓄水、以水发电、以电促工、工电养林养人"，再到现在的"保护生态、稳定水电、开发旅游"，莽山景区始终坚持资源高效利用、可持续发展。自全面启动 5A 级旅游景区创建工作以来，莽山生物多样性的独特魅力和吸引力得到了进一步的彰显与释放。莽山景区积极与科研院校展开深度合作，充分发挥其作为"全国科普教育基地"的职能，举办了一系列丰富多彩的宣传和教育活动。这些活动不仅向周边居民普及了生态保护的重要性，更在全社会范围内营造了支持和参与莽山生态保护的良好氛围。莽山景区的努力旨在保护和提升生态环境，营造人人支持、人人参与莽山生态保护的浓厚氛围，助力景区生态的可持续发展。

此外，莽山文化历史悠久，自古以来便以其独特的魅力，吸引着世人的目光。早在唐朝时期，这里便已成为南方繁荣的商贸中心，商贾云集、经贸发达。在宋朝时期，莽山更是被赋予了重要的军事地位，成为南宋坚守疆土、抵御外敌的坚固堡垒。历史的车轮滚滚向前，明清时期的莽山又焕发出新的文化生机。这里成为南方道教文化的圣地，众多道观庙宇点缀其间，道教文化在这里得到广泛的传承与发展，为莽山增添了浓厚的宗教色彩。同时，莽山也是瑶族的聚居之地，瑶族人民世世代代在这里繁衍生息，创造了丰富多彩的民族文化。他们能歌善舞，用歌谣、舞蹈和乐器诉说着民族的历史与爱情的激情。花棍舞、猴舞、青牛舞等独特的舞蹈形式，生动展现了瑶族人民的生活与信仰，令人叹为观止。这片神奇的土地，还培养了杰出的瑶族姑娘江梦南，她以坚定的信念和卓越的成就，荣获"感动中国 2021 年度人物"殊荣，为莽山增添了新的荣耀与光辉。莽山以其深厚的文化底蕴、独特的民族风情和杰出的人才，吸引着无数游客前来探秘，到此感受历史的厚重与文化的丰富，领略瑶族的独特魅力与民族的欢乐期盼，在自然的怀抱中获得内心的宁静与力量。

2. 丰富的宣传方式增强游客的山地旅游偏好

山地旅游偏好是指山地旅游行为主体即旅游者对山地旅游的喜好或山地旅游动机的强烈程度，它是一个相对复杂且多元化的主题，受到个人兴趣、文化背景、年龄、性别，以及身体健康状况等多种因素的影响。莽山景区以其独特的宣传营销方式，受到如《人民日报》、人民网等多家国内主流媒体的争相报道，大莽山旅游品牌逐步形成。后续的以莽山为主题的歌曲的推广，以及多网络渠道宣传，进一步提高了莽山景区旅游的曝光度，增强了游客的山地旅游偏好，吸引众多游客前来欣赏和探索，努力推进全民山地旅游的逐步实现。

为增强游客对莽山山地旅游的偏好，景区积极开展了一系列精心策划的宣传营销活动，力求将山地旅游的知名度和吸引力推向新的高度。在推动山地旅游蓬勃发展的过程中，莽山景区匠心独具地推出了《我在莽山等你》《莽山红》等饱含莽山风情的主题歌曲，让游客在歌声中感受莽山的独特魅力。同时，景区还紧跟时代步伐，开发了宜章旅游 App 智慧旅游系统，为游客提供便捷、智能的旅游体验。此外，景区还精心设计并编印了《宜章旅游手册》《宜章全域旅游地图》等旅游指南，通过线上线下的多元化传播渠道，将莽山的瑰丽景色展现给广大游客，使莽山山地旅游的知名度得以广泛传播。

另外，莽山景区积极与多领域名人合作，让游客可以在多领域探析莽山魅力。莽山景区通过与著名科幻作家刘慈欣的著作《流浪地球》合作，将科幻元素融入了莽山文化输出，推出了"奇幻邂逅科幻"等系列话题，展现了绝美的雾凇山景和充满科幻感的"太空电梯"等景观。内容通过短视频传播，极大地提升了莽山景区的品牌知名度，实现了莽山从自然景观到人文景观的价值进化，吸引了大批游客前来旅游，成为自然人文景区的新地标。此外，在第二届湖南旅游发展大会期间，莽山景区还与国际钢琴大师郎朗和国乐大师方锦龙合作举办了"奇幻太空演奏会"，在空灵山谷和莽莽林海中演奏美妙乐章，赋予莽山更多内涵丰富的艺术魅力。这场演出通过多个媒体平台直播，包括人民网、抖音、央视网客户端、央视影音客户端、湖南卫视新媒体矩阵、芒果 TV 新媒体矩阵，以及郎朗抖音号、快手号、视频号等平台。累计观看量超过 9000 万人次，引起全民关注，旅游品牌又一炮打响，实现让莽山"流量"变"留量"、"网红"变"长红"。在多方媒体有效宣传加持下，莽山丰富的自然景观资源，有效激发出人们内心深处对山地旅游的偏好，并进一步影响人们的山地旅游行为。

3. 完备的基础设施影响游客的山地旅游行为

山地旅游行为作为一种消费或类消费的行为，其表现特征受到旅行者的偏好影响，它是以山地环境为主，以可持续发展为理念，以保护山地生态环境为前提，以统筹人与自然和谐为准则，并依托良好的山地生态环境和独特的人文生态系统，采取生态友好方式，开展生态体验、生态教育、生态认知并获得身心愉悦的旅游方式。莽山景区注重游客身心愉悦，致力于提升游客山地旅游体验感，以其高空索道、游步道、电梯系统、提升机系统、辅助设施系统、无障碍换乘系统和标示指引系统等构成的无障碍设施，提升游客的山地旅游服务体验水平，丰富游客的山地旅游休闲生活。

莽山景区提供的无障碍设施配套齐全。2017 年，北京中景信旅游投资集团公司投资 30 亿元，在莽山打造全国首个全程无障碍游的山岳型景区，架设了一条目前世界上最先进的拖挂式客运索道，单线全长 3700 米、高差 1000 米，每小时单向最大运量 2000 人次；建成我国南方最长悬空栈道——游步道，全程 8 千米，分上、中、下 3 条线，让步行障碍者如履平地，在山岳之间望青山、观云海，体验别样的山间之旅，实现家门口公园散步；建成 2 台升至海拔 1600 米高空的悬崖电梯，用 2 台电梯把 3 条不同海拔的游步道连接起来，形成一个循环游览线路，实现在密闭电梯里眺望山间奇观；安装了如提升机、爬楼机等 7 台辅助设施系统，采用户外斜挂式轮椅提升机和垂直轮椅提升机代步，采购了 10 辆载人和载椅式爬楼机，能满足轮椅无障碍通行，实现了从传统型跋山涉水的"苦游模式"，到走山看水的"乐游模式"，再到游山玩水的"无障碍畅游模式"的转变[①]。自莽山五指峰无障碍游览系统运营以来，已接待了众多老年人、残疾人，推进了全民旅游无障碍的实现。

莽山无障碍山地旅游为残障群体和出行困难的人群提供便利、舒适的旅游体验。改造和建设无障碍设施，如无障碍通道、无障碍卫生间、无障碍交通工具等，通过提供特殊的轮椅租赁、导游陪同等服务，使残障群体能够完全自主地参与山地旅游活动，更加安全、舒适地游览莽山美景。同时，在莽山景区，旅游组织会提供专业的安全指导和紧急救援措施，以确保每位游客的安全。莽山无障碍山地旅游不仅提供了旅游机会，也为残障群体和出行困难的人群创造了社交平台。通过参与旅游活动，他们可以与其他游客互动，分享彼此的经历和故事，增进相互之间的了解和友谊，体会不一样的人生、领略不一样的精彩。莽山无障碍设施圆了许多残疾人、

---

① 宜章县人民政府网. 天下莽山 大爱无碍：宜章县莽山五指峰景区无障碍旅游典型案例 [EB/OL]. (2023-10-17) [2024-3-27]. http://www.yzx.gov.cn/2/25/50466/65317/content_3646605.html.

老年人饱览祖国大好河山的夙愿，实现上自耄耋老人，下到年幼孩童，都能轻松地到海拔 1100~1600 米的高处欣赏风景的憧憬，实现人人悦享美景和文化，拓展了莽山山地旅游新发展空间和新发展格局。同时，景区内设有辅助设施系统和专业服务，通过成立志愿者服务小组，为出行障碍人士旅游群体和特殊人群提供专业细致服务，实现无障碍畅游。推进实现全域开发无障碍、全景观光无障碍、全程保护无障碍。

莽山景区交通设施与公共服务完善。莽山地处我国南方，交通便利，国内外游客都可以轻松到达这里，使得莽山成为一个备受欢迎的旅游目的地，吸引大量游客到此旅游。莽山交通方式众多，可满足不同人群的个性化需求。可通过多种方式到达莽山国家森林公园游客服务中心。当下，广州至莽山景区的首条跨省旅游直通车线路备受欢迎，该直通车将交通、酒店、景区门票等整合在一起，打造了"交通+旅游"融合的新主题旅游模式。游客可以享受到高质量的旅游服务和便捷的旅行体验，实现吃、住、行、游"一站式"服务，激发了大湾区市民前往郴州莽山旅游的热情，进而激发大众对莽山山地旅游偏好，为莽山旅游注入了强劲动力。此外，莽山旅游辐射周边地区的居民发展民宿旅游、乡村旅游和温泉旅游等，形成了一个包括吃、住、行、游、购、娱的完整旅游产业体系。

综上所述，湖南省郴州市莽山景区作为无障碍山地旅游目的地，以其丰富的自然生态、人文历史资源、独特的宣传营销方式，以及完备的无障碍设施与公共服务，激发了具有不同人格生态特质的人对莽山的山地旅游偏好，并对莽山山地旅游产生山地旅游行为。

（三）案例小结

莽山景区坚持"创新、协调、绿色、开放、共享"的新发展理念，结合当地自然景观、人文历史、原始生态等资源，以无障碍旅游为主题，匠心打造集观光、休闲、康养、研学于一体的山地旅游目的地。以更好的设施、更齐的配套，让世人观赏到莽山的原始之美。本节以湖南郴州莽山为例，通过深入分析人格生态特质、山地旅游偏好与山地旅游行为三者之间的关系，揭示了不同人格生态特质对山地旅游偏好的影响。为促进莽山无障碍山地旅游的进一步发展，实现更加个性化和可持续的山地旅游业态。从"人格生态特质-山地旅游偏好-山地旅游行为"理论入手，增强人们对莽山山地旅游的向往。莽山景区之所以成为游客山地旅游偏好并吸引他们产生山地旅游行为，主要归功于以下几点独特魅力。

一是莽山以其独特且壮美，深深地吸引着游客的目光。这里的山峦起伏，群峰竞秀，宛如一幅气势磅礴的山水长卷；飞瀑流泉，溪水潺潺，构成了一曲天籁之音的自然交响。同时，莽山作为一个生态的宝库，蕴藏着丰富多样的动植物资源。当游客步行于林间小径时，常可以遇见稀有的野生动物穿梭于林间，或是遇见珍稀植物静静绽放于幽谷之中。来到这片神秘美丽之地，游客仿佛踏入自然胜地。漫步参天古树间，感受大自然的恢宏；徜徉缤纷花海中，沉醉于色彩与香气的交织；登上山峰之巅，俯瞰云海与群山的壮丽。莽山的每个角落都充满生命力量，让人心灵得到净化，与大自然融为一体。此外，游客还能参加生态徒步、自然摄影等活动，探索大自然的奥秘，参与生态保护，为珍稀环境贡献力量。

二是莽山承载着深厚的人文历史和瑶族文化，为游客开启时光之旅。莽山蕴藏着深厚的人文历史底蕴和独特的瑶族文化，为每一位踏足此地的游客打开了一扇通往历史深处的时光之门。在这里，古老的传说与现代的历史相互交织，宛如一幅幅生动的历史画卷在游客眼前徐徐展开。当游客漫步于山间古道，或是探访古老的村落时，仿佛能够听到历史的回声，感受到岁月的流转。与此同时，瑶族文化的独特韵味与汉族文化的博大精深在这里相互融合，形成了一种独特的文化现象。瑶族的歌舞、服饰、建筑、习俗等，都展现了其独特的民族风情和审美追求；而汉族的文化传统、哲学思想、艺术风格，也在与瑶族的交流中不断融合与创新。这种文化的交融与碰撞，为游客带来了一次跨越时空的深度文化之旅。在莽山，游客可以参观古老的瑶族村落，欣赏原汁原味的瑶族歌舞表演，品尝地道的瑶族美食，也可以亲手体验瑶族的传统手工艺制作。这些活动不仅让游客深入了解瑶族文化的内涵与魅力，更让他们感受到了不同民族之间的交流与融合所带来的文化繁荣与多样性。

三是莽山景区运用数字化宣传营销方式，将美景与文化传播至世界各地，吸引游客前来。景区借助数字化宣传手段，将其壮丽景色和深厚文化广泛传播至世界的每一个角落。现代科技的巧妙运用、"大咖"的助阵，为莽山景区旅游插上了一双翅膀，使其翱翔在信息化的高空，让更多人领略到了这片神奇土地的魅力。通过互联网平台，精美的图片、生动的视频以及详细的旅游攻略，将莽山的每一处风景、每一种文化都展现得淋漓尽致。游客在家中便能感受到山的巍峨、水的柔美，以及瑶族文化的独特韵味，这种沉浸式的体验方式，让游客在出发前就对莽山充满了期待与向往。

四是莽山景区致力于无障碍旅游，全方位满足了不同游客的需求。景区内公共设施均配备无障碍设施，如通道、扶手和坡道，确保每位游客都能轻松游览。同时，为行动不便的游客提供轮椅租赁和专业导览服务，为特殊需求游客（如视障、听障人士）提供盲文地图、手语导览等辅助设备和服务。莽山景区的无障碍设施不仅提升了山地旅游体验感，更体现了人文关怀和社会责任，让每位游客在这里都能留下深刻回忆，享受山地旅游的乐趣。

五是莽山景区在交通、住宿餐饮等基础设施和公共服务方面持续完善，为游客提供了更加便捷舒适的旅游环境。发达的交通网络使游客能轻松抵达莽山，景区内的观光车、索道等交通工具也让游客能轻松穿梭于各个景点。同时，多样化的住宿餐饮设施满足了不同游客的需求，让他们在享受美食的同时，也能在舒适的客房中放松身心。此外，莽山景区还推出了丰富的游览观光项目，包括文化体验、户外探险等，让游客在旅途中感受到更多的乐趣和刺激。这些举措不仅提升了游客的山地旅行体验感，也彰显了莽山对游客的贴心关怀。

五、山地科教旅游——以美国黄石国家公园为例

（一）案例简述

1. 基本情况

美国黄石国家公园是世界上第一个国家公园，1872 年 3 月 1 日被正式命名为保护野生动物和自然资源的国家公园，并在 1978 年被列入《世界遗产名录》。公园位于美国落基山脉东部，处于怀俄明州、蒙大拿州和爱达荷州交界处，占地面积达 2.2 万平方千米，大部分地区海拔在 7500 英尺（2286 米）以上，由火山基岩组成。公园内地貌丰富、气候多变，常出现坡上白雪皑皑，间歇泉附近热气腾腾的景象。公园共分五个区：西北的猛

犸象温泉区以其独特的石灰石台阶而闻名，这些台阶是由温泉中的矿物质沉积形成的，因此也被称为热台阶区；东北的罗斯福区则保留了美国老西部的原始风貌，这里的自然风光和历史遗迹让人仿佛穿越回那个充满探险精神的时代；中间的峡谷区是黄石国家公园的精华所在，黄石大峡谷的壮丽景色和瀑布的雄伟气势让人叹为观止，是摄影爱好者和自然探索者的天堂；东南的黄石湖区则以其宁静的湖光山色吸引着游客，是放松心情、享受自然美景的理想之地；西南的间歇喷泉区则是地质奇观的集中地，这里遍布着间歇泉、温泉、蒸汽池、热水潭、泥地和喷气孔。此外，园内还设有历史古迹博物馆，交通便利，环山公路长达 500 多千米，将各景区的主要景点连在一起，徒步路径达 1500 多千米。公园每年会接待全球数百万名的"探险者"。

2. 选取理由

本节以美国黄石国家公园为例，探讨山地型国家公园对游客山地旅游行为的影响因素，印证人格生态特质、山地旅游偏好、山地旅游行为三者之间的关系。选择美国黄石国家公园为研究对象，有以下几个原因。

一是作为世界著名的山地型国家公园，美国黄石国家公园以其独特的火山地质、多样的野生动植物、丰富的户外活动和壮丽的山地风光而闻名。对相关山地旅游活动的开发、宣传和落地等都形成了较成熟的体系，每年吸引着大量的全球游客前往该地进行观光、徒步、露营等活动，为游客提供了多样的山地旅游体验。

二是除当地游客外，美国黄石国家公园的国际游客较多，其经济收入一般较高，能够相对自由地支配时间。对此类非本国游客来说，离开本国到异国从事休闲活动的时间、金钱都需很多。因此，其更能明确地了解到在该地的吸引力和在此进行山地旅游的意义，旅游体验也更为充分，对山地旅游的满意度评价也较为中肯，可供本书参考。

（二）案例特征

美国黄石国家公园以其丰富多彩的地貌、地质奇观和野生动植物资源，及其独特的地理位置和历史背景成为美国乃至全球著名的国家公园之一，是全球游客向往的山地旅游目的地。其具体特点有以下几个方面。

人类为何眷恋大山深处
——解码游客山地旅游行为

1. 景区所属的"生态观"契合游客山地旅游的生态环保价值观

美国黄石国家公园的生态概念、生态功能和生态保护及利用措施与自然生态人文资源可持续发展理念相契合，生动体现了认识自然并合理利用自然的科学"生态观"①，符合游客进行山地旅游的生态环保价值观念。

一方面，美国黄石国家公园自然人文生态环境质量极佳，为山地旅游业态的发展提供了良好的资源基础，是游客选择户外游憩以及进行山地旅游的重要影响因素。其中，在自然生态层面，这里有着丰富多彩的地貌和地质奇观，是山地旅游十分重要的开发基础。由于地壳运动的影响，美国黄石国家公园形成了多种多样的地形和地质景观。该公园是世界上最大的火山口之一，拥有290多个瀑布、10000多个温泉和300多个间歇泉，如著名的老忠实喷泉、大棱镜彩泉、黄石湖等。其中著名的景点是旺旺泉，它是世界上最大的温泉之一，以其多彩的池水而闻名。除此之外，还有黄石大峡谷、黄石湖、老忠实间歇泉、马黛茶盆地、大棱镜彩泉、猛犸象温泉、罗斯福拱门等，这些都是美国黄石国家公园的标志性景点。同时，园内有熊、狼、麋鹿、鹿、驯鹿等多种哺乳动物及各种鸟类和爬行动物，如北美灰熊、北美野牛、驼鹿等，野生动物的生存和繁殖环境较为安全；园内植物生存的自然环境舒适，有1100余种原生植物，200余种外来植物和400余种喜温微生物。国家公园多样的野生动植物资源，为山地旅游观光和研学等活动提供了充分的开展条件，自然景观和生物的多样性也能够增强游客探索自然、保护生态的兴趣，激发游客投身于充实而有意义的山地旅游探索，深化其与自然的互动与体验。

在人文生态层面，美国黄石国家公园历史悠久，在全球范围内具有较强的影响力。公园内设有遗产和研究中心、黄石国家公园博物馆，并汇聚了档案馆、研究型图书馆、历史学家工作室、考古实验室，以及植物标本馆等标志性建筑物。其中，黄石国家公园档案馆隶属于美国国家档案馆，珍藏着黄石地区及国家公园管理局的历史档案，涵盖了黄石国家公园作为世界首个国家公园的管理记录，以及资源管理、重大项目实施的详细记录。此外，档案馆内还珍藏了大量的捐赠手稿和个人书信文件，为研究者

---

① 陈耀华，陈远笛. 论国家公园生态观：以美国国家公园为例 [J]. 中国园林，2016，32（3）：57-61.

提供了丰富的第一手资料，为科学研究提供了良好条件，是国家公园生态科教功能的体现。在美国黄石国家公园 150 周年纪念日（2022 年 3 月 1 日）之际，黄石国家公园的官方非营利合作伙伴"永远的黄石"基金会推出了一款入园的纪念年票，该纪念年票将于 150 年后才能使用，每张年票售价为 1500 美元，票上印有购买者家族的姓氏，旨在鼓励子孙后代可在150 年后（2172 年）使用该票入园。此外，购买这张年票的人可在 2022年全年免费游玩黄石国家公园。该款 150 年后才能使用的门票亦称"遗产通行证"，任何捐赠 1500 美元的人都将获得该高级纪念遗产通行证[①]。这是一种投资未来的方式，也是公园通过教育和慈善事业对自身进行保护、保存和增强的方式，有助于其在未来的 150 年内获得保护，确保后代依然能感受到自然风光的繁盛、绚丽。"遗产通行证"的推出鼓励了游客进行跨代生态责任感投资，有利于强化其本身的人格生态特质，增加山地旅游体验的次数。

另一方面，尽管山地生态的适应性和自愈能力相对于其他生态环境明显较弱，影响着游客进行山地旅游的意愿以及满意度，但对山地旅游业态的可持续发展却显得十分重要。因此，在维护生态平衡的前提下，美国黄石国家公园致力于利用其得天独厚的自然景观，为人们提供愉悦和享受的山地旅游体验，这点充分体现了公园的核心生态理念。从美国黄石国家公园自然生态保护与利用的发展历程上来看，1872 年，美国总统尤利西斯·格兰特签署了法案，将黄石地区设立为世界上第一个国家公园。此举被认为是全球保护环境运动的一个里程碑，成为世界各国创建国家公园的先例。因此，美国黄石国家公园建园之初就致力于保持树木、矿石的沉积物、自然景观以及其他景物等自然状态，使其免遭破坏。

但受地质现象、人为因素等的影响，不同时期园内动植物、设施建设、自然景观均易受到不同程度的损坏，对公园生态保护产生了一定的挑战。例如，1929 年，公园内的拉文峡谷发生了一场严重的森林大火，损失惨重。由于及时采取措施，如清除防火带、创建观察塔等，公园才得以从

---

① Yellowstone Forever. Yellowstone forever introduces 'inheritance pass' commemorating 150th anniversary, valid in 2172 [EB/OL]. (2022-04-04) [2024-03-24]. https：//www.prnewswire.com/news-releases/yellowstone-forever-introduces-inheritance-pass-commemorating-150th-anniversary-valid-in-2172-301516123.html.

灾难中恢复过来。1988 年夏季，多个独立的小山火在风势加剧和干旱的作用下，先后失去了控制，火焰迅速蔓延，最终形成了一场燃烧几个月的大火灾。大火导致约 321272 公顷的区域受到影响，大约占公园总面积的 36%，损失惨重，导致了对园内消防管理政策系统性的重新评估。因此，美国黄石国家公园为促进自然生态系统的良性运转，要求园内工作人员积极投身于资源保护工作中，对游客进行相关的教育活动，实施有效的管理措施，确保游客活动对环境的影响降至最低。除此之外，公园合作伙伴、合作协会、基金会、来自各行业的志愿者以及黄石国家公园的赞助商们都积极参与到公园的生态保护工作中。同时，为加强经营管理和资源保护方面的联系，黄石国家公园委托专家监督公园的自然和人文资源状况，确保资源得到妥善保护和修复，并在游客频繁活动的区域开辟道路、野营地以及添置设施设备，加强法律和公园规章制度的实施力度，设置了资源运营和保护部，配备了全职的资源运营协调员，以保障黄石公园的自然环境和文化遗产得到长期保护。此外，66 号项目是一项国会资助的专门针对美国黄石国家公园的修缮与升级任务，该项目主要聚焦于改善游客的住房条件，优化园区内的道路设施，同时扩建并现代化改造公园的服务设施，其特点则是将传统的小木屋与现代建筑风格相融合，充分反映了公园管理机构保护自然生态和人文生态资源的同时，提升游客体验感和满意度的初心，即致力于为游客提供愉悦和享受的山地旅游体验。

2. 人格生态特质较强的游客，山地旅游意愿更强烈

人格生态特质的强弱会对山地旅游偏好产生影响，通常表现为山地旅游意愿的强弱，人格生态特质较强的个体更容易被各类山地旅游活动吸引。因此，美国黄石国家公园的徒步探险项目吸引了许多具有冒险精神和对自然探索有强烈兴趣的游客。例如，大部分游客会选择穿越公园内的荒野小径——"熊牙步道"，这是一条穿越崎岖山地的徒步路线，通常需要有良好的体能和导航技能，因此人格生态特质较强的游客往往更能适应此类环境，从而能够在面对自然挑战时表现出高度的积极性和适应能力。

人格生态特质不同的游客与当地生态环境的互动方式也各不相同。部分游客选择保持一定距离接触野生动物，而也有游客选择在安全距离和允许的范围内观察。人格生态特质的调节作用也在此显现：具有冒险倾向的游客在面对挑战和刺激时，可能会更加积极地去尝试和体验；而倾向与自

然和谐的游客则更注重与自然的互动和内心的平静。在山地旅游目的性方面，外向型人格生态特质的游客更倾向于在山地旅游中挑战自我、追求刺激，进而会选择富有挑战性和刺激性的山地活动，如公园推出的攀岩、徒步等山地活动；而内向型人格生态特质的游客则可能更注重于体验自然，更偏爱宁静的山地环境，可能会选择观景、冥想等行为。另外，美国黄石国家公园的壮丽景色吸引了众多摄影爱好者和艺术家，这些游客通常具有对美的高度敏感性和创造力，他们通过镜头捕捉公园的自然美景，或在画布上描绘自然的魅力，在进行山地旅游体验的同时创造出独具价值的艺术作品，不仅丰富了个人体验，也为国家公园的文化传承和艺术创作作出了贡献，使自然人文价值得以凸显。

此外，景区环境因素对游客山地旅游偏好和山地旅游行为会产生重要影响。美国黄石国家公园的环境要素具备以下三大特征。

一是地热奇观对游客的吸引力强。黄石国家公园以其独特的地热现象而闻名，如老忠实喷泉和大棱镜彩泉。这些地热奇观吸引了大量对地质学和自然奇观感兴趣的游客，他们根据喷泉的喷发时间表安排行程，以便目睹这些自然现象。因此，环境因素不仅影响了游客的旅游偏好，还直接影响了他们在公园内的活动安排以及时间管理。

二是高环境质量需求的户外活动较为多样化。黄石国家公园提供了多样化的户外活动，如徒步、露营、划船和钓鱼等。这些活动的选择受公园内的地形、气候和季节的影响较大。例如，夏季是徒步和露营的旺季，而冬季则适合进行雪地摩托和越野滑雪。此外，游客会选择特定的时间和地点，如在拉马尔谷进行野生动物观察。综上所述，环境因素决定了游客可以参与的活动类型，同时也在影响他们的旅游行为。

三是季节性景观的变化。黄石国家公园四季分明，每个季节都有独特的景观。春季的野花盛开、夏季的绿意盎然、秋季的五彩斑斓和冬季的银装素裹，这些季节性变化吸引了不同山地旅游偏好的游客。游客会根据季节选择访问时间，以体验特定季节的自然美景。同样，会影响他们的山地旅游时间以及活动选择的偏好。

3. 旅游项目开发的合理性和多样性增强了游客的山地旅游偏好

山地旅游的开发类型涵盖山地观光旅游、山地科教旅游、山地体验旅游、山地疗养度假旅游、山地运动旅游、山地文化旅游等。美国黄石国家公园结合园内自然和人文资源，开发个性化的旅游项目和划分功能区，为游客提供多种选择。一是科普教育区，代表项目为"初级守护者"。这是黄石国家公园针对5~12岁孩子开展的官方项目，目的是向孩子们介绍大自然赋予黄石国家公园的奇特景色，完成关于公园的资源和热点问题的活动，了解诸如地热学、生态学的相关概念，以及告知孩子们在保护自然环境时所需要扮演的角色，灌输保护宝贵生态资源的理念。这对孩童时期人格生态特质的形成具有一定的积极作用，能够增加孩子们对山地等自然环境的亲近程度，从而在成年后更积极地参与到山地旅游活动中。二是山地探险区，代表项目为"野生动物教育"和徒步探险项目。在黄石公园协会资深生物学家的引导下，参与者将深入探索这片美国原始的荒野，发现珍稀野生动植物。这场探险不仅会教授观察野生动物的技巧，还让参与者通过观察其行为，洞悉生态学原理和当前的动物保护状况，从而获得知识与满足感。黄石国家公园拥有超过1500千米的徒步小径，但探险之旅并非易事，荒野的未知、野生动物的不可预测性、多变的天气、极端的地热现象、冰冷的湖水、湍急的溪流及崎岖的岩石地形，共同构成了一段充满挑战与危险的徒步体验。三是提供寄宿学习机会和举办现场研讨会。借助国家公园的完备条件，为游客提供寄宿和学习的机会。游客有机会在专业自然学家的引导下，深入探索这片自然奇观的奥秘，还可以参与涵盖野生动物观察、地质学、生态学、历史、植物学和艺术等多个领域的教育活动。此类活动旨在提供一个集中且近距离的学习体验，让游客在享受自然美景的同时增长知识。现场研讨会通常由热爱黄石并且愿意与他人共享其专业知识的知名学者、艺术家或作家等人指导举办，参会对象既包括长期从事科研工作的学者，也有初来黄石国家公园的游客。通过研讨学习，游客可以对山地型国家公园内的地质景观、野生动植物等资源有更加深入的了解，并从实体或意象视角培养游客对山地这一景观的喜爱，进而形成山地旅游偏好。

与此同时，黄石国家公园还具备进行全域性资源开发的项目，如野生动物观赏、徒步讲解和收费租赁等，吸引着来自全球各地的游客。其中，在野生动物观赏项目下，游客可以用望远镜和长焦镜头在安全的距离内观察动物。黄石国家公园的广阔地域为动物提供了丰富的栖息地，它们会根据季节和食物来源在公园内迁徙。为了提高观赏动物的机会，黄石公园还提供了动物活动范围地图，帮助游客在动物觅食的高峰时段找到它们。然而，由于公园内大型动物种类繁多，所以游客在观赏时必须严格遵守安全规定，包括保持安全距离和了解紧急应对措施。徒步讲解项目由讲解员带领，游客可以免费参与，深入公园各个角落体验自然，同时了解与之相关的知识，对公园的自然、人文环境进行深入探索。徒步讲解分为区域主题和特别主题，也特别设有面向儿童的徒步活动。收费租赁项目主要是交通工具租赁，黄石公园内允许使用多种交通工具，如自行车、滑雪板和雪地车等，以适应不同的户外活动需求。在公园的入口处和老忠实宾馆等地，游客可以方便地租赁这些交通工具。对于喜欢水上活动的游客，黄石湖和刘易斯湖的大部分地区都允许驾船游览，游客甚至可以自带船只在刘易斯湖上划船，享受水上运动的乐趣。全域性资源开发项目的开展丰富了公园活动类型，使游客对公园本身及山地旅游的了解更加深入，在一定程度上增加了游客山地旅游体验的满意度。

此外，公园内项目资金是否被合理使用、项目资金融通是否顺利等资金问题与旅游项目开发的合理性密切相关，也是项目能否顺利开展的重要条件，同时影响着游客在此进行山地旅游活动的意愿。以美国黄石国家公园为例，其资金运作模式被多数国家公园借鉴采纳，资金大部分经国会批准从税收中划拨。其中，约68%的资金用于支付雇员的薪水和津贴，剩余32%则用于聘请专家来维护生态环境、培训公园守护者和购买一些特殊的生态维护机械设备。在公园开发建设方面，资金运作表现在各个集中区内都围绕核心景点配备有功能齐全的配套设施，且配套设施自身富有特色，往往与核心景点共同发展成为吸引游客的一部分。其他的收入，比如门票收入，也是资金来源的重要组成部分，但这些资金一般用于特别项目。除上述支出以外，黄石国家公园还有其他方面的支出，如电器设备和水处理设备的成本、开展新的研究项目、游客人数增加而导致的运营成本的增加等。项目的合理开发能够确保游客获得质量高端、环境友好的山地旅游体验，同时能促进当地经济和生态的可持续发展。

（三）案例小结

就人格生态特质通过山地旅游偏好作用于山地旅游行为的具体内容而言，人格生态特质是内在的心理倾向，它塑造了个体对山地旅游的偏好，而这种偏好又直接导致了实际的山地旅游行为。这三者之间的关系构成了一个动态的互动过程，其中人格生态特质是基础，偏好是桥梁，行为是结果。这种关系在山地旅游研究中具有重要意义，不仅有助于更好地理解游客山地旅游的动机、行为模式和决策过程，也为山地旅游规划、开发、营销和管理提供了有益的启示。例如，针对不同人格生态特质的游客群体，可以制定更有针对性的营销策略，提供更加个性化的服务，从而提升游客的满意度和认同感。同时，关注人格生态特质及其与山地旅游行为的关系，也有助于推动山地旅游研究的深入发展。从上文对美国黄石国家公园环境保护措施、旅游项目资金运用等方面的分析可以看出，黄石国家公园在山地旅游发展中的经验做法较为成功，可以被国内致力于发展山地旅游的山地型国家公园借鉴，以促进旅游目的地自然保护和旅游开发之间高水平的协调发展。

美国黄石国家公园的案例展示了山地型国家公园如何通过生态保护、历史文化传承、旅游项目多样性和合理开发、环境因素的综合考虑以及资金的有效运作，来吸引和满足具有生态原型人格生态特质的游客，提升他们的旅游体验感和满意度。这不仅对黄石国家公园自身的发展具有重要意义，也为全球其他山地型国家公园提供了宝贵的经验和启示。同时，也印证了本文的主要观点——人格生态特质是理解个体与自然环境互动行为的重要心理因素，对于山地旅游行为的研究和实践具有重要的理论价值和应用价值。值得重视的是，该案例突出了深入研究人格生态特质与山地旅游行为间关系的必要性，推动更加个性化和可持续的山地旅游业态发展。

六、山地文化旅游——以摩洛哥阿特拉斯山脉为例

（一）案例简述

1. 基本情况

摩洛哥阿特拉斯山脉，作为非洲最长的山脉，横跨摩洛哥北部，从地中海一直延伸到撒哈拉沙漠的边缘。其地理位置独特，不仅连接了地中海和撒哈拉沙漠这两个截然不同的生态系统，还成为摩洛哥文化和历史的象

征。阿特拉斯山脉的地理特色在于其多样的生态环境和壮丽的自然景观。山脉的北部是地中海气候，拥有宜人的气候和丰富的植被，而南部则逐渐过渡到沙漠气候，形成了独特的沙漠景观。这种地理和气候的多样性为阿特拉斯山脉带来了丰富的生物多样性和旅游资源。

阿特拉斯山脉特殊的地理位置，使其成为连接欧洲、非洲和中东的重要交通枢纽。历史上，它曾是古代贸易路线的必经之路，也是多个文明和帝国的交会点。这种地理位置的重要性不仅体现在历史上，也影响了现代旅游业的发展。许多游客选择通过阿特拉斯山脉来探索摩洛哥的文化和自然风光，体验不同文明的交融。此外，阿特拉斯山脉还是众多户外爱好者的天堂，其壮丽的自然景观和多样的气候条件为登山、徒步、滑雪等户外活动提供了理想的场所。每年都有大量的游客来到阿特拉斯山脉，挑战自我，体验大自然的魅力。山地旅游的发展历程与现状呈现出一种多元化和复杂化的趋势。

2. 选取理由

随着全球旅游业的蓬勃发展，因独特的自然景观、丰富的文化资源和多样的户外活动项目，山地旅游逐渐成为旅游市场的重要组成部分。以摩洛哥阿特拉斯山脉为例，主要基于以下几个理由。

一是阿特拉斯山脉拥有古老而神秘的山地，凭借其壮丽的自然风光和深厚的文化底蕴，吸引着越来越多的游客前来探访。

二是基础设施的完善，提升了山地旅游的可达性和舒适性。在过去的几十年里，阿特拉斯山脉的旅游业经历了从无到有、从小到大的发展历程。随着基础设施的不断完善，如公路、缆车等交通工具的修建，以及酒店、度假村等旅游服务设施的增多，山地旅游的可达性和舒适性都得到了显著提升。这使得游客能够更加方便地前往阿特拉斯山脉，享受其独特的旅游审美体验。

（二）案例特征

摩洛哥阿特拉斯山脉不仅拥有令人叹为观止的自然景观，更承载着浓郁的山地文化。这种文化在历史的长河中不断发展，与地理环境、民族传统和宗教信仰相互交织，形成了独特的文化特色。山地居民以农业和畜牧业为生，他们的生活方式、习俗和传统与山脉的自然环境紧密相连。这种与自然的和谐共生，使得阿特拉斯山脉的山地文化更加具有魅力和生命力，并且深深影响着游客的人格生态特质、山地旅游偏好和山地旅游行为。

1. 摩洛哥阿特拉斯山脉浓郁的山地文化激发游客人格生态特质

摩洛哥阿特拉斯山脉的山地文化丰富浓郁，作为一种独特的文化现象，它为游客带来了全新的旅游体验。这种山地文化，凭借其深厚的历史底蕴、丰富的民族传统和独特的宗教信仰，激发了游客的人格生态特质。在阿特拉斯山脉的山区，游客可以感受到当地居民的淳朴和热情，人文关怀与自然环境的和谐让游客在旅途中既饱览了自然美景，又得到了心灵的滋养。当地的山地文化，作为典型的生态环境的一部分，对居民的人格生态特质产生了深远影响。他们敬畏自然、崇尚和谐，与自然环境形成了紧密的联系。这种生活态度和价值观，使游客在体验山地文化的过程中，也能够感受到一种回归自然、追求内心和谐的美好境界。

作为该文化的核心组成部分，摩洛哥山地传统服饰深刻地反映了当地人民的生活特点与信仰体系。鉴于山地独特的气候条件，其服饰设计与选材均展现出高度的实用性与适应性，以应对恶劣天气。这些设计宽松的服饰包括长袖上衣和宽大的裤子，颜色方面则以深蓝、黑、红或绿为主，这些色彩在摩洛哥文化中均具有特殊寓意，如深蓝色象征天空与海洋，黑色代表神秘与庄重，红色寓意热情与活力，而绿色则象征生命与自然。除实用性外，摩洛哥山地传统服饰亦展现出卓越的美学价值。服饰上的刺绣与织物图案精美绝伦，如花卉、动物、宗教符号等，这些图案往往承载着不同的意义与象征。它们的运用不仅为服饰增添了美感，更体现了摩洛哥山地人民的信仰与文化传统。在社会层面，传统服饰在摩洛哥山地文化中承载着重要意义。在某些特定地区，社会阶层或宗教群体有穿着特定服饰的规范，这体现了摩洛哥山地人民的社会等级与宗教信仰。

摩洛哥山地文化的传统音乐和舞蹈反映了当地人民的信仰、历史和文化，是一种重要的文化遗产，吸引了众多游客前来欣赏和学习。传统音乐和舞蹈通常与宗教仪式、庆典和节庆活动紧密相连。在这些活动中，音乐和舞蹈通常扮演着重要的角色，用来庆祝重要的事件和节日，如婚礼、命名日、斋月等。音乐和舞蹈的形式与内容多样化，反映了当地的不同民族、宗教和文化背景。摩洛哥山地文化的传统音乐和舞蹈通常使用吉他、鼓、拉弦乐器等来演奏，具有强烈的节奏感和旋律感，再搭配当地的传统服装和饰品，极具表现力和感染力，能让观众感受到当地人民的热情和活力。在现代社会中，摩洛哥山地文化的传统音乐和舞蹈仍然受到当地人民的热爱和推崇，不仅吸引了越来越多的国际游客前来欣赏和学习，也为当地人民的文化自信和自豪感提供了重要的支撑。

摩洛哥山地的传统饮食文化，以简约、实用和营养为标准。在阿特拉斯山脉等山区地带，居民们的生活往往依赖于当地的自然资源，因此，他们的饮食主要围绕当地的可食用植物和动物展开。在农作物方面，小麦、玉米和豆类是主要的种植作物，这些作物为当地居民提供了丰富的碳水化合物和蛋白质。同时，畜牧业也是他们生活的重要组成部分，羊、牛和骆驼等动物的养殖为他们提供了肉类和乳制品等重要的营养。在烹饪方式上，摩洛哥山地文化主要采用烤、炖、煮、炒等方法。受限于山区条件，当地居民往往没有现代化的厨房设备，因此，他们更倾向于采用简单、实用的烹饪方式。其中，烤制是常用的烹饪方式，居民将肉类、蔬菜等食物置于火堆上烤制，这种方式既快捷又能保留食物的原始风味。炖煮和炒制也是常见的烹饪方式，它们能使食物更加美味，同时保持食物的完整性。在调味方面，摩洛哥山地文化的传统饮食以丰富的口感和独特的风味为特点。当地居民常常使用各种香料和调料来提升食物的口感和风味，如辣椒、孜然和花椒等。这些香料不仅能增加食物的美味度，还能提升食物的口感。此外，他们还喜欢将肉类、蔬菜等食物与各种酱料搭配食用，这些酱料能进一步提升食物的口感和风味。

独特的山地文化融入阿特拉斯山脉居民日常生活的方方面面，具有激发游客人格生态特质的作用。无论是漫步于阿特拉斯山脉的古老村庄，还是品味着传统的摩洛哥美食，或是聆听那悠扬的山地音乐和观赏那激情洋溢的舞蹈，都能深深感受到摩洛哥山地文化的独特魅力。这种魅力并不仅在于其独特的表现形式，更在于它与自然环境、历史传统和宗教信仰等相互交织，形成了一种深深根植于这片土地的文化生态。

摩洛哥山地文化的魅力还在于它的包容性和创新性。尽管它有着深厚的历史积淀，但并未因此而故步自封，反而是在不断吸收外来文化的同时，保持着自己的独特性和生命力。这种文化的包容性和创新性，使得摩洛哥山地文化在现代社会中依然能够保持其独特的魅力，吸引着越来越多的游客前来探访和体验。在摩洛哥山地文化中，人格生态特质的激发是一种自然而然的过程。无论是通过参与当地的文化活动，还是通过与当地人的交流互动，游客都能够感受到这种山地文化对自己内在的影响和启发。这种影响不仅体现在对当地文化的理解和欣赏上，更体现在对自己生活方式的反思和提升上。

总的来说，摩洛哥山地文化是一种独特的、富有魅力的文化，它以其深厚的历史底蕴、丰富的表现形式和包容创新的特质，吸引着越来越多的游客前来探访和体验。在这个过程中，游客不仅能够感受到摩洛哥山地文化的独特魅力，还能够在这种文化的熏陶下，激发出自己内在的人格生态特质，从而获得一种更加丰富和有意义的人生体验。

2. 摩洛哥阿特拉斯山脉的手工艺品影响游客山地旅游偏好

摩洛哥山地文化的手工艺品是当地人民智慧和创造力的结晶，也是吸引游客的重要因素之一。这些手工艺品以其精湛的工艺、独特的设计和丰富的文化内涵，成为当地旅游的亮点，对游客的山地旅游偏好产生了深远的影响。

摩洛哥山地文化的传统手工艺品具有丰富的文化内涵和独特的艺术风格。这些手工艺品通常由木材、皮革、金属、陶瓷和织物等当地的材料制作而成。这些材料在当地十分丰富，因此手工艺品具有非常高的可持续性和环保性。其中一些手工艺品是非常著名的，例如摩洛哥地毯和皮革制品。这些手工艺品通常具有精美的图案和独特的颜色，是摩洛哥山地文化的代表之一。另外，摩洛哥的陶瓷也非常有名，通常用于制作餐具和装饰品。这些陶瓷通常具有非常精美的图案和独特的颜色，是摩洛哥山地文化的另一项重要遗产。除上述的手工艺品之外，还包括了许多其他的制品，例如木雕、石雕、金银首饰、银器和铜器等。这些手工艺品通常具有非常精美的设计和精湛的工艺，是摩洛哥山地文化的又一重要组成部分，具有丰富的文化内涵和独特的艺术风格，是摩洛哥山地文化的象征，也是世界文化遗产的重要组成部分，深受游客喜爱。

这些手工艺品不仅具有实用价值，更承载了当地人民的历史记忆和文化。它们通过世代相传的制作技艺和独特的艺术风格，向游客展示了摩洛哥山地文化的独特魅力和深厚底蕴。游客在欣赏和购买这些手工艺品的过程中，能够感受到当地人民的智慧和创造力，深入了解摩洛哥山地文化的历史、传统和价值观，感受摩洛哥文化的魅力，了解摩洛哥人民的生活方式和文化传统，对摩洛哥的山地旅游产生更加浓厚的兴趣和偏好。这些手工艺品融入了当地人民的智慧、技艺和情感，游客在生活中再次看到这些手工艺品时，会不由自主地回想起在摩洛哥阿特拉斯山脉的美好时光，感受到那份宁静、神秘和充满力量的内心体验。进而激发游客的人格生态特质，让他们更加热爱旅行，更加向往摩洛哥阿特拉斯山脉的自然风光和人文风情。

这种旅行偏好的形成，不仅是因为摩洛哥阿特拉斯山脉的美丽景色和独特文化，更是因为游客在这个过程中所获得的人格生态特质的提升。他们通过旅行，不仅增长了见识，拓宽了视野，还更加深入地了解了自己的内心需求和价值观。这种旅行体验，不但让他们感受到了摩洛哥阿特拉斯山脉的魅力，而且使他们成为更加成熟、有深度的旅行者。因此，当游客在生活中看到蕴含着摩洛哥山地文化的手工艺品时，他们很可能会再次被吸引并踏上前往摩洛哥阿特拉斯山脉的旅程。这种旅行不仅是为了欣赏美景，更是为了寻找内心深处的那份感动和满足。而这样的旅行体验将成为他们人生中宝贵的财富，让他们更加热爱这个世界，更加珍惜每一次的旅行机会。

总之，摩洛哥山地文化的手工艺品是当地旅游的重要组成部分，它们以其精湛的工艺、独特的设计和丰富的文化内涵，吸引了越来越多的游客前来探访和体验。随着旅游业的不断发展和人们对文化交流的重视，摩洛哥山地文化的手工艺品将继续发挥其重要作用，为当地旅游业的发展和文化交流作出更大的贡献。同时，当地政府和相关机构也应该加强对这些手工艺品的保护和传承，确保它们能够代代相传，继续为当地的文化和经济发展注入新的活力。

3. 摩洛哥阿特拉斯山脉山地文化信仰影响游客山地旅游行为

摩洛哥山地文化的信仰在旅行过程中会影响游客的山地旅游行为。这些信仰深深地根植于当地人民的生活中，并以其独特的魅力吸引着来自世界各地的游客。在摩洛哥山地，信仰不仅是一种宗教活动，更是一种生活方式和文化表达。当地人民信仰着多种神祇，他们相信这些神祇能够保佑他们平安、健康和丰收。因此，在山地旅游中，游客可以感受到当地人民对信仰的虔诚和敬畏，这种信仰也深深地影响了游客的旅游行为。

人类为何眷恋大山深处
——解码游客山地旅游行为

　　首先，摩洛哥山地文化的信仰影响了游客对自然环境的敬畏和尊重之心。在当地人民的信仰中，自然是神圣而不可侵犯的，他们相信自然界的神祇掌管着一切。因此，游客在游览摩洛哥山地时，会被当地人民对自然环境的敬畏和尊重感染，从而更加珍惜和保护自然环境，尊重当地的文化和传统。其次，摩洛哥山地文化的信仰也塑造了游客对当地人民的态度和行为。当地人民信仰着多种神祇，他们相信这些神祇能够保佑他们平安、健康和丰收。因此，游客在与当地人民交流时，会感受到他们的热情和友好，然而这种友好和热情也深深地影响了游客的旅游行为。因此，游客会更加愿意与当地人民交流、互动，深入了解当地的文化和生活方式，这种深入的文化体验让游客的旅程更加丰富多彩。最后，摩洛哥山地文化的信仰还影响了游客对旅游目的地的选择和偏好。在摩洛哥山地，有许多与信仰相关的旅游目的地，如宗教寺庙、神山等。这些目的地不仅具有独特的文化价值，更能够让游客感受到当地人民的信仰和虔诚。因此，许多游客会选择前往这些目的地，深入了解当地的文化和信仰，这种深入的文化体验让游客的旅程更加有意义和难忘。

　　具体来说，摩洛哥山地文化的传统信仰包括对自然和动植物的崇拜，以及对祖先和神灵的信仰。在摩洛哥山地文化中，自然被视为一种神圣的存在，人们相信自然界中的所有事物都有灵魂和生命力。人们崇拜自然界的各种元素，如水、火、风、土等，并认为这些元素具有不同的力量和属性。例如，水被认为是生命之源，火象征着力量和净化，风象征着变化和启示，土则象征着稳定和安全。摩洛哥山地文化中的祖先崇拜非常重要。人们相信祖先的灵魂在死后仍然存在，并且可以通过祭祀和仪式来维持与祖先的联系。祖先崇拜在山地文化的各个领域中都有所体现，如建筑、音乐、舞蹈、宗教仪式等。当地人相信祖先可以给予他们力量和保护。因此，人们在婚礼、葬礼、节日等各种重要场合，都会举行祭祀和仪式来感谢祖先的恩赐。摩洛哥山地文化中的神灵信仰也非常重要，人们相信神灵是自然界和人类命运的主宰，可以给予人们力量和保护。在山地文化的各个领域中，人们都会向神灵祈祷和祭祀，以获得神灵的保佑和祝福。例如，在农业方面，人们会举行祭祀仪式来祈求丰收和保护土地；在医疗方面，人们会举行祭祀仪式来祈求健康和治愈疾病。摩洛哥山地文化的传统信仰是其文化的重要组成部分，反映了该地区人们对自然和神灵的敬畏和崇拜。这些信仰不仅影响着山地文化的各个领域，也塑造了该地区的独特文化特征。

此外，摩洛哥的传统节庆活动不仅反映了摩洛哥人民的宗教信仰和文化传统，也展示了摩洛哥山地的独特风光和魅力。在摩洛哥山地文化的传统节庆活动中，最具有代表性的是摩洛哥的撒哈拉沙漠中的"卡萨布兰卡节"，这个节庆活动每年都会吸引成千上万的人前来参加，它不仅是一场音乐盛会，更是一场文化盛宴。在"卡萨布兰卡节"上，人们会穿上传统的民族服装，载歌载舞，欢庆这个节日。这些节日不仅是洋溢着浓厚的摩洛哥山地文化特色的活动，也是摩洛哥人民传承和弘扬传统文化的重要方式。总的来说，摩洛哥山地文化中的传统节庆活动体现了摩洛哥文化的多样性，这些活动展现了摩洛哥人民对宗教信仰和文化传统的维护，彰显了摩洛哥山地地区的独特风光和魅力，是摩洛哥人民的骄傲，全人类的文化瑰宝。

在摩洛哥山地文化信仰的熏陶下，游客能深入了解当地人民的传统信仰和文化习俗。这种独特的文化旅游体验会潜移默化地影响游客的山地旅游行为，使他们在旅行中更加注重与自然的和谐共处，尊重当地的传统文化，并更加珍视和保护自然环境。同时，游客也能通过参与当地的节庆活动，深入感受摩洛哥山地文化的魅力，与当地人民共享欢乐时光，进一步增进彼此之间的了解和友谊。

（三）案例小结

摩洛哥山地文化及其信仰，对游客山地旅游行为的影响是一个丰富而深刻的议题，通过深入分析和细致观察，我们可以清晰地认识到这一过程中的多个维度和层次。

在分析摩洛哥阿特拉斯山脉的山地旅游现象时，应当强调文化信仰对于影响旅游行为的核心作用。摩洛哥阿特拉斯山脉这片古老而神秘的土地，其历史悠久的传统信仰和文化习俗早已深深融入当地人民的生活，深刻地塑造着他们的价值观、生活方式和行为模式。这些文化元素不仅彰显了摩洛哥山地的独特魅力，更为游客带来了一种丰富而深刻的体验。当游客踏上这片土地时，就会被这里深厚的文化底蕴吸引。对自然环境的敬畏、对当地文化的尊重以及对传统信仰的理解，将自然而然地体现在他们的旅游行为中。这种文化体验不仅让游客获得了心灵的满足，更为摩洛哥阿特拉斯山脉带来了经济上的繁荣。摩洛哥山地文化旅游的兴起，对当地经济和社会发展产生了积极而深远的影响。通过保护和传承这些具有地方特色的文化元素，摩洛哥阿特拉斯山脉成功地吸引了大量游客前来探访和体验，有力地推动了当地旅游业的蓬勃发展。这不仅为当地带来了可观的经济收入，还为当地居民提供了更多的就业机会和收入来源，促进了经济的繁荣和社会的稳定。同时，随着旅游业的发展，当地的基础设施建设也得到了改善，进一步提升当地居民的生活质量和幸福感。

综上所述，摩洛哥山地文化及其信仰在塑造游客山地旅游行为方面发挥了至关重要的作用。摩洛哥山地文化旅游的成功实践，为其他地区提供了宝贵的借鉴和启示。在走向全球化的今天，保护和传承地方特色文化对于促进区域经济发展和文化交流具有重要意义。通过深入挖掘和展示当地独特的文化元素，可以为游客提供更加丰富多彩、充满魅力的旅游体验，同时为当地文化和经济的发展注入新的活力和动力。这种文化与旅游融合发展的模式，不仅有助于提升旅游业的品质和内涵，还能促进不同地区之间的文化交流与融合，进一步推动世界文化的多元发展。

第八章　结论与启示

一、研究结论

（一）山地旅游行为的现状与特点

1. 游客的基本情况

男性游客与女性游客数量基本相当，已婚游客多于其他婚姻类型的游客。来贵州进行山地旅游的游客以中青年为主，青少年和老年人较少。游客的受教育程度普遍较高，具有一定的思考能力和学习能力。无宗教信仰游客的人数远多于有宗教信仰游客。有近七成的游客年收入不足 9 万元，在社会分层体系中处于中下阶层位置。城市户籍游客远多于农村户籍的游客。由 3～4 口人组成的核心家庭构成了山地旅游的主力军，占比超过 50%。85% 的游客拥有所住房屋的所有权，且住房面积比较宽裕。来自山区的游客略多于来自平原和沿江河、海洋的游客。来贵州山地景区旅游的游客以城市居民为主，其中来自大城市和中型城市的游客尤其多，占比超过 60%。绝大多数游客均认为自己是中间阶层，只有极少数游客认为自己是上等阶层或下等阶层。游客的生活幸福感普遍较高。

2. 游客的山地旅游偏好与山地旅游行为

通过对游客山地旅游偏好和山地旅游行为进行总结，发现贵州山地旅游景区对游客具有较大吸引力。在被调查游客中，大部分游客表示愿意再来贵州旅游参观。游客来贵州山地旅游的最重要目的为亲近自然和观赏山水，其次为提升自我和完善自身。大部分游客为首次来贵州旅游，来贵州旅游次数超过 3 次的游客较少。大部分游客认为在贵州的旅游行为物有所值。

3. 人格生态特质与山地旅游偏好、山地旅游行为的关系

通过对核心自变量与因变量的相关性分析进行总结，发现就人格生态特质与山地旅游偏好的关系而言，人格生态特质与旅游意愿存在显著相关。人格生态特质越强，来贵州旅游的意愿越强；就人格生态特质与山地旅游行为的关系而言，人格生态特质与贵州山地旅游次数同样存在显著相关，人格生态特质越强，越偏向于多次来贵州旅游；人格生态特质与山地旅游评价行为存在较强相关关系，人格生态特质越强的游客，越偏向于认为在贵州旅游消费物有所值。

4. 山地旅游偏好与山地旅游行为的关系

通过对山地旅游偏好与山地旅游行为相关性分析进行总结，发现旅游意愿与旅游次数、旅游评价行为均呈显著相关，旅游意愿越强的游客，越偏向于多次来贵州旅游，且认为来贵州山地景区旅游消费物有所值。

（二）山地旅游行为的影响因素

1. 人口学特征变量的影响

相较女性而言，男性去山地旅游的意愿更为强烈，实际去山地旅游的次数也更多。年龄变量与山地旅游偏好和山地旅游行为均呈 U 形关系，即相对于中间年龄段的游客来说，年龄较大和年龄较小的游客对山地旅游偏好和山地旅游行为均抱有更为积极的态度。相较于文化程度低的游客来说，尽管文化程度高的游客去山地旅游的意愿没有文化程度低的游客高，但是实际的山地旅游行为却比文化程度低的游客更多。相对于无宗教信仰的游客来说，有宗教信仰的游客有更为强烈的山地旅游愿望，同时有着更多的山地旅游行为。相对于城市户口的游客来说，农村户口的游客具有更强的山地旅游偏好且付诸更多的旅游行动。相对于年收入低的游客来说，年收入越高的游客山地旅游意向越强烈，但年收入越高的游客实际山地旅游行为反而越少。相对于幸福感低的游客来说，幸福感越高的游客往往会有更强烈的去山地旅游的意向，以及更多的山地旅游行为。

2. 童年居住地变量的影响

童年居住地变量包括平原地区、丘陵地区、高原地区、沿江河地区、湖区、沿海地区，其中平原地区、丘陵地区、沿江河地区、湖区以及沿海地区这 5 个变量对山地旅游偏好与行为产生过显著的影响。说明童年居住

地变量在一定程度上对山地旅游偏好与行为产生影响。在这 5 个对山地旅游偏好与行为产生过显著影响的变量中，只有沿海地区变量在山地旅游偏好与行为模型中始终存在显著影响。如童年居住地变量的标准回归系数基本稳定为负数，这说明相对于童年在山区居住的游客来说，上述变量描述的童年居住地的游客到山地旅游的意愿更加弱，同时将付诸更少的山地旅游行为。现居住地城市规模越大的游客，则有更加强烈的山地旅游意愿与行为。

3. 人格生态特质变量的影响

除山地次数模型外，人格生态特质的两个因子均显著影响山地旅游意愿、目的、次数、评价行为，标准回归系数均为正数，表明其对山地旅游偏好以及行为呈显著正向影响，即具有越强自然生态因子和人文生态因子的人，去山地旅游的意愿越强烈，去山地旅游的目的性越明确，去山地旅游的次数显著增多，认为去山地旅游的消费更值得。

4. 山地旅游偏好变量的影响

在山地旅游次数多元回归模型中，旅游意愿变量显著影响山地旅游次数，而旅游目的变量对山地旅游次数无统计学意义上的显著影响。旅游意愿变量与山地旅游次数呈正相关关系，旅游目的变量与山地旅游次数呈现负相关关系，表明具有强山地旅游意愿的游客更多地去贵州山地旅游，但抱有很强山地旅游目的的游客反而不愿意多次去贵州山地旅游。在山地旅游评价行为多元回归模型中，旅游意愿变量与旅游目的变量对山地旅游评价行为均有显著影响且呈正相关关系，表明具有山地旅游意愿和目的的游客觉得在贵州山地旅游景区的消费物有所值。

（三）山地旅游行为的结构方程模型分析

1. 人格生态特质模型分析

从各项指标来看，人格生态特质模型是一个非常成功的模型。在整个模型中，"我经常在梦里见到山"和"我从小就喜欢山"对人格生态特质的影响最大。此外，"我一见到山就兴奋"和"如果有可能我愿意生活在山区"两个因素对人格生态特征的影响也较大。在各变量之间的间接关系中，"我喜欢山的品格"与"我喜欢读描写山的诗词"以及"我从小就喜欢山"和"我喜欢爬山"这两组相关性最高，且呈正相关关系。

2. 人格生态特质-山地旅游偏好模型

从各项指标来看，人格生态特质-山地旅游偏好模型是一个非常成功的模型，模型显示人格生态特质对山地旅游偏好具有一定程度的影响。在整个模型中，"我经常在梦里见到山"和"我从小就喜欢山"对人格生态特质的影响依然显著。此外，在旅游偏好的观察变量中，B9（还打算来贵州）的影响力稍大于F2A（旅游目的因子）的影响力。在各变量之间的间接关系中，"我喜欢山的品格"与"我喜欢读描写山的诗词"以及"我从小就喜欢山"和"我喜欢爬山"这两组依旧呈较强的正相关关系。旅游目的因子与旅游偏好分别与"我从小就喜欢山""如果有可能我愿意生活在山区"的残差间有微弱的负向相关，说明人格生态特质中的部分组成因素也许与山地旅游偏好的形成有微弱的削弱或不稳定关系。

3. 人格生态特质-山地旅游行为模型

从各项指标来看，人格生态特质-山地旅游行为模型是一个非常成功的模型，模型显示人格生态特质对山地旅游行为具有一定程度的影响，但要小于其对旅游偏好的影响。在整个模型中，"我经常在梦里见到山"对人格生态特质的影响依然显著。在山地旅游行为的观察变量中，B8（来贵州值不值）的影响力大于B1（第几次来贵州）的影响力，说明测量时间点当时的情况对其行为后果的影响要大于过去的情况。在观察变量之间的间接关系中，此前在人格生态特质的单独模型中观察到的关系基本不变，但新增变量中山地旅游行为与"我一见到山就兴奋"具有相当程度的相互影响。

4. 山地旅游行为的总体模型

从各项指标来看，山地旅游行为的总体模型是一个非常成功的模型。模型显示人格生态特质对山地旅游偏好的影响要大于对山地旅游行为的影响，同时山地旅游偏好对山地旅游行为有非常明显的影响。在山地旅游行为的总体模型中，人格生态特质的影响因素的重要性分布变化不大，在因子分析中被判别为自然因素的几个测量指标对人格生态特质的影响最大。在观察变量之间的间接关系中，此前在各个单独模型中观察到的关系基本不变，"旅游目的因子"与"第几次来贵州"呈负相关关系，表明抱有强山地旅游目的的游客并不会多次来贵州山地旅游。

二、研究启示

（一）对旅游者的启示

1. 人口学特征变量对旅游者的启示

人口学特征变量对山地旅游者的启示体现在性别差异、年龄结构、文化程度、宗教信仰、户籍类型、年收入、幸福感等多个方面，人口学特征变量对其山地旅游行为和选择偏好具有不同的影响，对旅游者及山地旅游产品开发过程中的启示主要包括以下六个方面。

第一，性别差异对山地旅游偏好与行为的影响。男性更倾向于寻求旅游过程中的冒险和刺激行为，去山地旅游的意愿更为强烈，实际去山地旅游的次数也更多；而女性则更注重旅游的安全性和舒适性，其山地旅游意愿与次数低于男性。因此，在出游时，要充分考虑性别差异产生的山地旅游行为与动机差异，拟定符合不同性别需求的山地旅游线路和活动。

第二，年龄结构对山地旅游偏好与行为的影响。年龄较大和年龄较小的游客对山地旅游行为具有更强烈的意愿。年龄较小的旅游者更倾向于选择具有挑战性和新颖性的山地旅游活动，而年龄较大的旅游者则更倾向于选择具有康养和休闲功能的山地旅游活动。因此，安排出游时应充分考虑到不同年龄结构的偏好选择与生理特点，注意山地旅游产品与活动选择。

第三，文化程度差异对山地旅游偏好与行为的影响。文化程度高的游客虽然具有较低的山地旅游意愿，但山地旅游行为却更多。受过高等教育或从事特定职业的高文化程度旅游群体可能更关注山地旅游的文化内涵和体验深度。因此，出游时应考虑文化和教育因素，选择适合的山地旅游产品。

第四，宗教信仰对山地旅游偏好与行为的影响。有宗教信仰的游客山地旅游意愿更为强烈，同时有着更多的山地旅游行为。其原因可能在于具有宗教信仰的旅游者有着明确的山地旅游需求与目标，并且其山地旅游消费行为与接待服务也有着特殊的要求。

第五，户籍类型对山地旅游偏好与行为的影响。农村户籍的游客具有更强的山地旅游偏好，长期生活在乡村地区的游客与大自然的接触更为密切，对自然环境有更深厚的感情，同时对回归自然有着更加浓厚的兴趣，山地旅游丰富的户外活动和探险元素对其更具吸引力。

第六，年收入对山地旅游偏好与行为的影响。年收入越高的游客山地旅游意向越强烈，但山地旅游行为反而较少，其原因在于时间限制及山地旅游舒适度方面，高收入旅游者可能更愿意享受更优质的山地旅游服务。因此，可根据自身的收入情况，选择适合的山地旅游产品和服务。

综上所述，人口学特征变量对旅游者的启示体现在多个方面，对游客旅游目的地的选择有着重要的参考价值。

2. 居住地变量对旅游者的启示

居住地变量对于山地旅游者来说是一个不可忽视的影响因素，有显著影响的分别是平原地区、丘陵地区、沿江河地区、湖区、沿海地区5个变量，居住地会对山地旅游者在旅游选择和行为方面产生一定影响。具体启示主要包括以下两个方面。

第一，根据旅游者童年居住地差异，选择符合自己的山地旅游目的地。童年居住地差异会造成对山地旅游产品需求的差异，平原地区旅游者偏向于山地旅游的奇特地貌与险峻地势；丘陵地区会更加关注山地旅游过程的舒适度与休闲性；沿江河地区更关注山地旅游的水景资源；湖区更欣赏山地旅游的湖光山色。因此，应根据不同的居住地差异，选择符合自身需求偏好的山地旅游产品，以满足不同旅游者的差异化与个性化需求。

第二，现居住地城市规模越大的游客有着更强烈的山地旅游意愿。由于居住在大城市的游客长期接触现代的生活方式及科技感更高的体验，对于远离城市喧嚣、回归自然、追求自我存在的价值与意义有着更独特的追求，更加希望通过深入山地旅游目的地追求生命的宽度与厚度，更倾向于选择文化底蕴深厚的山地旅游以拓宽视野。因此，一线大城市的游客，比较适合高品质的山地旅游产品和舒适、便捷的山地旅游环境。

综上所述，通过深入了解旅游者的居住地变量，能更精准地把握不同旅游居住地游客的山地旅游需求和期望，安排更符合游客偏好的山地旅游产品。

3. 人格生态特质变量对旅游者的启示

不同的人格生态特质决定了山地旅游者的旅游动机与偏好，分析人格生态特质变量对山地旅游的影响，对于理解与预测山地旅游者的行为模式、情绪反应等具有重要意义，人格生态特质变量对山地旅游者的启示主要分为以下两个方面。

第一，具有越强自然生态因子的人采取山地旅游行为的意愿越强烈，目的性越明确，山地旅游的次数也显著增多。自然生态因子强的人对自然环境有更高的敏感度和亲近感，更愿意采取山地旅游消费行为，热衷于探索山地自然环境，更加乐于享受体验与亲近大自然的时间与空间。山地旅游作为一种能够深入自然、回归自然与近距离接触自然的方式，是自然生态因子强的游客的重要选择。

第二，人文生态因子越强的人在山地旅游中越关注当地文化、历史和人文环境。他们不仅关注对山地自然风光的欣赏，更重视与山地旅游目的地居民的交流和体验，倾向于选择那些具有丰富文化底蕴和独特民俗风情的山地旅游地区作为目的地。这样不仅能够丰富自身的山地旅游经历，也能够促进不同文化之间的相互理解和交流。

综上所述，旅游者可根据自己的人格生态特质，选择符合游客自身人格生态特质的旅游产品和服务。景区可通过多元化的山地旅游产品以满足不同人格生态特质的山地旅游需求，提升不同的人格生态特质游客的体验感与满意度。

（二）对山地旅游景区运营者的启示

1. 科学开发资源

一是注重对生态资源的保护。通过对调查样本的分析发现，游客选择山地旅游的目的首先是"欣赏贵州的山水风景"，其次是"游山玩水"，而这两者都是以观赏自然风光为主。因此，为增强游客的旅游体验，景区运营者在开发生态资源的过程中，应注重对原生态资源的保护。其一，在对山地旅游资源进行开发和旅游项目建设时，应基于保护原则对山地旅游项目进行合理规划，避免生态资源被过度使用；其二，在开发山地旅游资源时，应秉承"以保护为根本、以发展为目的"的宗旨，严禁在开发山地旅游资源中对生态环境造成破坏；其三，对已开发的山地旅游资源进行科学保护，在保护的基础上进行充分利用。

二是做好资源开发规划。根据不同类型的山地旅游资源制定相应的开发利用规划，减少开发过程中的资源浪费和投资风险。例如，在山地旅游规划的建筑设计中，应考虑山地的气候和地形对建筑布局的影响，采用合理的布局模式，根据地形情况及等高线走向，进行合理的功能组织和空间布局；在改造原有的山村建筑时，应考虑到村落肌理代表的村庄长期以来形成的历史脉络，以及与山地村庄的历史文化密不可分的地形地质条件，遵循"修旧如旧，旧中见新"的设计原则，沿用原有的村落肌理，保留和传承村落的脉络，以增强山地文化旅游的吸引力。

三是按照需求进行开发。根据游客的不同需求，山地旅游景区运营者应在旅游内容上作出不同的安排，推出更多具有针对性的山地旅游项目和活动，以旅游项目的独特性和适配性来增加山地旅游对于游客的吸引力。例如，充分利用地形优势，设计如徒步旅行、攀岩、漂流等多种旅游项目，以满足偏好山地运动旅游的游客需求；在山地旅游中，可融合旅游、艺术、历史或传统文化等多个元素，充分展示山地旅游项目的独特魅力并传承文化遗产，全方位地满足游客对于山地文化旅游的多样化需求。

2. 创新营销策略

一是细分目标客群。在调查分析中发现，来贵州山地景区旅游的游客在年龄、婚姻类型、童年居住地类型等方面均有所差异，为了吸引更多潜在游客，可以利用信息技术对目标客群进行分析，并以此精准地开发山地旅游项目。如通过信息技术手段对携程和去哪儿网等旅游网站的数据信息进行采集，有针对性地分析不同人群的山地旅游偏好和旅游目的，从而在此基础上结合特色山地资源优势进行有针对性的山地旅游开发。

二是实施精准营销。针对不同年龄阶段、户籍类型、收入水平和童年居住地等目标客群，开展精准的山地旅游项目营销活动，设计不同层次的旅游线路，为游客提供更加精准化的旅游项目。同时，通过数据分析了解游客的消费信息，进而有针对性地设计或优化旅游产品与服务，与游客建立良好的关系，培养游客的忠诚度，增强游客再次选择山地旅游的意愿，将一次性游客转化为长期游客，进而提高山地旅游景区的市场竞争力。

三是多渠道宣传。重视新兴媒体在山地旅游项目宣传过程中的作用，充分借助微博、微信、抖音、快手等多媒体社交平台用户的旅游分享，宣传山地旅游项目，树立山地旅游口碑。此外，还应根据不同游客类型设计个性化的宣传方式。例如，针对老年人关注最多的健康养生及获取山地旅游信息的渠道，将山地康养类的旅游项目定位在养生类电视栏目及合适的时间段进行宣传；对于热衷于徒步、滑雪、攀岩和漂流等山地运动旅游项目的年轻人，则从他们的兴趣爱好出发，利用专业的旅游网站或杂志推介山地旅游项目。

3. 提高服务质量

一是加强对山地旅游景区相关工作人员的培训。调查研究发现，具有较强人格生态特征的游客会多次选择山地旅游，因此，可以通过提高服务质量来提升游客的旅游体验感，从而增强游客再次选择回到该景区旅游的意愿。具体可从两个方面着手：其一，加强对沟通技巧、服务意识和旅游应急处理等方面的培训，以提高山地旅游从业人员的服务与技能水平；其二，对山地旅游的相关从业者进行定期考核，确保山地旅游相关从业者不懈怠自己的本职工作，始终具备良好的服务素养与专业能力。

二是加强对山地旅游景区的管理与维护。山地旅游景区运营者可以通过相关管理部门来加强对山地旅游景区的管理与维护，保持山地旅游景区的干净整洁，及时修复和更新旅游设施设备，为游客营造更加舒适和便利的旅游环境。此外，山地旅游景区也应加强对游客安全的管理，设计较完备的山地旅游应急预案，明确应对突发旅游安全事件的措施，确保游客的人身安全。

三是加强对山地旅游景区的投诉处理与引导。游客在进行山地旅游时，难免会遇到诸如山地旅游产品质量不达标、山地旅游景区环境较差以及山地旅游景区设施过于陈旧等问题。因此，为了让游客有良好的山地旅游体验，需加强对山地旅游投诉的处理与引导。景区运营者应适时安排工作人员与游客进行沟通，通过问卷调查、访谈、服务热线等方式，收集游客在进行山地旅游时遇到的问题和游客对山地旅游景区发展的建议，及时解决游客的投诉并采取措施，从而改进游客反馈的问题，保持山地旅游景区与游客的良好互动与沟通，不断提高山地旅游服务质量。

4. 加强品牌建设

一是根据游客需求进行品牌定位。旅游品牌定位是旅游品牌建设的基础，品牌定位是否合适是品牌建设能否成功的关键。山地旅游目的地在对品牌进行定位时，不仅要考虑山地自身的自然资源和文化特色，还应考虑游客的需求。在互联网时代，可充分借助大数据洞悉不同人格生态特质游客的山地旅游偏好，了解游客关注哪些山地旅游的核心要素，以此依据山地旅游的特色资源打造与游客需求相适应的山地旅游品牌，从而提升品牌效应。

二是注重山地旅游品牌的持久建设。山地旅游目的地的发展阶段和人格生态特质游客的市场需求是动态变化的。因此，山地旅游景区运营者在开展品牌建设工作时，应紧跟游客的需求，及时进行创新。即山地旅游目的地在加强品牌建设的过程中，不仅要紧跟时代发展的步伐赋予原有品牌新的内涵，也要对市场需求的变化及时作出反应，在新品牌建设中不断加入新的内容，以使山地旅游目的地的品牌形象在偏好山地旅游的核心游客群体中始终保持较深的印象。此外，还应对山地旅游品牌建设的效果进行评估，以提高山地旅游品牌建设的有效性，从而影响更多游客选择山地旅游。

5. 打造特色项目

一是依托丰富的山地自然资源打造山地康养旅游项目。山地拥有多种类的生态系统和常年优良的空气质量，优美的风景和舒适的自然环境有助于游客的身心放松。因此，可利用丰富的自然资源打造山地康养旅游项目，满足人格生态特质游客对于山地康养旅游的需求。例如，可借助生态自然资源优势，来建设山地型的夏季避暑胜地、建设温泉疗养基地和"避寒"的阳光山地康养基地等，同时，为具有较高消费能力的游客群体打造精品山地度假酒店和民宿，为偏好于山地康养旅游的游客提供一个疗养和休息的场所。

二是依托山地形成过程的悠久历史、民族风情及红色文化，打造个性化山地文化旅游项目。具体来说，可借助山地形成过程的悠久历史，开发观光类和感受类的山地文化旅游项目，让游客可以了解到独特的山地自然景观的形成过程；或借助山地中所具有的红色文化，开发红色之旅体验路线，让游客充分体验红军翻越山地的艰难等。通过多种多样的旅游形式，增强人文生态特质游客对于山地文化旅游的偏好，从而提高游客的山地旅游评价行为。

三是依托独特的山地地形打造山地运动旅游项目。随着健康观念的不断加强，越来越多的游客倾向于选择山地运动型旅游项目。山地内山多林密，地形多种多样，河流众多，正好具备打造山地运动旅游项目的良好优势。因此，可根据不同人格生态特质的山地旅游偏好，开发登山、徒步、攀岩、探险和漂流等户外山地运动项目，也可以举办山地越野跑和自行车比赛等活动。同时，还可以在确保安全的前提下，尝试在两个及两个以上山地型景区之间打造徒步穿越山地运动项目，并在距离较长的景区之间设置中途露营点，以特色山地运动项目和赛事活动吸引偏好于山地运动旅游的游客。

（三）对政府管理者的启示

1. 管理配套服务体系

第一，构建山地旅游安全保障体系，规范游客山地旅游行为。一是建立山地旅游安全管理制度和行业标准。制定行业安全管理制度，以针对企业、景区、俱乐部等主体对象进行行为约束和管理优化。建立行业质量标准，对涉及的安全风险管理问题，应从人员资质、场地条件、装备条件、事故处理等方面进行合理规范。二是加强山地旅游安全管理。通过设立直属的山地旅游安全管理机构、部门及人员，杜绝出现权责划分不明、分工不清的问题，确保游客安全。同时，规范相关运动装备质量标准，建立山地旅游项目的风险控制体系；定期维护相关设施设备，保障设备使用的安全；建立并完善相关安全管理制度及应急预案等，将安全责任落实到主体，并严格执行。三是搭建专业化山地旅游安全救援体系。建立起指挥中心、救助医疗部门、外围协助部门及间接协助部门四级山地旅游安全救援系统，同时建立起地方政府、医疗机构、应急救援等救援行动部门之间的协作机制，确保游客在具备充分安全保障的前提下，开展山地旅游行为。

第二，完善山地旅游配套服务设施，满足游客山地旅游偏好。一是要加强山地旅游基础设施建设，提高旅游服务水平。注重完善旅游基础设施，如旅游公路、旅游厕所、旅游标识、旅游停车场等，提升山地旅游的便利性和舒适性。同时，加强旅游业监管，强化山地旅游服务环境，开展旅游服务业技能培训，切实做好旅游企业服务培训工作，更好地为山地游客提供服务。二是要建立山地旅游的配套人才支撑系统。通过制订区域专业人才培养与引进计划，建立人才数据信息库等方式，着力加强山地旅游复合型人才培养，从专业的角度帮助游客科学感受人格生态特质，更加准确地建立自身山地旅游偏好，规范山地旅游行为。三是要提升游客健康管理咨询的服务水平。优化山地旅游配套医疗设施建设，提升配套医疗机构的服务质量，为山地旅游游客提供优质安全的医疗保障。

2. 因地制宜规划开发

第一，遵循旅游生态效益原则，提升游客人文生态特质体验。一是以提升游客山地旅游生态特质体验为目标，进行旅游产品的开发设计。在旅游产品的开发设计中，不断创新旅游主题，注重游客所需的文化、心理学、地方特色或旅游产品的特点，结合山地旅游资源条件，设计出独特的旅游项目，为游客提供创新体验。在山地旅游前后端设计环节中，充分代入游客视角，体验山地文化和娱乐氛围，以类型的多样性、内容的丰富性来吸引游客，增加旅游体验性。二是因地制宜、突出山地旅游主题。山地旅游资源开发时，应偏重优美的自然环境和新鲜的空气，尽量保持山地原有的动植物资源，少破坏、多保留，满足游客对大自然的向往。尤其是近年来城市空气质量欠佳，山地旅游景区应发挥优势，打好环境牌。努力保持原始粗犷的自然情趣，突出特色，力戒重模仿、轻创作的做法。单一的开发模式已经不能满足景区的全面发展，因此，在山地旅游资源开发过程中，要注重自然、人文、观光、娱乐、休闲、购物立体式开发，多层次、多方位地满足人们的旅游需求。三是体现开发适度原则。山地旅游资源有其固有的特色，应据实而论、据实而行。在开发利用山地旅游资源时，重视对自然环境的保护，比如地质、地貌、绿植、花卉等，在开发中保护，在保护中开发。以此确保游客能够体验到最原始、最真实的山地自然生态，从而激发其内在最深层次的人格生态特质。

第二，拓展山地旅游产品形式，加大山地旅游产品服务供给。一是山地文化旅游产品供给。将文化资源和山地旅游资源有机结合，开发成独特而稀缺的文化旅游产品。同时，选择代表性强、易开发且受欢迎的文化元素，与山地旅游产品有效整合。可以利用非遗文化、民俗文化、民歌文化等创作喜闻乐见的民间文化互动节目，以满足游客沉浸式文化旅游体验。以此打造新的山地文化旅游热点，加大个性化、特色化的山地旅游产品供给。二是山地运动旅游产品供给。针对目前逐渐扩大的山地运动旅游市场，应将目光投向普适性更广、大众参与积极性更高、娱乐性更强的运动健身旅游产品。立足本土特色体育、节庆、赛事等优势资源，大力发展以高原山地运动体验、民族民俗体育体验、体育竞赛表演、大众运动健身项目为主要内容的高原山地体育旅游产业，为游客带来不一样的山地旅游体验。三是山地康养度假旅游产品供给。山地拥有凉爽舒适的气候环境，可开发丰富多样的山地康养旅游项目。如立足于不同的山地资源特色，开发温泉健身、森林休憩、山地避暑、医药疗养等多种康体养生旅游产品，让游客可以在原生态环境中，感受人格生态特质驱动下所形成的山地旅游偏好。

3. 精准定位策略宣传

第一，精确定位目标游客，打造山地旅游全方位宣传矩阵。一是目标受众的精确性。了解目标客户群体，确定他们的兴趣、需求与偏好，有针对性地制定宣传策略。山地旅游目标客户群体囊括青、中、老年各阶段人群，其旅游需求均偏向于满足自身人格生态特征，因之应以此确定其山地旅游的偏好。要注重从游客的角度理解山地旅游需求，由于城市人多追求山地旅游原汁原味的自然生态内容，所以在山地旅游宣传中更应该保持山地旅游的生态、自然、绿色、朴实，突出强调独特的自然野趣和休闲乐趣，增强山地旅游的吸引力。二是宣传手段的全面性。综合运用传统媒介与新兴社交媒体的宣传效用，全面覆盖宣传，力争不留死角，确保潜在的山地旅游者能够精准获取全方位的山地旅游信息，从而作出正确的山地旅游决策。三是建立健全宣传反馈机制。确保大众传播的信息能够得到及时有效的反馈，有利于传播机制在传受双方不断的作用和相互促进中，形成自足且开放的系统。根据传播机制自身运行规律，要求政府主导山地旅游宣传，同时注重游客以及当地居民的反馈。通过一系列健全、畅通且完善的反馈渠道，构建与受众之间互动的良好运作机制，以更好地提升游客山地旅游体验感与满意度。

第二，利用智慧山地旅游导向，激发游客人格生态特质。一是要建立完备的数据平台。数据作为新的生产要素，可为发展智慧山地旅游平台奠定基础，因此，智慧化山地旅游应当以数据平台为基础。从其本质意义上来说，利用数字平台获取数据信息并进行平台共享，通过对山地旅游的相关信息与数据的收集，利用先进技术优势对数据要素进行处理分析，一定会为优化山地旅游信息化服务起到关键性指导作用。二是要联结公安、交通、电商等多个部门，构建景区特定范围内的数据共享机制，在节省时间成本的同时，制定更为灵活的经营策略，进而提高山地旅游的全面服务工作水平。此外，基于数据平台的完备性优势，帮助游客更为便捷地获取周边旅游景点的信息，对游客进行精准引流。在发展自身旅游项目的同时，也为周边旅游业发展发挥一定的促进作用。三是要建立完善的山地旅游智慧服务体系。通过建立山地旅游智慧服务体系，对山地旅游各个景点、项目及日常活动进行监测，利用智慧服务体系感知游客行为并形成反馈信息，方便工作人员为更好地服务游客提供合理决策。此外，还应通过构建完善的服务体系和管理体系，促进与游客之间的高效互动，充分利用信息技术进行信息共享和数据交换，覆盖服务提供者（服务体系和管理者）、服务管理者（运营方）、服务接受者（游客）这三大主体的日常活动需求，为游客提供优质的旅游服务。

参 考 文 献

［1］白凯，严艳，高言铃．"80后"消费群体人格特质对其旅游偏好的影响研究［J］．北京第二外国语学院学报，2011，33（1）：68-75.

［2］白凯，马耀峰．旅游者购物偏好行为研究：以西安入境旅游者为例［J］．旅游学刊，2007（11）：52-57.

［3］保继刚．旅游者行为研究［J］．社会科学家，1987（6）：19-22.

［4］加里·S. 贝克尔．人类行为的经济分析［M］．王业宇，陈琪，译．上海：上海三联书店，1995.

［5］卞显红，金霞．旅游产业集群形成的动力机制研究：以杭州国际旅游综合体为例［J］．浙江工商大学学报，2011（4）：65-71.

［6］岑乔，黄玉理．基于旅游者认知的山地旅游安全现状调查研究［J］．生态经济，2011（10）：147-151.

［7］陈福亮，侯佩旭．国内外生态旅游者的生态意识调查研究：以三亚市南山旅游文化区为例［J］．海南大学学报（人文社会科学版），2005（1）：114-117.

［8］陈健昌，保继刚．旅游者的行为研究及其实践意义［J］．地理研究，1988（3）：44-51.

［9］陈建文，王滔．当前人格研究的基本走向［J］．厦门大学学报（哲学社会科学版），2003（3）：64-69.

［10］陈琼珍．生态人格：生态文明制度的完善路径［J］．广西社会科学，2013（11）：78-82.

［11］陈少华．新编人格心理学［M］．广州：暨南大学出版社，2004.

［12］陈思屹，卢松，张明珠，等．南京市城市居民乡村旅游行为偏好调查研究［J］．华东经济管理，2007（8）：10-13.

［13］陈兴．中国西部山地旅游可持续发展战略思考［J］．西南民族

大学学报（人文社会科学版），2013，34（2）：153-155.

[14] 陈亦佳. 山地城市的生态旅游开发研究：以北碚山地花园城为例 [J]. 商场现代化，2007（34）：336-337.

[15] 成凤明，雷晶莹，李穗菡，等. 城市居民城郊游憩偏好研究：以湖南长沙为例 [J]. 中南林业科技大学学报（社会科学版），2008，2（6）：45-49.

[16] 程进，陆林，晋秀龙，等. 山地旅游研究进展与启示 [J]. 自然资源学报，2010，25（1）：162-176.

[17] 崔红，王登峰. 西方"大五"人格结构模型的建立和适用性分析 [J]. 心理科学，2004（3）：545-548.

[18] 邓辉. 旅游偏爱及其形成分析 [J]. 理论月刊，2005（1）：66-68.

[19] 丁健，李林芳. 广州市居民省外游出游行为研究 [J]. 资源开发与市场，2003（3）：175-178.

[20] 杜江，向萍. 关于乡村旅游可持续发展的思考 [J]. 旅游学刊，1999（1）：15-18+73.

[21] 付粉娟，刘新平，何艳. 基于因子分析下的入境欧洲游客住宿选择行为 [J]. 济南大学学报（自然科学版），2006（1）：42-45.

[22] 弗兰克尔. 探索潜意识 [M]. 华微风，译. 北京：国际文化出版公司，2003.

[23] 霍奇逊. 演化与制度 [M]. 任荣华，译. 北京：中国人民大学出版社，2007.

[24] 郭静，张树夫. 南京东郊风景区旅游环境容量初步研究 [J]. 资源开发与市场，2003（4）：262-263.

[25] 郭静，张树夫. 南京东郊风景区旅游者出游行为的探讨及其意义 [J]. 南京师大学报（自然科学版），2005（3）：114-117.

[26] 郭永玉. 人格心理学 [M]. 北京：中国社会科学出版社，2005.

[27] 郝革宗. 我国山地旅游资源 [J]. 山地研究，1985，3（2）：102-108.

[28] 何艳，马耀峰，孙根年. 关于不同旅游目的入境游客信息获取

方式研究：以英国来华游客为例［J］．西北大学学报（自然科学版），2006（2）：330-334.

［29］贺金波，郭永玉．人格的生理基础研究综述［J］．心理学探新，2005（3）：59-63+77.

［30］黄非亚，陈小妹．浅论泰国北部山地民族生态旅游［J］．中南民族学院学报（人文社会科学版），2002（2）：105-107.

［31］黄希庭．人格心理学［M］．杭州：浙江教育出版社，2002.

［32］卡尔文·S.霍尔，沃农·J.诺德拜．荣格心理学纲要［M］．张月，译．郑州：黄河文艺出版社，1987.

［33］康积勤，田博．人格特质对大学生旅游地选择偏好的影响［J］．河北旅游职业学院学报，2008（3）：55-60.

［34］李东和，张结魁．论生态旅游的兴起及其概念实质［J］．地理学与国土研究，1999（2）：76-80.

［35］李健，罗芬，李伟燕．外国侨民在华旅游偏好调查和分析：以义乌联合国社区为例［J］．旅游研究，2009，1（2）：59-64.

［36］李强．可持续发展概念的演变及其内涵［J］．生态经济，2011（7）：87-90.

［37］李胜芬．基于旅游偏好的大学生一日游线路设计：以秦皇岛为例［J］．生产力研究，2008（22）：63-64+89.

［38］李太光，张文建．新时期上海推动旅游业转型升级的若干思考［J］．北京第二外国语学院学报，2009，31（3）：44-49.

［39］李雪瑞，黄细嘉，田凤娟，等．鄱阳湖生态经济区旅游产业升级研究：以创意产业为动力［J］．特区经济，2011（6）：152-153.

［40］李正欢，李祝舜．生态旅游者生态行为的意识层次［J］．资源开发与市场，2004（3）：231-233.

［41］梁江川．沪杭甬居民旅游偏好及产品开发策略［J］．旅游科学，2006（6）：59-64.

［42］梁江川，陈南江．广东省高档温泉度假区游客利益细分研究［J］．旅游学刊，2006（5）：68-74.

［43］梁雪松，马耀峰．旅游偏好和旅游行为研究：以丝绸之路入境游客为例［J］．商业经济与管理，2008（5）：69-74.

[44] 刘纯. 关于旅游行为及其动机的研究 [J]. 社会科学家, 1992 (1): 60-64.

[45] 刘纯. 走向大众化旅游的社会: 论现代旅游行为与动机 [J]. 内蒙古大学学报 (人文社会科学版), 2000 (4): 99-103.

[46] 刘丽丽. 北京灵山地区旅游开发对环境的影响研究 [J]. 首都师范大学学报 (自然科学版), 2005 (2): 95-100.

[47] 刘培松. 基于旅游者偏好的低碳旅游发展策略研究 [J]. 经济管理, 2014, 36 (10): 128-135.

[48] 刘同辉. 中国传统的五类型人格理论与超稳定心理结构 [J]. 上海师范大学学报 (哲学社会科学版), 2009, 38 (3): 103-113.

[49] 陆林. 山岳旅游地旅游者动机行为研究: 黄山旅游者实证分析 [J]. 人文地理, 1997 (1): 10-14.

[50] 卢小丽, 武春友, DONOHOE H. 生态旅游概念识别及其比较研究: 对中外40个生态旅游概念的定量分析 [J]. 旅游学刊, 2006 (2): 56-61.

[51] 罗艳菊, 张冬, 黄宇. 城市居民环境友好行为意向形成机制的性别差异 [J]. 经济地理, 2012, 32 (9): 74-79.

[52] 骆方金, 孔静. 论科学发展观视阈中生态人格培育 [J]. 环境教育, 2009 (10): 11-14.

[53] 马耀峰, 张佑印. 旅华英国游客对我国旅游价格与服务质量的感知研究 [J]. 干旱区资源与环境, 2007 (4): 127-131.

[54] 彭立威. 论生态人格的缺失及其价值指归 [J]. 道德与文明, 2011 (4): 117-121.

[55] 彭立威. 论生态人格: 生态文明的人格目标诉求 [J]. 教育研究, 2012, 33 (9): 21-26.

[56] L. A. 珀文. 人格科学 [M]. 周榕, 等译. 上海: 华东师范大学出版社, 2001.

[57] 蒲勇健. 可持续发展概念的起源、发展与理论纷争 [J]. 重庆大学学报 (社会科学版), 1997 (1): 17-23.

[58] 钱静. 论都市农业、生态旅游和文化创意产业融合: 以北京市为例 [J]. 现代农业, 2009 (9): 92-95.

［59］钱静，朱启酒．北京都市农业生态旅游文化创意产业融合的路径选择［J］．农业技术与装备，2013（1）：45-48.

［60］覃琼玉，文军．南宁市城市居民近郊休闲旅游偏好及意向特征研究［J］．中国市场，2011（6）：98-101.

［61］邱扶东．旅游动机及其影响因素研究［J］．心理科学，1996（6）：367-369.

［62］荣格．原型与集体无意识［M］．北京：国际文化出版公司，2011.

［63］苏丽娟，陈兴鹏，陈仁．基于对兰州市入境旅游者调查的入境旅游者行为偏好实证分析［J］．兰州大学学报（社会科学版），2015，43（1）：136-140.

［64］谭业．从生态旅游行为问题看生态旅游意识的培养［J］．邵阳学院学报（社会科学版），2011，10（6）：55-58.

［65］唐德彪，马莹莹．怀化市民的旅游行为偏好分异研究［J］．商业研究，2009（4）：97-100.

［66］田至美．山地生态旅游资源特点和开发途径：以北京山区为例［J］．资源·产业，2005（1）：46-49.

［67］万绪才，朱应皋，丁敏．国外生态旅游研究进展［J］．旅游学刊，2002（2）：68-72.

［68］赵荣，王斌，张结魁．西安市国内游客旅游行为研究［J］．西北大学学报（自然科学版），2002（4）：429-432.

［69］王登峰，崔红．中国人人格量表（QZPS）的编制过程与初步结果［J］．心理学报，2003（1）：127-136.

［70］王广新．生态意识、生态潜意识与生态消费［J］．北京林业大学学报（社会科学版），2011，10（1）：50-53.

［71］王慧敏．旅游产业的新发展观：5C模式［J］．中国工业经济，2007（6）：13-20.

［72］王娟．旅皖国内旅游者消费结构初探［J］．资源开发与市场，2004（1）：72-75.

［73］王维佳．大学生旅游偏好研究：以绍兴高校为例［J］．经济研究导刊，2009（22）：133-134.

[74] 王云，史春云．苏州乡村旅游游客偏好与行为特征研究［J］．旅游论坛，2014，7（5）：26-33.

[75] 文彤，陈杰忻．城市居民近郊生态旅游行为及意愿调查：以香港为例［J］．消费经济，2008，24（6）：66-68.

[76] 闻扬，刘霞．基于社区参与的四川山地旅游发展［J］．财经科学，2009（2）：110-115.

[77] 吴楚材，吴章文，郑群明，等．生态旅游概念的研究［J］．旅游学刊，2007（1）：67-71.

[78] 吴清津．旅游消费者行为学［M］．北京：旅游教育出版社，2006.

[79] 肖朝霞，杨桂华．国内生态旅游者的生态意识调查研究：以香格里拉碧塔海生态旅游景区为例［J］．旅游学刊，2004（1）：67-71.

[80] 徐虹，范清．我国旅游产业融合的障碍因素及其竞争力提升策略研究［J］．旅游科学，2008（4）：1-5.

[81] 徐菊凤．北京市居民旅游行为特征分析［J］．旅游学刊，2006（8）：34-39.

[82] 许燕．当代人格心理学的发展趋势［J］．心理学探新，2003（3）：15-19.

[83] 鄢和琳，包维楷．川西山地生态旅游开发及其持续发展初步研究［J］．自然资源学报，2001（6）：557-561.

[84] 杨方义．试析中国西南山地社区生态旅游合作社网络的建立［J］．生态经济，2005（3）：104-106.

[85] 杨效忠，陆林，张光生，等．普陀山国内旅游者特征及行为调查分析［J］．安徽师范大学学报（自然科学版），2004（1）：75-78.

[86] 杨颖．产业融合：旅游业发展趋势的新视角［J］．旅游科学，2008（4）：6-10.

[87] 中国成亚洲最大出境游市场［N］．人民日报（海外版），2013-09-27.

[88] 尹贻梅，刘志高．旅游产业集群存在的条件及效应探讨［J］．地理与地理信息科学，2006（6）：98-102.

[89] 岳祚莆．旅游动机研究与旅游发展决策［J］．旅游学刊，1987

（3）：32-36.

[90] 曾武佳，曾华艳，欧阳立群．论"道法自然"思想对促进旅游者行为生态化的启示 [J]．社会科学研究，2013（2）：110-114.

[91] 张洪双，元元．海南俄罗斯旅游者旅游偏好分析：一个文化资本的视角 [J]．经济视角（上），2013（11）：20-23.

[92] 张萌，张积家．人格特质的六因素结构模型 [J]．心理科学，2006（3）：755-756+766.

[93] 张卫红．旅游动机定量分析及其对策研究 [J]．山西财经大学学报，1999（4）：100-103.

[94] 张文磊，黄娟．西部地区中小城市居民的旅游偏好研究：以都匀市为例 [J]．安徽农业科学，2010，38（12）：6551-6553.

[95] 张颖，马耀峰，李创新．人口学特征和动机偏好双重视角的入境游客市场细分研究：西安市的实证研究 [J]．资源开发与市场，2010，26（2）：178-180+192.

[96] 赵红军，尹伯成．经济学发展新方向：心理学发现对经济学的影响 [J]．南开经济研究，2003（6）：30-34.

[97] 张文建，仲红梅．上海白领旅游消费偏好调查 [J]．华东师范大学学报（哲学社会科学版），2007，39（4）：93-98.

[98] 钟林生，肖笃宁．生态旅游及其规划与管理研究综述 [J]．生态学报，2000（5）：841-848.

[99] 周慧玲．城市居民旅游目的地偏好的差异性研究：以长沙为例 [J]．商业研究，2008（1）：192-195.

[100] 周旗，卫旭东．太白山客源市场结构与游客行为模式研究 [J]．人文地理，2003（5）：89-93.

[101] 周玮．基于国内背包客旅游行为偏好的营销策略研究 [J]．中国商贸，2010（23）：17-19.

[102] 周小亮，笪贤流．效用、偏好与制度关系的理论探讨：反思消费者选择理论偏好稳定之假设 [J]．学术月刊，2009，41（1）：75-85.

[103] 周敩源．我国生态旅游可持续发展策略探讨 [J]．安徽农业科学，2008（18）：7919-7921.

[104] 朱同林．九华山旅游者人口学特征及其行为研究 [J]．安徽师

大学报（哲学社会科学版），1998（3）：29-33+153.

［105］AARTS H，VERPLANKEN B，KNIPPENBERG A V. Habit and information use in travel mode choices ［J］. Acta psychologica，1997，96（1）：1-14.

［106］AJZEN I，FISHBEIN M. A bayesian analysis of attribution processes ［J］. Psychological bulletin，1975，82（2）：261-277.

［107］AJZEN I，FISHBEIN M. Understanding attitudes and predicting social behaviour ［M］. London：Prentice Hall，1980.

［108］AJZEN I. From intentions to actions：a theory of planned behavior ［J］. Action control，1985，22（8）：11-39.

［109］AJZEN I，MADDEN T J. Prediction of goal-directed behavior：attitudes，intentions，and perceived behavioral control ［J］. Journal of experimental social psychology，1986，22（5）：453-474.

［110］BAGOZZI R P，YI Y，NASSEN K D. Representation of measurement error in marketing variables：review of approaches and extension to three-facet designs ［J］. Journal of econometrics，1998，89（1-2）：393-421.

［111］BANDURA A，WOOD R. Effect of perceived controll ability and performance standards on self-regulation of complex decision making ［J］. Journal of personality and social psychology，1989，56（5）：805-814.

［112］BALOGLU S. The relationship between destination images and socio-demographic and trip characteristics of international travelers ［J］. Journal of vacation marketing，1997，3（3）：221-233.

［113］BAMBERG S，MÖSER G. Twenty years after hines，hungerford，and tomera：a new meta-analysis of psycho-social determinants of pro-environmental behaviour ［J］. Journal of environmental psychology，2007，27（1）：14-25.

［114］BEERLI A，MARTÍN J D. Factors influencing destination image ［J］. Annals of tourism research，2004，31（3）：657-681.

［115］BOO E. Planning for ecotourism ［J］. Parks，1991，2（3）：4-8.

［116］BOWLES S，HWANG S H. Social preferences and public economics：

mechanism design when social preferences depend on incentives [J]. Journal of public economics, 2008, 92 (8-9): 1811-1820.

[117] BUCKLEY R. Impacts positive and negative: links between ecotourism and environment [M]. Wallingford: CABI Publishing, 2004.

[118] BUDOWSKI G. Tourism and environmental conservation: conflict, coexistence, or symbiosis? [J]. Environmental conservation, 1976, 3 (1): 27-31.

[119] CEBALLOS-LASCURáIN H. The future of ecotourism [J]. Mexico journal, 1987 (2): 13-14.

[120] CHAMINUKA P, GROENEVELD R A, SELOMANE A O, et al. Tourist preferences for ecotourism in rural communities adjacent to kruger national park: a choice experiment approach [J]. Tourism management, 2012, 33 (1): 168-176.

[121] CHANG T Z, WILDT A R. Price, product information, and purchase intention: an empirical study [J]. Journal of the academy of marketing science, 1994, 22 (1): 16-27.

[122] CHEUNG F M, LEUNG K, ZHANG J X, et al. Indigenous Chinese personality constructs: is the five-factor model complete? [J]. Journal of cross-cultural psychology, 2001, 32 (4): 407-433.

[123] CONNER M, Armitage C J. Extending the theory of planned behavior: a review and avenues for further research [J]. Journal of applied social psychology, 2006, 28 (15): 1429-1464.

[124] COSTA P T, MCCREA R B. Revised NEO personality inventory (NEO PI-R) and NEO five-factor inventory (NEO-FFI) [M]. Lutz: Psychological Assessment Resources, 1989.

[125] COSTA P T, MCCRAE R R. Four ways five factors are basic [J]. Personality and individual differences, 1992 (13): 653-665.

[126] ENGEL J F, BLACKWELL R D, Miniard P W. Consumer behavior [M]. New York: Dryden Press, 1993.

[127] FISHBEIN M, AJZEN I. Attitudes toward objects as predictors of single and multiple behavioral criteria [J]. Psychological review, 1974, 81

(81): 59-74.

[128]FISHBEIN M, AJZEN I. Belief, attitude, intention and behaviour: an introduction to theory and research [J]. Cahiers détudes africaines, 1975, 41 (4): 842-844.

[129] FISHBEIN M, AJZEN I. Belief, attitude, intention and behavior: an introduction to theory and research [M]. MA: Addison-Wesley Reading, 2005.

[130] GOLDBERG L R. An alternative "description of personality": the big-five factor structure [J]. Journal of personality and social psychology, 1991, 59 (6): 1216-1229.

[131] GOLDBERG L R, SAUCIER G. So what do you propose we use instead? a reply to block [J]. Psychological bulletin, 1995, 117 (2): 226-229.

[132] GÖSSLING S. Ecotourism: a means to safeguard biodiversity and ecosystem functions? [J]. Ecological economics, 1999, 29 (2): 303-320.

[133] GURUNG D B, Seeland K. Ecotourism in bhutan : extending its benefits to rural communities [J]. Annals of tourism research, 2008, 35 (2): 489-508.

[134] HEDLIMD T, MARELL A, GÄRLING T. The mediating effect of value orientation on the relationship between socio-demographic factors and environmental concern in Swedish tourists vacation choices [J]. Journal of ecotourism, 2011, 11 (1): 16-33.

[135] HODGSON G M. The evolution of institutional economics [M]. London: Routledge, 2004.

[136] KIRKCALDY B, FURNHAM A. Extraversion, neuroticism, psychoticism and recreational choice [J]. Personality and individual differences, 1991, 12 (7): 737-745.

[137] LAM T, HSU C H C, LAM T. Theory of planned behavior: potential travelers from China [J]. Journal of hospitality and tourism research, 2004, 28 (4): 463-482.

[138] LASANTA T. Effects of European common agricultural policy and regional policy on the socioeconomic development of the central pyrenees, Spain

〔J〕. Mountain research and development, 2016, 27 (2): 130–137.

〔139〕 LEE M J, BACK K J. Association meeting participation: a test of competing models 〔J〕. Journal of travel research, 2008, 46 (3): 300–310.

〔140〕 LINDBERG K, ENRIQUEZ J, SPROULE K. Ecotourism questioned: case studies from belize 〔J〕. Annals of tourism research, 1996, 23 (3): 543–562.

〔141〕 Lubell M, Vedlitz A. Collective action, environmental activism, and air quality policy 〔J〕. Political research quarterly, 2006, 59 (1): 149–160.

〔142〕 MADAN S, RAWAT L. The impacts of tourism on the environment of Mussoorie, Garhwal Himalaya, India 〔J〕. Environmentalist, 2000, 20 (3): 249–255.

〔143〕 MADDEN T J, ELLEN P S, AJZEN I. A comparison of the theory of planned behavior and the theory of reasoned action 〔J〕. Personality and social psychology bulletin, 1992, 18 (1): 3–9.

〔144〕 METIN K. Tourism behavior of Y generation 〔J〕. Annual of tourism research, 2001.

〔145〕 POORTINGA W, STEG L, VLEK C, et al. Values, environmental concern, and environmental behavior a study into household energy use 〔J〕. Environment and behavior, 2004, 36 (1): 70–93.

〔146〕 MARCH R, WOODSIDE A G. Testing theory of planned versus realized tourism behavior 〔J〕. Annals of tourism research, 2005, 32 (4): 905–924.

〔147〕 NEPAL S K. Mountain ecotourism and sustainable development: ecology, economics, and ethics 〔J〕. Mountain research and development, 2002, 22 (2): 104–109.

〔148〕NICKERSON N P, ELLIS G D. Traveler types and activation theory: a comparison of two models 〔J〕. Journal of travel research, 1991, 29 (3): 26–31.

〔149〕 NORMAN W T. Toward an adequate taxonomy of personality attributes: replicated factor structure in peer nomination personality ratings 〔J〕.

Journal of abnormal and social psychology, 1963, 66 (6): 574-583.

[150] NODA H, HARAGUCHI S, NIIMI M. Effecting durable change a team approach to improve environmental behavior in the household [J]. Environment and behavior, 2004, 36 (3): 341-367.

[151] ROSS G F. The psychology of tourism [M]. Elsternwick, Victoria: The Hospitality Press, 1994.

[152] ROSZAK T. The voice of the earth: an exploration of ecopsychology. [M]. MI: Phanes Press, 2001.

[153] SAGGINO A. The big three or the big five? a replication study [J]. Personality and individual differences, 2000, 28 (5): 879-886.

[154] SCHILL T, BEYLER J, SHARP M. Pleasure from activities and self-defeating personality [J]. Psychological reports, 1993, 72 (2): 627-630.

[155] SCHUTTE N S, MALOUFF J M, THORSTEINSSON E B, et al. A meta-analytic investigation of the relationship between emotional intelligence and health [J]. Personality and individual differences, 2007, 42 (6): 921-933.

[156] SEDDIGHI H R, THEOCHAROUS A L. A model of tourism destination choice: a theoretical and empirical analysis [J]. Tourism management, 2002, 23 (5): 475-487.

[157] SHAFER A B. Mediation of the big fives effect on career decision making by life task dimensions and on money attitudes by materialism [J]. Personality and individual differences, 2000, 28 (1): 93-109.

[158] SINCLAIR M T, STABLER M. The economics of tourism [M]. London: Routledge Bulletin Press, 1998.

[159] STEG L, VLEK C. Encouraging pro-environmental behaviour: an integrative review and research agenda [J]. Journal of environmental psychology, 2009, 20 (3): 309-317.

[160] SWARBROOK J. Consumer behavior in tourism [M]. Oxford: Butterworth-Heineman, Inc, 1999.

[161] TOOMAN L A. Applications of the life-cycle model in tourism [J]. Annals of tourism research, 1997, 24 (1): 214-234.

[162] TVERSKY A, KAHNEMAN D. Loss aversion in riskless choice: a

reference-dependent model ［J］. Quarterly journal of economics, 1991, 106 (4): 1039-1061.

［163］ WIGHT P. Ecotourism: ethics or eco-sell? ［J］. Journal of travel research, 1993, 31 (31): 3-9.

［164］ WIGGINS J S, TRAPNELL P D. Personality structure: the return of the big five ［M］. In Handbook of Personality Psychology. San Diego, US: Aca-demic Press, 1997: 737-765.

［165］ WILLIAMS P W. A local framework for ecotourism development ［J］. Western wildlands, 1992, 18 (3): 14-19.

［166］ Yang K S, Bond M H. Exploring implicit personality theories with indigenous or imported constructs: the Chinese case ［J］. Journal of personality and social psychology, 1990, 58 (6): 1087-1095.

附录：

调查问卷（一）

1. 您的性别（ ）。

　　A. 男　B. 女

2. 您的出生日期是_____年____月。

3. 您的婚姻状况是（ ）。

　　A. 未婚　B. 已婚　C. 其他

4. 您的受教育程度是（ ）。

　　A. 小学及其以下　B. 初中毕业　C. 普通高中毕业　D. 职高毕业

　　E. 中专/技校毕业　F. 大专/高职毕业　G. 本科及其以上

5. 您现在的政治面貌是（ ）。

　　A. 中共党员　B. 共青团员　C. 民主党派

　　D. 普通群众　E. 其他（请说明）

6. 您的职业是（ ）。

　　A. 党政群团机关干部　B. 工商企业管理人员　C. 科学技术人员

　　D. 教师　E. 商业、服务业从业人员　F. 医务人员

　　G. 个体经营者　H. 工人　I. 其他（请说明）

7. 在宗教信仰方面，您属于哪种情况？（ ）

　　A. 信佛教　B. 信道教　C. 信基督教　D. 信伊斯兰教

　　E. 无宗教信仰　F. 其他（请说明）

8. 您现在的户籍类型是（ ）。

　　A. 城市户籍　B. 农村户籍

9. 您现在家里一共几口人（包括您和与您住在一起的人）：（ ）人。

10. 您家现在的住房面积是_____平方米。

11. 您家的住房属于下列哪种情况？（ ）

　　A. 自家建的私房　B. 自购商品房　C. 单位集资建房

D. 租住单位的房子　E. 自己在外面租房住　F. 其他（请说明）

12. 您每年的总收入（包括工资、奖金及其他收入）大约是(　　)元。

A. 1 万元及以下　B. 1 万~3 万元　C. 3 万~5 万元

D. 5 万~7 万元　E. 7 万~9 万元　F. 9 万~11 万元

G. 11 万~13 万元　H. 13 万~15 万元　I. 15 万元及以上

13. 您认为您的经济水平在当地属于下列哪种情况？(　　)

A. 上等　B. 中上等　C. 中等　D. 中下等　E. 下等

14. 您觉得自己现在过得幸福吗？(　　)

A. 非常幸福　B. 比较幸福　C. 一般　D. 不幸福

E. 非常不幸福

15. 您目前的居住地是_____省（区、市）_____县（区、市）。

16. 请您回忆一下，您的童年是在下列什么样的地区度过的？(　　)

A. 山区　B. 平原地区　C. 丘陵地区　D. 高原地区

E. 沿江、沿河地区　　F. 沿湖地区　G. 沿海地区

H. 其他（请说明）

17. 您现在生活的地方属于下列哪种情况？(　　)

A. 乡村　B. 小城镇　C. 小城市　D. 中等城市　E. 大城市

F. 其他（请说明）

调查问卷（二）

1. 这是您第几次来贵州旅游？（　　）

    A. 第一次　B. 第二次　C. 第三次　D. 第四次　E. 第五次以上

2. 您是通过什么途径了解到贵州山地旅游景区信息的？（　　）（可多选）

    A. 网络媒体　B. 报纸杂志　C. 电视广播　D. 室外广告

    E. 熟人推荐　F. 其他（请说明）

3. 您这次来贵州旅游属于下列哪种情况？（　　）

    A. 一个人来　B. 与男（女）朋友一起来　C. 与朋友一起来

    D. 与家人来　E. 与同学一起来　F. 与单位同事一起来

    G. 其他（请说明）

4. 您是乘坐什么交通工具来贵州旅游的？（　　）

    A. 自己开车　B. 飞机　C. 高铁　D. 普通火车　E. 汽车

    F. 其他（请说明）

5. 您对贵州山地景区的景点熟悉程度如何？（　　）

    A. 非常熟悉　B. 比较熟悉　C. 一般熟悉　D. 不太熟悉

    E. 非常不熟悉

6. 您对贵州山地景区的整体评价如何？（　　）

    A. 非常好　B. 比较好　C. 过得去　D. 比较差　E. 非常差

7. 与其他省相比较，您认为贵州旅游最吸引您的地方是：（　　）（可多选）。

    A. 民族风情　B. 山水景观　C. 历史文化　D. 气候环境

    E. 其他（请说明）

8. 您觉得这次贵州旅游所花的钱值得吗？（　　）

    A. 很值得　B. 比较值得　C. 一般　D. 不太值得　E. 很不值得

9. 您以后还打算来贵州旅游吗？（　　　）

　　A. 肯定还会来　B. 可能会再来　C. 说不清楚

　　D. 不一定再来　E. 肯定不再来了

10. 对于下列与"山"有关的表述您是否同意？

情况表述	完全同意	比较同意	说不清楚	不太同意	完全不同意
①我一见到山就兴奋					
②我经常在梦里见到山					
③我从小就喜欢山					
④我喜欢爬山					
⑤我喜欢山的品格					
⑥我喜欢读描写山的诗词					
⑦我喜欢山水画					
⑧"大山深处"让我浮想联翩					
⑨我喜欢与山区的人交朋友					
⑩如果有可能我愿意生活在山区					
⑪山地旅游是我的最爱					

11. 对于"山区"给人产生的联想，您同意下列说法吗？

联想内容	完全同意	比较同意	说不清楚	不太同意	完全不同意
①山区让我联想到"清澈泉水"					
②山区让我联想到"清新空气"					
③山区让我联想到"蓝天白云"					
④山区让我联想到"原汁原味"					
⑤山区让我联想到"老实敦厚"					
⑥山区让我联想到"纯真美女"					
⑦山区让我联想到"善良山民"					
⑧山区让我联想到"坚强毅力"					
⑨山区让我联想到"朴实无华"					
⑩山区让我联想到"神秘莫测"					

12. 您这次来贵州旅游，肯定有多种目的和想法，这些目的有的重要一些，有的相对次要一些，请您根据您来贵州旅游目的的重要程度进行打分。(1分至10分，最重要10分，最不重要1分)

旅游目的	1～10分
①锻炼身体	
②考察贵州的风土人情	
③开阔眼界	
④欣赏贵州的山水风景	
⑤探亲访友	
⑥休闲娱乐	
⑦游山玩水	
⑧修心养性	
⑨随便走走	

13. 请您对贵州山地旅游景区的相关工作人员进行满意度打分。(最满意请打10分，最不满意请打1分，如未见到，可不打分)

人员类型	1～10分
①公务执法人员	
②景区工作人员	
③售票检票人员	
④交通服务人员	
⑤旅行社人员	
⑥餐饮企业人员	
⑦购物场所人员	

14. 请您对旅游景区服务改善提出宝贵意见和建议。

_____ 。

后　记

十多年前，我在贵州省旅游局工作时，常常思考贵州旅游业快速增长的原因。攻读博士期间，导师让我研究人的旅游行为，希望通过科学方法找到游客偏爱贵州旅游的深层原因。贵州多山，我决定以游客的山地旅游行为作为研究切入点。在导师指导和帮助下，我设计问卷，进行实地调查和数据分析，历时三年努力，终于完成了研究初稿。令人欣喜的是，我们发现"人格生态特质"对山地旅游偏好有显著正向影响，进而能够影响人们的山地旅游行为，这一理论发现成为我顺利完成博士学业的重要支撑。回到贵州省旅游局工作后，我始终希望将这一理论应用于实践，毅然辞去公职，加入了一家专注于旅游度假区投资运营的大型企业，以进一步检验和深化我的研究成果。到民政部培训中心工作后，我仍笔耕不辍，对这一领域依然保持着浓厚的研究热情，通过撰写学术论文发表研究成果，系统分析了国内外山地旅游的发展现状，同时，本研究纳入了国内外典型山地旅游景区的案例。

回首十余年对山地旅游持续关注与研究的历程，我不仅收获了宝贵的学术成果和丰富的人生阅历，还对人格理论有了更深入的理解。从最初的灵感萌发，到如今呈现给读者的成果，每一步都饱含着心血与汗水。

在我这本书即将出版的时刻，我很想感谢很多人。衷心感谢我的导师罗教讲教授，他用实际行动践行了"教育不是注满一桶水，而是点燃一把火"的理念。感谢许伟、朱博文、彭寅、关远、张晓楠、张星烁等，在本研究前期理论梳理、实地调查、数据整理中作出了重要贡献。

感谢王超及其团队成员郭娜、伍云涛、宋正爽、李宁、何珍珍、谢子豪、昌美君、郄辉辉、龙泽美等，他们在后期的补充调查和案例整理过程中付出了大量心血，为本研究提供了宝贵支持。

感谢中国社会出版社的领导和编辑，是他们的精心打磨与耐心修改，使本书的文字表述更加流畅，逻辑更加清晰。

特别感谢我的家人，十余年来，我为了本研究，国内调查、国外探究，妻子始终是我最坚强的后盾，从费用筹集到精神支持，她默默奉献、无怨无悔。对儿女的陪伴时间过少，让我心里充满愧疚，然而他们的理解与支持，是我在学术道路上不断前行的巨大动力。

我期待这本书能激发更多人对山地旅游的兴趣和深思，共同为山地旅游的发展贡献力量。由于时间、精力和能力所限，本书难免存在不足之处，恳请读者批评指正。本书的完成只是我学术路上的一个节点，而探索之路远未停止。我将继续在山地旅游研究领域深耕细作，不断超越砥砺前行。

陈品玉

2024 年 12 月 12 日写于北京